A. RATHEAU

ANCIEN ÉLÈVE DE L'ÉCOLE POLYTECHNIQUE

L'ALGÉRIE

VUE A TIRE D'AILES

OU

LETTRES D'UN OISEAU DE PASSAGE

> Voir, c'est avoir ; allons courir,
> Car tout voir, c'est tout conquérir.
> BÉRANGER.

PARIS

CHALLAMEL AINÉ, ÉDITEUR

LIBRAIRIE ALGÉRIENNE ET COLONIALE, 5, RUE JACOB

ET CHEZ LES PRINCIPAUX LIBRAIRES DE L'ALGÉRIE

1879

Droits de reproduction réservés.

L'ALGÉRIE

VUE A TIRE D'AILES

OUVRAGES DU MÊME AUTEUR

	PRIX
Traité de Fortification, un volume in-8°, avec planches.	15 »
Monographie du château de Salses, un volume in-4° avec une vue du château	4 »
Monographie du château de Leucate, un volume in-4°, avec planches.	7 50
Étude sur la Fortification polygonale, un volume in-4°, avec planches.	12 »
Instruction sur la Fortification des Villes, Bourgs et Châteaux, par *Albert Dürer*, ouvrage traduit de l'allemand, un volume petit in-folio, avec introduction et planches.	20 »
Attaque et défense des places fortes, un volume in-8°, avec planches.	15 »

A. RATHEAU

ANCIEN ÉLÈVE DE L'ÉCOLE POLYTECHNIQUE

L'ALGÉRIE

VUE A TIRE D'AILES

OU

LETTRES D'UN OISEAU DE PASSAGE

> Voir, c'est avoir ; allons courir,
> Car tout voir, c'est tout conquérir.
> BÉRANGER.

PARIS

CHALLAMEL AINÉ, ÉDITEUR

LIBRAIRIE ALGÉRIENNE ET COLONIALE, 5, RUE JACOB

ET CHEZ LES PRINCIPAUX LIBRAIRES DE L'ALGÉRIE

—

1879

Droits de reproduction réservés.

C'est à vous que je dédie ce récit de mon voyage, vous, mes anciens Camarades, qui avez bien voulu vous rappeler que j'ai passé trente-cinq ans dans l'armée, vous, mes anciens Élèves qui n'avez pas perdu le souvenir de votre vieux professeur et de l'intérêt qu'il vous portait, vous aussi, Mesdames, qui m'avez si gracieusement accueilli sur la terre d'Afrique. C'est à vous tous, c'est à votre bonne réception, c'est à vos soins affectueux, c'est à vos secours de toutes sortes, que je dois et des renseignements, et des facilités pour le voyage, et surtout tant de bons moments passés auprès de vous. Il est donc juste que je vous prie d'accepter cette œuvre; elle est vôtre autant que mienne. Je désire qu'elle vous rappelle le bon souvenir et la reconnaissance que conserve de votre accueil si hospitalier

Votre obéissant et dévoué serviteur

A. RATHEAU
Ancien élève de l'École Polytechnique.

AU LECTEUR

Je ne veux point faire de préface, ni venir expliquer pourquoi j'ai publié le récit de ce voyage. Tout ce que je puis dire c'est qu'il est la relation exacte, presque journalière, de ce que j'ai vu, de ce que j'ai fait, de ce que j'ai étudié pendant près de trois mois sur la terre d'Afrique. Je souhaite que l'on ait à la lire le même plaisir que j'ai eu à l'écrire; mais je n'ose l'espérer.

Je demande seulement la permission de dire un mot de la forme que j'ai adoptée. Je suis resté trop peu de temps dans ce pays nouveau pour moi pour l'étudier à fond et avec détails; je ne pouvais donc faire sur lui un livre didactique, raisonné et logiquement disposé; un récit eut marqué de suite des prétentions de style que je n'avais pas; les lettres sont plus familières, elles permettent toutes sortes de digressions, elles mettent le lecteur en communication plus intime avec l'auteur; avec elles d'ailleurs on suit bien la marche du voyage, elles sont plus vivantes. Je devais d'autant mieux adopter cette forme que plusieurs des personnes, parents et amis, auxquelles j'avais écrit régulièrement dans le cours du voyage, avaient conservé mes lettres et ont bien voulu me les prêter. L'œuvre était donc pour ainsi dire faite à l'avance, et les lettres qui vont suivre ne sont que la copie presque textuelle de celles que j'écrivais sous l'impression du moment; elles en ont conservé toute la vivacité.

Seulement d'une part il était impossible de garder tous mes correspondants sans les mettre en scène jusqu'à un certain point, ce que je ne voulais pas, et sans arriver à des redites; de l'autre il eut été un peu monotone de n'en avoir qu'un seul. J'ai donc supposé que mes lettres ne s'adressaient qu'à deux amis, dont une amie : avec l'une j'ai traité généralement les sujets plus légers, plus délicats; avec l'autre les questions plus sérieuses. Si j'ai pu conserver l'unité sans uniformité, intéresser sans ennuyer, j'aurai rempli le but que je me suis proposé.

Fontainebleau, décembre 1878.

L'ALGÉRIE VUE A TIRE-D'AILES

LETTRE PREMIÈRE

Marseille, le 16 avril 1878.

Vous avez bien voulu me demander, chère Madame, de vous donner quelquefois de mes nouvelles pendant le voyage que j'entreprends, et c'est de Marseille que je veux vous écrire pour la première fois. C'est bien à Marseille en effet que commence le voyage sérieux; jusque-là on se promène seulement; c'est à Marseille que l'on quitte la France, que l'on s'éloigne du sol de la patrie, que l'on met entre elle et soi la mer. Et l'on a beau naviguer vers un autre sol devenu une seconde patrie par le sang français qui y a été versé et qui nous l'a conquis, on doit y sentir souvent que ce n'est point la vraie patrie et que l'on est bien loin des siens.

Pourquoi donc êtes-vous parti, me direz-vous, vous qui prétendez tant aimer le chez-soi, le home anglais? Pourquoi? Cela me serait bien difficile à dire. Oui sans doute j'aime mon chez-moi et je m'y plais fort; volontiers je dirais avec Mme Desborde-Valmore :

> Naître et mourir au même lieu,
> Dire au revoir, jamais adieu.

Ne parlons pas de mes amis que je regrette toujours de quitter, quoique ce soit le plus souvent pour en aller voir d'autres, car ma vie errante m'a créé à la fois ce bonheur et ce malheur d'avoir des amis en beaucoup d'endroits, de telle sorte qu'il est bien rare que je n'en rencontre pas sur ma route, quand les retrouver n'est pas le but même de mon voyage. Je regrette donc de m'éloigner de vous, et vous savez que je le dis en vérité : mais je regrette aussi tout ce qui m'entoure, tous ces objets inanimés auxquels ma présence donne la vie et qui me rappellent tant et de si chers souvenirs. Mes livres d'abord, et vous savez comme je les aime, et ces tableaux, et ces bibelots de toutes sortes. Oui, j'ai quitté tout cela, les personnes et les choses, et la séparation a été triste, je vous l'assure, quoiqu'elle ne doive pas être bien longue, de deux à trois mois au plus. Et puis le temps était sombre, froid; la pluie tombait; et j'étais sombre aussi.

La bonne réception d'un ami à Lyon m'a distrait; malgré la pluie nous nous sommes promenés et pendant trois jours j'ai refait connaissance avec la grande ville; je suis même allé voir un des nouveaux forts qui la protègent, et pour un instant je me suis retrouvé officier du génie; mais cela n'a pas été long. Non, je ne regrette point d'avoir quitté le service, d'avoir conquis ma liberté aux dépens des honneurs, de la fortune peut-être. L'ambition ne m'est pas venue après coup, comme il n'arrive que trop souvent, et une mauvaise volonté trop évidente, en m'obligeant à me retirer, m'a véritablement été plus utile que nuisible : laissons de côté ces mesquines personnalités auxquelles m'a ramené le fort de Vancia, et revenons à la ville elle-même, dont l'aspect a peu changé. J'ai revu ses quais et son beau fleuve, son parc de la Tête-d'Or, si admirablement entretenu et pourvu des plantes les plus rares, ses musées, et son sanctuaire de Fourvières. J'étais monté à ce dernier autrefois, dans des temps plus heureux, et j'ai vu avec étonnement que l'on en construisait un plus vaste à côté de l'ancien. Cette nouvelle construction était-elle donc si nécessaire? non, pas à mon avis; mais c'est une question à laquelle je reviendrai tout à l'heure à propos de Notre-Dame de la Garde à Marseille.

Je me remets donc en route et me voici déjà en retard, sans que je puisse regretter ces trois journées données à de bons et anciens amis. Seulement je voulais visiter Arles en passant, et j'ai dû ajourner cette visite au retour. Du froid et de l'hiver je suis passé subitement à la chaleur, à l'été.

C'est à Orange que s'est effectuée cette transformation, qu'est arrivé ce changement à vue. Oh! le bon et beau soleil! Peut-être bientôt le trouverai-je trop chaud; mais comme il y a deux jours je le bénissais, lui et le beau ciel bleu dans lequel il rayonnait. Oui, quoique je sois un fils du Nord, j'aime le ciel du Midi au bleu si profond, j'aime le soleil aux chauds rayons. On vit mieux dans ces climats, mais il ne faudrait pas y vivre seul!

A Marseille encore des amis et des connaissances qui ne m'ont pas abandonné pendant les deux jours que je viens d'y passer. Comme à Lyon j'ai couru toute la ville, mais je ne l'ai plus reconnue, tant elle a été transformée; il y avait plus de vingt ans que je ne m'y étais arrêté! Je ne vous décrirai pas ses embellissements; je vous dirai seulement que j'ai vu avec intérêt le Jardin zoologique, ses musées, et son portail, et ses belles cascades, et ce palais absurde servant de préfecture, et celui du Pharo, non moins déplorable, et la cathédrale toujours en construction, et la vieille église Saint-Victor, dernier reste d'une ancienne abbaye, qui pouvait servir également de forteresse, et la bourse, et les bassins de la Joliette. J'ai revu avec plaisir cette vieille Cannebière, cette vraie patrie du Marseillais, toujours jeune, toujours brillante, toujours remplie de monde bruyant et affairé. Faut-il que l'on y soit assailli par l'insupportable cri sans cesse renaissant des vendeurs de journaux! Je dois accorder une mention toute spéciale à ce que l'on nomme le tour du Prado : un tramway établi sur cette route en corniche qui longe le bord de la mer en contournant la montagne de Notre-Dame de la Garde, permet de faire cette promenade rapidement, et elle est vraiment charmante; la mer d'un côté avec les îles qui la parent, et de l'autre une succession ininterrompue de parcs et de villas, offrent un tableau varié et curieux que termine bien la rentrée en ville par l'avenue du Prado et la rue de Rome.

Je m'arrêterai un peu plus, si vous me le permettez, chère Madame, sur ma course à Notre-Dame de la Garde. J'y suis monté avant hier pour entendre la messe le dimanche des Rameaux. L'ascension est rude, surtout quand on grimpe directement par des sentiers de chèvre, comme je l'ai fait. J'y étais venu autrefois, il y a longtemps, si longtemps que je n'ose vous le dire; j'étais jeune alors et je ne craignais pas une montée, si rude fut-elle. Je me rappelle fort bien l'impression que je ressentis quand je franchis la porte du vieux fort et que je pénétrai dans l'antique chapelle, voutée, petite, sombre, basse, mais vénérable par son ancienneté et par tous les souvenirs qu'elle rappelait. Combien de générations successives étaient venues user ces dalles en s'y agenouillant pour demander des grâces diverses à la mère de Dieu? Cette idée seule élevait l'âme, la transportait dans un autre monde, lui donnait confiance. Elle était, suivant moi, la véritable raison d'être de tous ces pélerinages à des sanctuaires vénérés : on venait chercher un appui, une consolation, là où vos pères avaient eux aussi été soutenus et consolés. Hélas ! j'ai eu du mal à retrouver la porte du fort, que l'on ne franchit plus, et la vieille chapelle a disparu. Je le savais et cependant en voyant la nouvelle église s'élever triomphalement, toute jeune, toute coquette, parée de marbre et d'or, j'ai éprouvé un véritable serrement de cœur. La statue de la Vierge, de la bonne mère, comme disent les Marseillais, est la même sans doute, et cette mère de bonté à laquelle on s'adresse est toujours aussi miséricordieuse pour ceux qui viennent la prier devant son image vénérée. Mais le cadre n'y est plus, mais les souvenirs manquent, et le cœur reste insensible. Est-ce donc que le mien est desséché par l'âge ? Est-ce que ma croyance se serait affaiblie ? Non, je ne le pense pas ; mais tous ces sanctuaires neufs influent sur moi d'une manière fâcheuse, et je regrette toujours la modeste, mais ancienne chapelle. Il y a là un sentiment que, dans un excès de zèle peu éclairé, on n'a pas, je crois, assez respecté. Il fallait à mes yeux conserver l'ancienne chapelle, y laisser habituellement l'image vénérée, et si l'on voulait plus de luxe, plus de grandeur, construire à côté de la première, pour les jours de grande fête : on aurait ainsi allié le respect des anciennes choses avec des nécessités nouvelles.

Du reste je n'ai joui en aucune façon des distractions que Marseille peut offrir à un étranger, comme à ses enfants : je ne suis allé ni au théâtre, ni aux concerts. Tous ces plaisirs n'étaient pas en harmonie avec mes idées. L'heure avance, il faut me rendre à bord : je vais pour la première fois (chose exceptionnelle dans la carrière militaire que j'ai suivie pendant plus de trente ans) quitter cette belle terre de France et mettre la mer entre mes amis et moi. Vous croirez volontiers, chère Madame et amie, que je le fais sans la moindre appréhension, mais non sans un certain serrement de cœur. Je sais bien que je ne vais affronter aucun danger que celui d'endurer quelques fatigues; et cependant ce ne sera pas sans émotion que je verrai tout à l'heure la terre française s'éloigner de moi. Mais le retour viendra, et avec une émotion plus grande je reverrai ce cher et beau pays si éprouvé, mais si vivant encore, que la terre d'Afrique ne me fera pas oublier. Le triste proverbe : *loin des yeux, loin du cœur,* n'est pas fait pour moi, et j'en ai pour preuve que, s'il est une diversion à l'espèce de tristesse qui s'empare de moi, je la trouve justement dans le plaisir que me cause l'idée d'arriver à Alger pour y être reçu par de bons et anciens amis.

Adieu donc, chère Madame; à-Dié-vat, comme dit le marin breton; le temps est beau, la mer est calme; adieu, et souhaitez que les flots bleus de la Méditerranée soient propices à celui qui est et restera toujours,

Votre respectueux, et dévoué serviteur et ami.

A. R.

LETTRE DEUXIÈME

Alger, le 18 avril 1878.

Me voici arrivé, mon cher ami, dans la capitale de l'Algérie, et je m'empresse de vous donner des nouvelles de mon voyage et de la traversée. Il faut maintenant, et c'est un des grands ennuis de ce pays pour moi qui écris souvent et qui suis habitué à recevoir beaucoup de lettres, il faut compter avec les jours de départ et d'arrivée des courriers : les jours sont réguliers, les heures même peuvent pour ainsi dire être indiquées; mais enfin il n'y a que trois ou quatre courriers par semaine; n'est-ce pas triste pour un homme habitué à noircir du papier en faveur de ses amis, qui ont la bonté de lui en être reconnaissants, mais qui ne lui répondent pas toujours : je ne parle pas pour vous qui êtes d'une exactitude que je sais apprécier. Je me suis arrêté à Lyon, comme je vous l'avais dit, et sauf la pluie et le froid, j'ai été enchanté de ce séjour où j'ai retrouvé de bons amis, d'anciennes connaissances, où j'ai même pu parler de Fontainebleau, et sans en dire le moindre mal : voilà certes qui est méritoire. Je ne suis pas méchante langue, vous le savez, et dans mes lettres je critique rarement; mais un petit coup de patte lancé à propos dans la conversation, c'est bien tentant : j'ai résisté.

Dans mes courses à travers la ville, j'ai aperçu la rue Grolée, de fâcheuse mémoire, et si je voulais faire de la politique, ce serait une bien bonne occasion pour entamer le sujet. Mais il est trop triste et ne me sourit pas : je ne le proscris pas absolument des lettres que je vous adresserai durant mon voyage, mais je le traiterai rarement, sans aller le chercher, quand l'occasion l'amènera naturellement sous ma plume. J'ai fait de ce côté beaucoup de chemin en rétrogradant. Vous rappelez-vous le temps où à Bordeaux je passais pour un homme trop avancé, presque dangereux, parce que je repoussais la corruption de la fin de l'Empire. Aujourd'hui je ne suis pas moins dangereux parce que j'ai horreur d'une prétendue austérité républicaine qui masque bien mal le désir de dominer et de jouir dont sont dévorés les gens de la majorité actuelle. L'homme qui cherche à rester ferme entre les partis en maintenant son drapeau de modérantisme, est toujours et alternativement trop en arrière ou trop en avant; il est en butte aux attaques de tous : libéral hier, il n'est plus aujourd'hui qu'un réactionnaire : cela m'est arrivé en fortification, cela m'arrive en politique; je ne m'en étonne pas, c'est dans la nature des choses humaines.

Laissons donc de côté la salle de la rue Grolée, et sautons sans transition de Lyon à Marseille, du froid, du brouillard, de l'hiver en un mot, à la chaleur, au soleil de la Provence, à l'été. Oui, il faisait bien chaud l'autre jour dans la vieille cité marseillaise; je l'ai appris à mes dépens en montant à Notre-Dame de la Garde. A Marseille j'ai trouvé nos amis, et là encore j'ai causé beaucoup des gens de Fontainebleau. Je n'en parlerais pas tant s'ils ne m'étaient sympathiques. Ces amis m'ont rapidement fait passer deux bonnes journées par leur aimable réception. Comme Marseille s'est transformée depuis que je l'ai vue, surtout du côté de la Joliette! La rue de la République a tout modifié; mais là, comme à Paris, comme ailleurs encore, il semble que l'on soit allé un peu vite et au delà des besoins présents: bien des maisons sont vides, bien des emplacements ne sont point bâtis le long de cette grande artère, très-appréciée toutefois de la population.

J'avais choisi pour m'embarquer les bateaux de la Compagnie Valéry; ce n'est pas que l'on y soit mieux que sur les Messageries; au contraire, celles-ci sont plus largement aménagées, et la nourriture y est, dit-on, meilleure. Mais les premiers vont beaucoup plus vite; on prétend même qu'ils sacrifient le confortable à la vitesse; puis ils font pour ainsi dire partie de l'administration militaire à cause du traité qu'ils ont passé avec l'État pour le transport des troupes et du matériel de guerre, et je pouvais plus aisément m'y prévaloir de mon ancien grade pour m'installer confortablement, pour tâcher d'être seul dans ma cabine ; c'est un assez grand avantage, quoique le trajet ne soit pas bien long. On m'avait dit d'ailleurs au bureau qu'il y avait peu de passagers ; tant pis pour la compagnie, mais tant mieux pour moi, car il m'eût été bien pénible d'être empilé à bord, de partager ma cabine avec un ou plusieurs inconnus, malades peut-être pendant la traversée : vous avez assez souvent navigué pour comprendre cela. Mais si j'allais aussi être malade, me disais-je à moi-même ? Je ne l'ai jamais été, c'est vrai ; mais il y a si longtemps que je n'ai fait de traversée ! Après tout je le verrai bien, et à la grâce de Dieu.

Le bateau partait à cinq heures, et à quatre heures et demie j'étais à bord avec mon bagage, seul, sans personne pour me dire un dernier adieu de la terre de France, pour me faire un dernier signe de la main, lorsque le bateau quitte le quai. Après tout que m'importe ? Ces dernières minutes que l'on tient à passer ensemble ont-elles donc tant de valeur ? Ne sont-elles pas accaparées par toutes les préoccupations du départ, l'installation dans sa cabine, l'examen du navire, des autres passagers, par les craintes d'oubli, par tant de circonstances diverses ? Et puis je n'aime point les

adieux en public, les émotions devant la galerie.
Ce sont choses saintes et sacrées quand elles sont
sérieuses, lorsque l'absence doit être longue,
lorsque l'on est appelé à courir de réels dangers :
mais alors il faut les renfermer dans l'intérieur.
Moi je fais pour mon plaisir (je veux le croire et
me le persuader) une absence réellement courte,
et je ne m'étonne en aucune façon d'être seul.
N'est-ce pas d'ailleurs mon lot ici bas ?

Quelle activité règne à bord au moment du départ ; les colis s'empilent dans la cale, et il semble que l'on ne finira jamais de vider les chalands qui les apportent : le treuil à vapeur bruit et grince dans sa marche incessante ; il est étourdissant ; mais on ne peut lui échapper, et jusqu'à la dernière minute il bruira et grincera : il est bien agaçant. Je cherche à le fuir en allant visiter ma cabine où je suis décidément seul : je case et déballe mon sac de voyage, et je remonte sur la dunette, où je trouve un ou deux officiers de ma connaissance qui font aussi la traversée.

Enfin les coups de sifflets se succèdent pour appeler les retardataires, la cloche sonne pour chasser les gens qui ne partent pas, l'hélice fait lentement ses premiers tours, en remuant les vases mal odorantes du port, et doucement nous nous éloignons du quai.

Appuyé sur la balustrade de la dunette de l'*Immaculée Conception,* je regarde s'enfuir successivement et le port, et le palais du Pharo, et les îles qui forment la grande rade et qui semblent défiler tour à tour devant nous. Je m'isole encore sur ce navire où je suis déjà bien isolé, et ma pensée s'envole loin dans l'espace, loin dans le passé : il faut que je recule bien, que je regarde fort au loin, comme vous le savez, mon cher ami, pour retrouver les moments heureux de ma vie, et à mon âge on ne peut plus escompter l'avenir. Mais la cloche du dîner vient m'arracher à mes pensées tristes et me rappeler qu'à bord la grande occupation du passager, quand il se porte bien, c'est de manger. D'ailleurs la mer est belle, nous sommes encore abrités par les îles, la houle se fait à peine sentir quoique nous soyons lancés à pleine vapeur ; aussi tout le monde répond à l'appel, et nous voici à table dans le grand salon sous la dunette, lequel deux fois par jour se transforme en salle à manger, et qui devient la nuit une chambre à coucher, car beaucoup de passagers préfèrent les canapés du salon au lit si dur, si étroit, si encaissé, de leur cabine. Cependant les lampes oscillent, le tangage commence à se faire sentir, quelques figures s'allongent d'abord, puis discrètement elles quittent la table, et personne n'en rit, car demain peut-être on y passera à son tour. Pour moi je me retrouve le pied marin, et l'air de la pleine mer aiguise mon appétit : le cuisinier du bord ne fera point fortune avec moi. Après le dîner, promenade sur la dunette. Le temps est brumeux, et après avoir arpenté nombre de fois le trop court espace qui nous est livré, je pense à rentrer dans ma cabine : j'en veux essayer, mais j'en ai vite assez; sans parler de mes voisins d'en face, ménage fort aimable en rade, mais pour le moment fort malade, je trouve les cabines des premières mal placées à l'arrière. On y était le mieux possible sans doute (et ce n'est pas beaucoup dire) du temps des navires à voiles, du temps aussi des vapeurs à roues : mais dans les bateaux à hélice, le bruit et la trépidation que produisent l'arbre dans son mouvement rapide et la chaîne du gouvernail rendent assez pénible le séjour des cabines d'arrière. On serait beaucoup mieux un peu en arrière de la machine, là où se trouve le grand panneau de la cale aux marchandises; on entendrait moins les bruits de l'hélice et du gouvernail, on sentirait moins les mouvements du bateau parce que l'on se rapprocherait de son centre de gravité. D'ailleurs inversement à ce que l'on éprouve généralement, je souffre à bord de la position horizontale, qui m'oblige à me livrer pieds et poings liés au mouvement du bateau, à le suivre coûte que coûte. Quand je suis assis et surtout debout, je lutte contre ce mouvement, et je le diminue, d'où vient sans doute qu'il ne me fait point de mal. Je remonte donc sur le pont, malgré la température un peu fraîche, malgré même quelques gouttes de pluie, et je m'étends le long du grand panneau, roulé dans ma couverture de voyage. Triste nuit à tout prendre; aussi suis-je debout aux premières lueurs de l'aube. Il n'est que temps d'ailleurs de fuir au plus vite le pont et même la dunette, car voici venir la toilette du bateau, cérémonie journalière, utile, mais ennuyeuse. Le pont est balayé, frotté, inondé sans pitié par des torrents d'eau, avec peu d'égard pour ses habitants. Je me sauve donc dans le salon, et me console en faisant mon premier déjeuner, du café et des tartines.

Comme une journée à bord s'écoule lentement quand on n'est pas installé, quand la traversée ne doit durer que deux ou trois jours! On cause à bâtons rompus avec ses compagnons de hasard, on prend et on quitte le livre que l'on a emporté, guide ou roman, on regarde les lames se briser contre les flancs du bateau, et l'on baille en interrogeant l'horizon pour tâcher d'apercevoir autre chose que l'infini de la mer. Une voile ou deux forment de suite un spectacle attachant : on ne se sent plus aussi seul, aussi abandonné à soi-même. Puis au milieu des vapeurs du matin, nous commençons à apercevoir les îles Baléares, entre lesquelles nous passons sans nous y arrêter ; pendant deux ou trois heures leurs crêtes se dessinent avec des arêtes assez prononcées; puis les plus élevées disparaissent à leur tour, nous nous retrouvons seuls, et du reste de la journée rien ne vient nous distraire. Au déjeuner, au dîner beaucoup de places vides; nous en rions, nous les forts, les bien portants. Enfin la nuit arrive, et avant qu'elle ne se termine nous serons au port : le capitaine me dit qu'il espère y arriver vers une ou deux heures du matin, et nous marchons en effet avec une rapidité extraordinaire; on entend les coups de pistons se précipiter, on sent les efforts de l'hélice pour pousser le bateau en avant. La nuit est toujours brumeuse malgré la pleine lune, les étoiles n'apparaissent que dans les intervalles des nuages : je reste encore sur le pont. Entre dix et onze heures les phares de la côte d'Afrique commencent à s'apercevoir : c'est d'abord celui de la pointe Pescade située à l'ouest de la grande rade d'Alger, puis celui du cap Matifou qui limite cette rade à l'est. Bientôt le mouvement se ralentit et un léger détour sur la droite nous permet de voir les feux rouge et vert qui signalent l'entrée du port, que nous franchissons enfin à une heure et demie du matin. La traversée n'a duré que trente et une heures et quelques minutes ; c'est une vitesse exceptionnelle; hourrah pour le capitaine!

Il y a d'ailleurs grand mouvement à bord, quoique peu de passagers descendent à cette heure indue : il faut prendre sa place au mouillage, remplir les formalités d'arrivée, délivrer les dépêches, etc. Pour moi qui ne quitterai le bord qu'à six heures du matin, je suis depuis longtemps sur la dunette, contemplant avidement le spectacle qui se déroule sous mes yeux. A la clarté d'une pleine lune masquée de temps

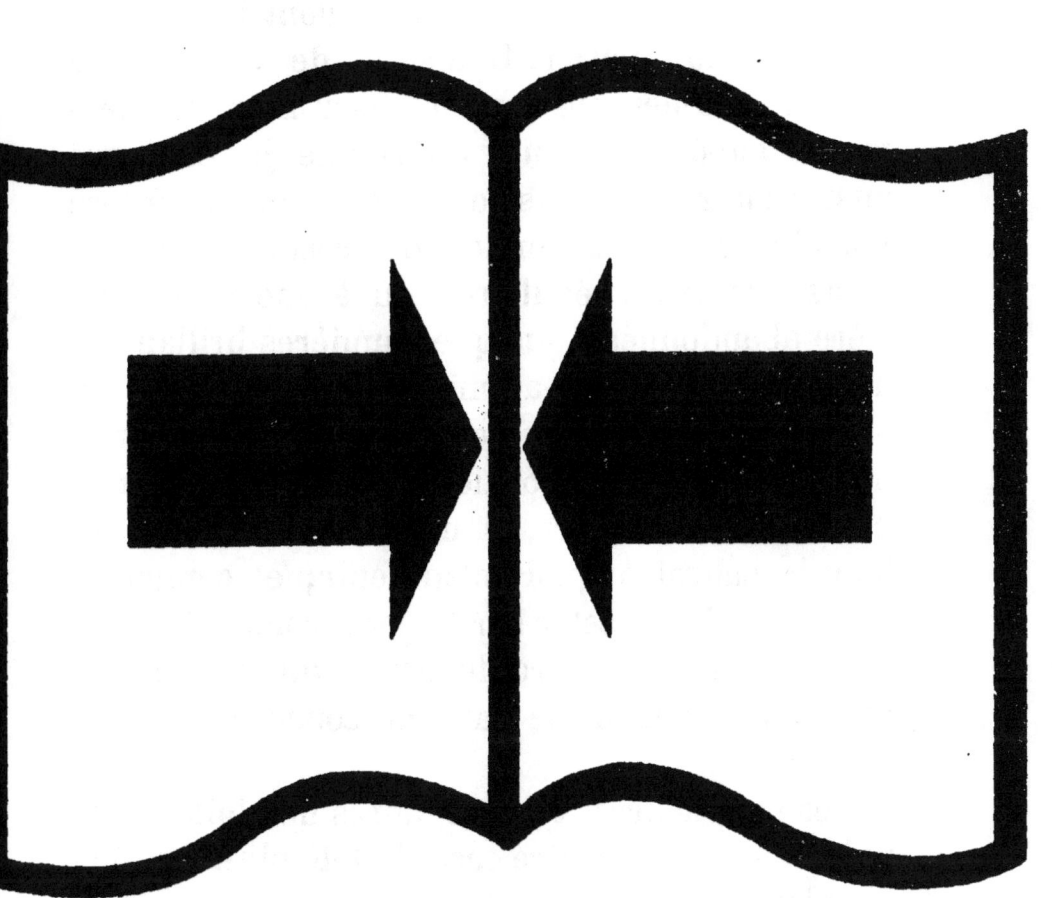

Reliure serrée

à autre par les nuages, je cherche à me faire une idée de cette ville d'Alger dont j'ai si souvent entendu parler. Une série de becs de gaz encore allumés me dessine assez bien des terrasses supérieures aux quais que je distingue aussi ; mais au-dessus je ne voie qu'une masse blanchâtre qui ressemble à des rochers s'élevant en assises assez régulières, ou à une vaste carrière abandonnée : quelques lumières brillant de distance en distance au milieu de cette masse qui occupe tout le fond du port déroutent, il est vrai, mes premières suppositions ; on n'en allumerait ni dans des rochers, ni dans des carrières. Au jour je saurai à quoi m'en tenir ; et comme je suis fatigué de rester sur le pont, comme le bruit cesse peu à peu à bord du navire qui ne fait plus aucun mouvement, je vais me coucher dans ma cabine.

Dès cinq heures et demie, après une toilette rapide et non sans m'être cassé la tête plusieurs fois au plafond de ma couchette, je remontai sur le pont, et je fus ébloui et charmé du panorama que m'offrirent le port et la ville. Au premier plan les quais, où régnait déjà une grande animation et desquels des nuées d'embarcations se dirigeaient sur notre bâtiment pour le débarrasser des passagers et des marchandises qu'il renfermait. Au-dessus des quais les terrasses que j'avais devinées la nuit, avec les voûtes qu'elles recouvrent, les escaliers monumentaux qui en descendent, et sur ces terrasses, des maisons européennes, des jardins, des palmiers, une mosquée avec son minaret. Enfin plus haut encore et s'étageant sur la colline qui à l'ouest défend le port, je voyais s'élever la ville arabe, avec ses maisons à toits plats, blanchies à la chaux, serrées les unes contre les autres, escaladant les pentes jusqu'au sommet où je devinai l'ancienne Kasbah, avec le fort l'Empereur sur sa gauche. C'était mes rochers ou mes carrières de la nuit. Ce spectacle était ravissant, mais il ne pouvait m'empêcher de penser au rivage; il m'y appelait au contraire; j'avais hâte de prendre possession de ce sol que je venais visiter, et tout en résistant aux sollicitations trop pressantes des bateliers qui voulaient m'emmener, je cherchais avec ma lunette à découvrir l'ami qui m'attendait et qui devait venir me chercher à bord. Je ne fus pas longtemps sans l'apercevoir exact à l'heure, et cinq minutes après nous nous embrassions; je ne me sentais plus seul et isolé, je comprenais, en étreignant la main de ce vieil ami, que sa maison devenait la mienne. Adieu donc à ce rapide, mais ennuyeux bateau; arrière tous ces bateliers, juifs ou arabes, qui veulent m'accaparer et me débarquer malgré moi. Nous sommes dans l'embarcation, puis à quai, puis au bout de cinq minutes rendus à la maison dont la maîtresse me reçoit non moins bien que le maître, et me voici installé depuis quelques heures; ma malle est revenue de la douane, mes effets sont déballés, et comme c'est aujourd'hui jour de bateau, je me suis hâté, mon cher ami, de vous donner des nouvelles de mon voyage. Il a heureusement commencé ; les tristesses du départ se dissipent petit à petit sous l'influence de l'éloignement, du changement de pays et d'habitude ; je veux être tout entier aux soins de mon voyage ; mais je n'oublierai point les absents, soyez en bien sûr, même au milieu du désert, si j'y vais, et j'ai voulu de suite vous en donner la preuve en quittant mes aimables hôtes pour vous écrire ces quelques pages : je me hâte maintenant d'aller les rejoindre. Adieu donc, mon bien cher ami ; vous aussi pensez à moi, et envoyez moi des nouvelles de France : il n'y a pas deux jours que je l'ai quittée, et déjà je voudrais recevoir des lettres de mes amis. Il faut ici de la patience sur ce sujet, et quand je serai dans l'intérieur, ce sera encore bien pire ; mais la pensée ne connaît pas les distances ; le temps lui fait bien plus d'effet, et amène davantage l'oubli ; je vous assure mon très-cher, que ni le temps, ni la distance n'affaiblissent votre souvenir en moi. Adieu encore et une cordiale poignée de mains de

                              Votre tout dévoué.

                                      A. R.

LETTRE TROISIÈME

Alger, le 23 avril 1878.

Je vous ai donné de mes nouvelles, mon cher ami, dès le jour de mon arrivée à Alger; c'était jour de départ du courrier de France, et il me fallait me presser, si je ne voulais pas que ma lettre eût un retard de quarante-huit heures. J'avais traversé rapidement et de grand matin quelques rues de la ville pour arriver au logis; je les avais à peine regardées, tout entièrement livré que j'étais à la conversation d'un ami; Alger ne m'avait donc causé aucune impression particulière; je ne pouvais vous en rien dire. Je commence à le connaître mieux aujourd'hui, très-imparfaitement sans doute, mais assez cependant pour pouvoir parler de l'effet général qu'il m'a produit. Je me garderais bien d'ailleurs de vous en faire une description : ouvrez le guide en Algérie, et vous serez mieux renseigné que par un homme qui ne connaît guère encore que l'ensemble, sur lequel cependant il veut vous dire un mot.

Lorsque nous prîmes possession de cette ville en 1830, il n'y avait sur le bord de la mer, de l'ancien port au fort Babazoun, aucune habitation. Le quartier marchand et marin, la Marine, suivant l'expression reçue, s'étendait sur le petit plateau situé entre la place actuelle du Gouvernement et le fort neuf : il renfermait quelques belles maisons aujourd'hui encore existantes, et la grande mosquée. Puis la ville proprement dite s'étageait sur la colline à pentes raides qui monte de ce premier plateau à la Kasbah. Il paraît que l'on avait d'abord pensé à laisser aux indigènes leur ancienne ville, et à construire une cité française à quelque distance de la cité arabe, dont on eut démoli les remparts. Mais, en éloignant de la pointe le port à construire, il se trouvait moins garanti, et les travaux de construction en eussent été plus difficiles. En outre on rêvait alors une fusion entre la race conquérante et la race conquise, et pour l'obtenir on désirait ne pas séparer les deux villes; on résolut donc d'adjoindre la ville française nouvelle à la ville arabe ancienne, et de les réunir toutes deux dans une même enceinte. La vieille cité fut assez respectée d'ailleurs; on se contenta d'y percer les rues de la Lyre et de Bab-el-Oued, et de déblayer un peu les bords de la mer au nord. Puis la ville nouvelle s'étendit de la grande mosquée où fut créée la place du Gouvernement jusqu'au fort Babazoun. L'enceinte s'avança en pointe sur l'arête de la colline bien au delà de l'ancienne Kasbah, vers le fort l'Empereur. La rue Babazoun, que des gens qui se disent libéraux s'obstinent aujourd'hui, malgré les habitants, à appeler rue de la Liberté, faisait suite dans le quartier français à la rue Bad-el-Oued percée dans le quartier arabe. On croyait ainsi avoir satisfait à toutes les exigences d'un accroissement de population prévu. Mais ces prévisions ont été insuffisantes, et j'entends parler d'agrandissements nécessaires : c'est un sujet sur lequel je pourrai revenir dans une prochaine lettre, quand je serai plus au courant.

De beaux quais bordent le port nouveau, mais les grands navires les accostent difficilement, et il faut toujours faire les chargements et déchargements à l'aide de chalands. En arrière s'élève sur de magnifiques voûtes une longue terrasse de laquelle on jouit d'une vue ravissante; elle est ou sera bordée de maisons : c'était le boulevard de l'Impératrice; c'est aujourd'hui le boulevard de la République. Voilà tout ce que je voulais vous dire de l'ensemble de la ville.

Quand on sort pour la première fois dans ses rues (je parle des rues françaises, garnies de boutiques et de cafés; on ne va guère dans les rues arabes où il y a peu de commerce), on est saisi d'abord par la variété des types et des costumes que l'on y rencontre; c'est là ce qui m'a le plus frappé. Alger est vraiment une ville cosmopolite, et toutes les races qui habitent les bords de la Méditerranée semblent s'y être donné rendez-vous; elles s'y croisent souvent en outre avec des hommes du Nord, avec d'autres de l'extrême Orient. Sur cette place du Gouvernement ombragée de palmiers et d'autres arbres, et servant de point de rendez-vous à toute la population, vous êtes coudoyé d'abord par les uniformes de l'armée française et principalement par ceux des corps spéciaux à l'Algérie, zouaves, tirailleurs algériens, spahis, etc. A côté de l'Anglais à jaquette à carreaux et à chapeau couvert d'un voile, s'avance dans sa gravité l'Arabe au burnous blanc, la corde en poil de chameau roulée autour de la tête. S'il est riche, le burnous est en étoffe fine, il porte des bas et des souliers, et sous le burnous on aperçoit une veste de soie plus ou moins brodée; s'il est pauvre, le burnous est en grosse étoffe, sale, rapiécé, les jambes sont nues et les pieds le sont aussi, à moins qu'ils ne soient garantis par de vieilles babouches hors de service; une simple chemise en tissu de laine nommée gandourah est sous le burnous : mais chez l'un comme chez l'autre vous trouverez la même démarche grave et sérieuse. Quelquefois l'Arabe qui travaille est plus légèrement vêtu ; il se contente d'une large culotte à plis arrêtée aux genoux et d'une chemise; sa coiffure, s'il n'a pas la tête nue malgré le soleil, est une calotte rouge. Le Kabyle se distingue de l'Arabe par des vêtements plus sales, par le manque de corde de chameau autour de la tête, qui est couverte d'une double calotte en jonc tressé, toujours huileuse, et enfin par un tablier en peau de mouton : ses pieds sont nus ou enfermés dans des peaux sans coutures rattachées sur le cou de pied par des lacets. Le Marocain a conservé le turban tressé formant bourrelet autour de sa tête, et ses membres forts et vigoureux contrastent avec les formes grêles et maigres de l'Arabe. La peau de tous ces hommes varie de couleur, du blanc le plus pur au noir le plus foncé, même quand ils appartiennent à la race caucasienne. On voit d'ailleurs beaucoup de nègres avec leur type spécial ; ce sont eux surtout qui adoptent le costume le plus léger. Les juifs, qui sont en grand nombre, ne portent pas le burnous ; ils ont généralement le costume d'Orient que nous connaissons à Paris, le caftan de couleur variée, plus ou moins brodé, la large culotte à plis descendant au-dessous du genou et les bas blancs avec souliers vernis. Leur tête est recouverte quelquefois d'une simple calotte, plus souvent d'une calotte entourée d'un turban en étoffe blanche tordue. Quelques vieux juifs, mais ils sont rares, ont encore conservé la grande robe avec les babouches traînantes et la barbe à deux pointes. Ces derniers sont généralement de Tunis, et ne brillent pas par la propreté : ils en sont encore au moyen âge avec leur air humble, méfiant et craintif. Les caractères de cette race juive se développent ici en toute liberté et une grande partie du commerce se trouve entre leurs mains.

Tels sont les types principaux que j'ai reconnus d'abord, et tout ce monde si bariolé circule paisiblement, se mêle, cause avec plus ou moins d'animation, en faisant toujours place à l'uniforme qui, on le sent, est et doit encore rester longtemps le maître, le chef par excellence, sur cette terre dont les habitants indigènes, sous l'empire de leur fatalisme religieux, ne croient qu'à la force. J'aurai probablement l'occasion de revenir sur cette idée, que nos gouvernants devront méditer avec soin, si, comme on le prétend, ils ont l'intention de modifier l'organisation actuelle dans un sens moins militaire.

Je vous entends d'ici, mon cher ami, m'accuser d'oubli et me demander pourquoi je ne vous parle que des hommes, que des types masculins. J'ai eu tort peut-être de ne pas ajouter en effet qu'une des singularités de cet assemblage de types si divers est la vue des femmes européennes circulant au milieu de tout ce monde original avec leur aplomb naturel et leurs modes nouvelles, qui semblent augmenter encore cet aplomb, qui lui donnent plus de cachet. J'ai trouvé aussi des juives en assez grand nombre, car les juifs célèbrent en ce moment une de leurs grandes fêtes et chôment depuis deux ou trois jours : les femmes juives se promènent en grande toilette, avec leurs jupes de soie ou de velours de couleurs voyantes, leurs corsages brodés plus ou moins richement, un schall cachemire sur leurs épaules; leurs cheveux sont disposés en bandeaux plats, recouverts sur le sommet de la tête de la pièce de soie noire qui distingue la femme mariée de la jeune fille, et derrière la tête est une coiffure formée d'un nœud de larges rubans brodés d'or, d'argent et de couleurs voyantes, dont les bouts retombent un peu plus bas que le cou. Il n'est pas rare d'en rencontrer le matin couvertes de ladite jupe de velours, mais n'ayant pas de bas, et traînant dans la poussière leurs pieds nus à peine chaussés de babouches. Le type de leur figure n'offre d'ailleurs rien de bien remarquable.

Quant à la femme arabe proprement dite, on en rencontre peu dans les rues de la ville basse. Les femmes riches, de bonne famille, ne sortent guère qu'en voiture et très-voilées; il est difficile à un homme et surtout à un européen d'être d'aucune manière en relation avec elles. Les femmes que l'on rencontre, et elles sont en petit nombre, appartiennent ou à la classe peu aisée, ou à la catégorie des femmes libres très-nombreuses à Alger. Leur costume est toujours le même : le vêtement de dessus est un burnous blanc en laine plus ou moins fine, qui descend un peu plus bas que les genoux, et dont le capuchon se rabat juste à hauteur des yeux et recouvre une calotte que l'on n'aperçoit pas; sous le burnous sont une veste en soie brodée et un pantalon de laine blanche à plis, très-bouffant, serré brusquement au-dessus de la cheville par un poignet. Une ceinture relie la veste ou le caftan au pantalon un peu au-dessous des hanches; la gandourah est le vêtement de dessous. Les femmes aisées ont des bas et des petits souliers vernis; les pauvres n'ont pas de bas dans leurs souliers. Pour achever de cacher la figure elles ont une espèce de masque en étoffe de laine blanche pareille à celle du burnous, quelquefois un peu plus fine, qui est appliqué sur le bas du visage en remontant jusqu'à la hauteur des yeux : de la sorte ceux-ci regardent et brillent à travers la fente étroite ménagée entre le capuchon du burnous et le haïck. Ajoutez à cela des colliers, un diadème ou ferronnière sur le front, et des bracelets aux bras et aux jambes, et vous aurez une idée du costume de la femme arabe dehors. Dans la maison elle enlève le burnous et le haïck. J'aurai probablement l'occasion de revenir avec vous sur ce chapitre de la toilette des femmes arabes ou juives.

Après cet assemblage multicolore de tant de types divers, ce qui frappe le plus peut-être c'est le mouvement un peu fatiguant et étourdissant que présentent les rues. On vit beaucoup dehors dans ces pays de Midi, surtout le matin et le soir, et il n'y a guère que les rues de Paris qui aient plus d'animation que les grandes rues d'Alger. De nombreuses voitures publiques, qui représentent assez bien l'ancien coucou légèrement perfectionné, sont à la disposition de tous pour vous conduire dans les environs ou vous en ramener, et elles sont toujours pleines. De véritables omnibus circulent d'une extrémité de la ville à l'autre, et trois grandes lignes de tramways, assez mal établis par parenthèse et très-gênants par suite pour les voitures, conduisent encore dans la campagne. Ajoutez à ce mouvement celui des voitures de place qui sont nombreuses, et des voitures de maîtres, nombreuses aussi; joignez-y les cavaliers, militaires ou autres, et les transports militaires, en voitures ou à dos de mulets, et vous comprendrez combien la circulation est active.

Elle se complique dans certains points de la ville vers le sud, par suite de l'existence de caravanserails qui reçoivent non-seulement les chevaux, mulets ou ânes, mais encore les chameaux. J'ai déjà vu quelques-uns de ces animaux que l'on ne devrait pas vraiment laisser pénétrer en ville, car ils y font triste figure et ont l'air ahuris; avec leurs longs cous et leurs têtes se balançant horizontalement, ils semblent toujours chercher quelque chose à droite ou à gauche en remuant leurs grosses lèvres. Je vous parlerai probablement encore de ces utiles animaux; j'ai voulu seulement vous les signaler aujourd'hui comme contribuant au mouvement et aux embarras de la grande ville. J'ajoute qu'en général ils restent campés au dehors, ce qui vaut mieux pour tout le monde. J'en ai vu quelquefois en assez grand nombre dans le champ de manœuvres.

Enfin vous êtes assourdis à certaines heures par les cris des marchands de journaux, et l'administration municipale d'Alger, que l'on dit très-libérale, devrait bien interdire à ces vendeurs non patentés de casser la tête au public sous prétexte de liberté. On ne comprendra donc jamais que la liberté de mon voisin a la mienne pour limites!

Vous admettrez facilement, mon cher ami, que dans ce pays de sécheresse et de soleil, la circulation active de laquelle je viens de vous parler entraîne la production de beaucoup de poussière. La poussière est en effet une des plaies de la contrée; dans la ville on arrose encore un peu, quoiqu'insuffisamment, car l'eau est trop rare à Alger; mais dans les quartiers excentriques et dans la campagne, la poussière des routes devient insupportable pour les piétons, et même en voiture elle est fort désagréable. J'ai eu déjà à m'en plaindre, quoique la température ne soit pas encore bien forte. Presque tous les jours nous allons faire une promenade au dehors pour respirer le bon air, et mes amis me font ainsi connaître les environs d'Alger qui sont charmants. Mais cette lettre est déjà bien longue, et je remets à un autre jour à vous parler de ces promenades. On me prévient d'ailleurs que le vaguemestre attend ma lettre pour la porter à la grande poste, que la voiture est attelée pour la promenade. Il faut donc cesser ma conversation, ce que je ne ferai pas sans vous dire, mon très-cher, que je n'oublie personne ; je vous prie de l'assurer à nos amis communs ; adieu donc, et une cordiale poignée de mains de

Votre tout affectionné.

A. R.

LETTRE QUATRIÈME

24 avril 1878.

Ma première lettre vous était adressée de Marseille, chère Madame et amie, et depuis je me suis bien éloigné de la France et de vous, à grands tours d'hélice, en traversant la Méditerranée. Décidément, et quoique la mer me traite en ami, une traversée n'est pas chose amusante, le salon du bord n'offre pas la gaîté du vôtre ou de celui de Mesdames V. et Y., le cuisinier pourrait être meilleur peut-être, et surtout la chambre à coucher laisse fort à désirer. La cabine du bord avec ses deux couchettes placées l'une sur l'autre, avec ses petites dimensions, avec son peu d'aérage, n'est pas une habitation commode. On la supporterait encore si l'on y était seul, et je n'ai pas à me plaindre de ce côté, puisque, grâce au petit nombre des passagers, j'ai pu jouir de cet avantage. Mais ce qui est vraiment odieux, c'est de partager ce réduit avec un inconnu. Vous voyez sans que j'aie besoin de vous la décrire, la position du propriétaire du lit inférieur, quand celui du lit supérieur est malade : au manque d'air se joint la mauvaise odeur et pire encore; il ne reste qu'à fuir au plus vite, si on le peut. Enfin la traversée a été rapide, j'ai partagé le temps de mon séjour à bord entre le souvenir de mes amis de France que je regrettais d'abandonner, le plaisir de retrouver les amis d'Alger, la prévision des courses que j'aurai à faire; puis les repas, puis quelques causeries, le pont arpenté en tous sens et pendant des heures entières, et la vue des îles Baléares, et la recherche des rares bâtiments que l'on aperçoit dans la route, et les marsouins qui viennent jouer autour du navire, le dépassant avec une rapidité prodigieuse; est-ce donc suffisant pour bien occuper sa journée? Oui, pour tuer le temps. Vous pouvez y joindre le maniement à peu près inconscient d'un jeu de cartes, et voilà le bilan de ma journée à bord. J'ai beau faire, je ne trouve pas que ce soit bien gai.

Enfin il y a aujourd'hui huit jours, au matin, j'ai quitté cette maison flottante, et repris possession du plancher des vaches. Je suis chez de bons et vrais amis qui me choyent et me gâtent, et les heures s'écoulent avec rapidité; je pense bien à la France, mais j'ai tant à songer aussi à l'Algérie et à mes explorations futures, j'ai tant à voir, j'ai tant à causer avec les parents et les connnaissances que j'ai retrouvés ici, que je suis tout étonné d'y être déjà depuis huit jours et d'avoir passé ces huit jours sans vous avoir donné de mes nouvelles : voulez-vous me le pardonner?

Je ne vous écris pas au reste pour vous parler de la France, de nos amis communs ; plus égoïste, c'est de moi, ou plutôt de mon voyage, de mes impressions que je veux vous entretenir. Faut-il que je regrette de n'avoir pas la plume légère d'Alexandre Dumas, le père, qui savait si bien refaire l'histoire à sa manière et qui vous y intéressait? Certes je voudrais avoir son style si coulant, et sa manière si vive de dialoguer. Je suis beaucoup plus modeste, je ne veux parler que de ce que j'ai vu, et encore serai-je obligé de passer rapidement sur beaucoup de points. C'est ainsi que je ne ferai que vous signaler l'impression singulière que la vue d'Alger, de ses rues, de leur animation, des variétés de type, de costume et de langage que l'on y rencontre, cause au voyageur qui y débarque pour la première fois. Légèrement sceptique de ma nature, vous le savez, je n'ai plus, hélas! les enthousiasmes de la jeunesse, et cependant j'ai senti profondément les impressions dont je vous parle, et elles ne sont pas encore émoussées. Je regarde sans étonnement peut-être, mais avec un intérêt sérieux, toute cette foule bigarrée qui vit au dehors bien plus qu'en France. Cela est naturel aux indigènes : la place publique, la rue, voilà leur salon, et si je voulais faire avec vous quelque peu de pédantisme, il me serait facile de vous montrer que cette habitude exista toujours chez les peuples orientaux. Mais Dieu me garde, chère Madame, de mêler du latin ou du grec à ma simple causerie : je voulais seulement vous signaler un des caractères essentiels de la population.

D'ailleurs, depuis que je suis arrivé, j'ai déjà promené beaucoup et vu des choses fort intéressantes au dedans comme au dehors de la ville. Aujourd'hui, si vous le permettez, nous ne sortirons pas de celle-ci, et je tâcherai de vous en faire connaître quelques parties curieuses. J'aurai peut-être à soulever quelques voiles qui par leur transparence laissent cependant peu de place à l'indiscrétion ; j'espère le faire d'une main assez légère pour que vous n'ayiez pas à vous en offenser.

Voulez-vous d'abord venir visiter avec moi quelqu'une de ces maisons arabes, si convenables aux mœurs du pays comme à sa température, et qu'il serait bien facile, ce me semble, d'harmoniser avec nos habitudes européennes, comme cela a été tenté d'ailleurs dans quelques-unes et avec succès? Nous avons le choix entre un assez grand nombre, depuis le palais du gouverneur et celui de l'archevêque jusqu'à des habitations beaucoup plus simples appartenant à des particuliers. J'excepte bien entendu le palais de justice, la bibliothèque et d'autres lieux publics pour lesquels ces constructions sont fort mal disposées. Choisissons-en, si vous le voulez, une assez simple, telle que je voudrais l'avoir pour mon usage personnel, si j'habitais Alger, telle que je vous la souhaiterais pour y recevoir vos vrais amis, pour y causer avec eux, et parcourons-là rapidement.

Sur la rue ouvre un corridor voûté, à porte cintrée garnie de vieilles ferrures plus ou moins ornées; souvent une main, signe de bonheur et sage précaution contre les maléfices, est sculptée sur les montants de la porte; dans les maisons moins riches elle est simplement dessinée; chez les pauvres elle est la trace même d'une main, la droite, enduite à l'avance de rouge. Des arcatures soutenues par des colonnes plus ou moins riches sont le long du corridor et recouvrent des bancs pour les serviteurs. Ce passage conduit à une cour carrée située au centre de la maison et aboutit généralement à un de ses angles, le long duquel s'élève l'escalier. La cour est dallée, et au centre se trouve un puits ou un bassin : un véritable cloître règne autour d'elle, il se compose de trois à cinq ouvertures sur chaque face, d'architecture mauresque bien entendu, à colonnes de marbre dans les maisons riches, mais toujours assez lourdes, soutenant des arcades en fer à cheval : sur les quatre côtés et ouvrant sur la galerie, sont les communs, la cuisine, les celliers, buchers, etc., etc. L'escalier monte sous une voûte en double rampe droite avec palier intermédiaire, et conduit au premier étage qui est la répétition du rez-de-chaussée, c'est-à-dire qu'il se compose d'une galerie intérieure régnant sur les quatre faces; des arcades en même nombre et forme qu'au rez-de-chaussée ajourent cette galerie, leurs colonnes sont plus sveltes, plus ornées, plus riches en un mot, leurs arcatures sont plus légères. Les pièces prennent entrée sur les quatre faces de la galerie ; elles s'éclairent soit sur la galerie elle-même, soit rarement par des fenêtres extérieures. Un second étage existe le plus souvent, pareil au premier, et au-dessus est une terrasse en guise de toit. Des peintures décoratives en arabesques capricieuses décorent les voûtes et plafonds ; les murs sont recouverts, au moins jusqu'à 1^m,00 de hauteur de carreaux émaillés à couleurs brillantes; des garde-fous en bois sculptés peints règnent le long des galeries.

Dans une pareille maison, la vie est toute intérieure, on a peu de communication avec l'extérieur; nous autres européens trouvons qu'il n'y en a peut-être pas assez. Mais aussi comme l'on est bien chez soi, comme nul ne vous gêne, comme vous ne gênez personne. Ces chambres, retirées en arrière des galeries, ne reçoivent pas directement les rayons brûlants du soleil ; il y fait donc relativement frais, et la fraîcheur est encore entretenue par le bassin qui est au centre de la cour, par les plantes de toutes espèces que l'on y cultive et que l'on fait quelquefois grimper le long des galeries. Puis le soir, monté sur la terrasse, on respire la brise de mer, on peut même y passer la nuit, si la chaleur est trop forte. Une pareille habitation dans laquelle peuvent s'introduire tout les genres de luxe, ne vous paraît-elle pas, chère Madame, offrir un confortable sérieux? J'avoue qu'elle me tenterait fort.

Il y a cependant quelques inconvénients que je dois signaler. D'abord c'est la disproportion qui existe dans les pièces entre leur longueur et leur largeur; celle-ci est très-réduite pour ne pas trop diminuer et la cour et les galeries, pour ne pas trop augmenter cependant la grandeur du carré total; et dans les petites maisons, cette largeur est vraiment insuffisante pour nos habitudes, quand il s'agit d'un salon ou d'une salle à manger. Un second inconvenient, c'est de n'avoir dans ces maisons ni écuries, ni remises. Le troisième, et je crois que c'est réellement celui-là qui les a fait abandonner, c'est qu'elles ne sont pas économiques; elles exigent beaucoup de terrain et il faut y être seul; on ne peut les louer par fractions. Ces inconvénients ne sont que relatifs et, je vous le répète, si j'habitais ce pays un peu chaud, je priserais fort cette architecture. Je l'adopterais volontiers même dans nos pays du Nord, car en couvrant la cour intérieure et la chauffant par un calorifère, on se garantirait fort bien du froid, sans toutefois se priver d'air, et il y aurait moyen aussi d'agrandir les pièces de réception.

Maintenant que nous connaissons l'habitation, voulez-vous que nous l'étudiions en groupes, que nous visitions en un mot la ville arabe? J'ai bien envie que nous nous y lancions ensemble le soir, quand la nuit sera venue. S'il s'agissait de vous y conduire en réalité, quand même vous me le demanderiez avec instances, je crois vraiment que je refuserais d'y être votre guide : il pourrait y avoir à cette promenade nocturne d'assez graves inconvénients pour vous plus encore que pour moi. Mais comme il ne s'agit que de vous en présenter le tableau en glissant légèrement sur ce qui serait un peu trop dur de ton, je me risque. Je ne vous raconterai d'ailleurs que ce que j'ai vu moi-même, rien que la vérité, d'où vous pourrez conclure que je suis resté dans la limite des plus strictes convenances.

Un mot d'abord sur l'aspect général de cette partie de la ville d'Alger, mot nécessaire pour ne pas s'y égarer, de nuit surtout. Les maisons mauresques dont elles se composent sont semblables à celles que je vous décrivais tout à l'heure, mais beaucoup plus petites ; un rez-de-chaussée et un étage, tous deux assez bas, et une terrasse pardessus. Entre elles circulent en zigzags, des rues étroites, souvent en escaliers, formant un véritable labyrinthe. Elles ouvrent sur ces rues par de petites portes cintrées, basses, étroites, garnies d'anciennes ferronneries et presque toujours percées d'un judas grillé ; à chaque porte est la main du bonheur. Puis au-dessus, à hauteur de l'étage, un balcon clos de toute part s'avance sur la rue, soutenu par des rondins en bois posés obliquement. Sur les côtés du balcon sont percées de petites fenêtres ; il y en a aussi au rez-de-chaussée près des portes ; mais évidemment ces ouvertures étroites sont moins faites pour donner du jour ou de l'air que pour permettre aux habitants de la maison de satisfaire leur curiosité et de voir ce qui se passe dans la rue. Les balcons de deux maisons qui se font face arrivent presque à se toucher, quelquefois même ils se réunissent et la rue devient alors un passage couvert.

Nous voici donc dans ce dédale assez mal éclairé par des becs de gaz, placés toutefois intelligemment, mais économiquement, et nous montons en rampes raides ou en escaliers. Beaucoup de portes sont closes, les fenêtres et les judas sont fermés ; ce sont les maisons honnêtes dont les habitants sont tranquillement rentrés chez eux. Mais de distance en distance vous voyez les judas et les petites fenêtres brillamment éclairées, et presque toujours à ces étroites ouvertures apparaît une figure de femme que l'on distingue d'autant mieux que l'obscurité est plus grande au dehors : elles ne vous appellent pas ; mais leur sourire dit assez que si vous vouliez entrer, vous seriez le bien venu. Puis quelquefois c'est la porte qui est entrebaillée, et si vous la poussez, ce qui ne paraît pas être défendu, vous apercevez le couloir éclairé, et sur des nattes et des coussins sont étendues deux ou trois femmes vêtues à l'oriental, avec le caftan, le large pantalon et la ceinture, mais sans burnous ni haïcks : elles sont couvertes de bijoux, colliers, boucles d'oreilles, bracelets aux jambes et aux bras, chaînes au front en ferronnières. L'ensemble ne serait pas mal, si elles ne se barbouillaient de peinture : les ongles des pieds et des mains sont jaunis par le henné, les sourcils sont noircis avec le khol, et trop souvent un tatouage bleu existe sur le front ou sur les joues. Votre curiosité est punie par une invitation à entrer et à causer.

Ces rues ne sont point solitaires; il y passe encore assez de monde, mais seulement des hommes, à moins que ce ne soit quelque famille attardée pour regagner son gîte. On y est généralement tranquille ; on pourrait cependant s'y trouver compromis entre des soldats ou des matelots surexcités par le vin, et dans ces rues étroites il serait difficile de s'échapper sans avoir reçu quelques éclaboussures : aussi est-il prudent de ne pas s'y aventurer seul.

Mais j'entends des sons musicaux, et je me dirige de leur côté; j'arrive à un carrefour sur lequel donne un café maure dont la porte est largement ouverte. L'éclairage n'en est pas brillant; l'ameublement ne consiste guère qu'en des bancs en bois recouverts d'une natte et adossés aux murs. Sur ces bancs sont assis, les jambes croisées, les pieds nus, un certain nombre d'indigènes : leurs babouches sont par terre en dessous d'eux. Ils fument gravement et silencieusement leurs pipes ou leurs cigarettes, après avoir dégusté une tasse de cawa (café fait à la mode arabe). Au fond, assis de même, est un vieillard à la barbe blanche tenant une espèce de guitare du pays à trois cordes ; il se balance lentement d'arrière en avant en chantant sur un air grave, mais qui ne manque pas de cachet, et en s'accompagnant de son instrument. Je ne comprenais rien à son chant, je ne pouvais même me faire une idée du sujet qu'il traitait ; je voyais seulement qu'il était sérieux et qu'il intéressait tous les auditeurs ; le spectacle m'intéressait aussi, et je restai assez longtemps à l'observer. A quelque distance de là j'en revis un semblable, le même café maure (ils se ressemblent tous dans leur simplicité), les mêmes arabes ou les mêmes juifs posés sur leurs bancs les jambes croisées, et conservant malgré le peu de largeur du banc un équilibre que j'admirais. Seulement ici il n'y avait plus de chant, mais de la musique. Quelle musique pour mes oreilles européennes et pour un amateur du Conservatoire : une flûte en roseau, un petit tambour battu par une baguette recourbée et encore une espèce de mandoline. Je ne pus distinguer de mélodie, seulement une harmonie sauvage, sans charmes pour moi, mais que sa nouveauté et son excentricité me forcèrent à écouter assez longtemps.

Deux heures se passèrent ainsi rapidement à parcourir ces quartiers si curieux par leurs mœurs locales; cependant à force de descendre et de monter ces rues en pentes, la fatigue me gagnait. J'aurais bien voulu trouver un de ces cafés où les danses se mêlent à la musique; mais les représentations y sont rares, et on doit les demander à l'avance; il me fallut rentrer sans avoir ce complément de spectacle.

Pour effacer ces idées légèrement profanes, si vous le voulez bien, chère madame, nous irons faire un tour à l'hôpital du Dey, le grand hôpital militaire d'Alger. Ce ne sera qu'une simple promenade; loin de moi l'idée de vous le montrer en ses détails : ce n'est pas une inspection que nous y allons faire, mais une visite, et nous y serons bien reçus, je vous l'assure, par les sœurs de la charité qui sont chargées du soin des malades. D'abord les amis avec lesquels j'y vais, qui m'y conduisent pour mieux dire, y ont droit d'entrée et y sont aimés; et puis ensuite mon nom et ma famille n'y sont pas étrangers : mon père a été pendant trente ans médecin de la maison-mère à Paris, et son nom est connu de toutes les sœurs qui ont plus de vingt ans de profession : j'en ai trouvé deux hier qui se le rappelaient fort bien.

C'est par les sœurs que nous commençons notre visite; c'était elles que nous allions voir d'abord. Leur habitation est bien modeste, une ancienne baraque d'hôpital, à simple rez-de-chaussée, en assez mauvais état d'ailleurs. Mais ces bonnes sœurs s'y trouvent bien; ce n'est pas là qu'elles vivent, c'est auprès de leurs malades, c'est à la cuisine, c'est à la lingerie, et toutes ces installations sont larges et belles, sinon toujours commodes. Il y a en effet pour le service de trop grands espaces à parcourir, trop d'escaliers à monter et à descendre : c'est une cause de grande fatigue pour les sœurs et les infirmiers. Mais en revanche comme la position est belle et saine ! de vastes jardins bien entretenus, bien arrosés, de belles fleurs, de magnifiques rosiers, et des orangers et des palmiers, récréent la vue et entretiennent le bon air. Ce serait un paradis si ce n'était l'asile de la souffrance. Une jolie maison arabe isolée au milieu des jardins est destinée aux officiers malades, et ils y trouvent un confortable réel.

Je me permettrai cependant une légère critique : il n'y avait pas de chapelle ; on en construit une en ce moment avec grosse dépense de pierres de taille, de colonnes sculptées, etc. Ne la jugeons pas au double point de vue architectural et économique : je ne veux parler que du choix de son emplacement. Il m'a paru déterminé par une considération bien secondaire, ainsi qu'on le fait trop souvent en France : le détail l'emporte sur le but principal à remplir. On l'a mise à côté du bâtiment destiné aux consignés ; c'est ainsi que dans les hôpitaux on désigne les hommes malades qui sont sous le coup de la justice militaire. Ces hommes peuvent avec cette installation vaquer à leurs devoirs religieux sans crainte d'évasion. Mais la position est excentrique par rapport aux salles principales et par suite incommode.

En somme, cette promenade à l'hôpital est charmante, surtout quand on y est aussi bien reçu et malgré les misères dont on y est fatalement entouré. La sœur de charité apporte dans ces établissements militaires un peu rigides, soumis à la discipline, l'esprit de douceur que la femme amène toujours avec elle : elle tempère la sévérité de la règle, elle adoucit la main trop rude de l'infirmier, et si quelquefois on s'est plaint de les voir légèrement empiéter sur les droits de la médecine et de l'administration, il faut passer sur un inconvénient peu fréquent et léger d'ailleurs, en faveur de leur dévouement, de leur charité sans limites, et des services moraux et matériels qu'elles rendent à nos pauvres jeunes malades isolés, éloignés de la famille, et charmés de trouver un visage de mère ou de sœur pour leur sourire au milieu des souffrances.

Je me suis, chère Madame, laissé entraîner à vous parler aujourd'hui de sujets bien divers, qui sont même en opposition les uns avec les autres : sujets un peu légers, sujets tristes ou religieux au contraire; vous me pardonnerez les premiers, je vous le demande au nom des derniers. Et puis vous le savez, le voyageur curieux regarde tout, le bien comme le mal, le beau comme le laid : tout lui est spectacle, il voyage pour cela, et j'aurai peut-être encore l'occasion de vous offrir de pareils contrastes. Tout ce que je désire c'est que mes lettres ne vous paraissent point trop ennuyeuses, c'est que vous preniez un certain plaisir à les recevoir et à les lire. Celle-ci vous portera comme toujours, l'assurance du respect affectueux de

   Votre tout dévoué serviteur et ami.

       A. R.

LETTRE CINQUIÈME

Alger, le 25 avril 1878.

Mon cher ami,

Je vous ai écrit avant hier, et je veux encore vous écrire aujourd'hui parce que demain je pars avec mes amis pour une course dans la grande Kabylie pendant laquelle je n'aurai pas le temps de songer à ma correspondance, et je tiens d'abord à la mettre en règle avec vous. Je sais que vous vous intéressez à tout ce que je fais, à tout ce que je vois, et à cause du voyageur, et à cause des pays qu'il parcourt ; j'espère donc que vous ne vous fatiguez pas plus de mes interminables récits que je ne m'ennuie moi-même en vous les écrivant. J'ai envie aujourd'hui de commencer par vous parler un peu politique ; je m'étais bien promis cependant de n'y pas toucher pendant tout mon voyage ; mais il ne s'agit pas ici de celle de la France, ni de tout ce qui se passe d'insensé à ce sujet dans notre pauvre pays. C'est de la politique qui se fait en Algérie que je veux vous dire

un mot. Est-elle beaucoup meilleure que celle de
la mère-patrie? Fait-elle passer l'intérêt général
avant l'intérêt particulier, l'intérêt de la colonie
avant celui du colon? Hélas! le peu que j'en
connais amène forcément au bout de ma plume
une réponse négative, et même le mal me paraît
ici s'accentuer davantage, sans doute parce que le
point de vue est plus rapproché, parce que la scène
est moins vaste. Je ne lis pas les journaux français, mais je lis encore bien moins les journaux de
l'Algérie. Je ne suis point l'ami du journalisme, je
trouve que même ce que l'on appelle autour de moi
un bon journal fait toujours plus de mal que de
bien; c'est à mes yeux un véritable poison que nous
nous assimilons journellement, et les meilleures
feuilles me paraissent détestables, sans vouloir
même mettre en ligne de compte leur déplorable
esprit de parti, en ce qu'elles font perdre à chacun
de nous un temps considérable d'abord, et ensuite
en ce qu'elles nous persuadent à tous que nous
sommes aptes à diriger le char de l'État, à nous
mêler des affaires publiques, auxquelles le plus souvent nous ne comprenons rien. Elles contribuent
toutes pour une grande part à augmenter le nombre
des déclassés, et ceux-ci sont nombreux en Algérie
sur laquelle ils se sont abattus comme sur une
proie. Il faut bien juger de leurs opinions par
leurs journaux, qui sont tous du plus bel écarlate; je dis tous, sans exception. Tous poursuivent l'autorité dans ses formes les plus accusées,

dans la religion catholique, dans la magistrature, dans l'armée ; ils ménagent un peu plus l'administration, parce que leurs écrivains espèrent bien arriver un jour à en faire partie. C'est là leur but constant ; c'est à cela qu'ils travaillent ; leur devise est : ôte-toi de là que je m'y mette, quand il s'agit bien entendu de places rétribuées ; l'application de cette devise est leur grand souci, et elle donne le secret de l'acharnement de toutes ces feuilles contre les dépositaires actuels du pouvoir. J'aurai probablement à revenir plus tard sur ce sujet, j'ai voulu seulement vous faire dès aujourd'hui connaître les journaux de la colonie : vous comprenez maintenant que je ne les lise pas et que je sois furieusement agacé quand j'entends sur la place du Gouvernement un tas de gamins me crier dans les oreilles de leurs voix glapissantes, les titres de ces journaux ; je trouve qu'ils abusent de la liberté en général, et il me vient des envies féroces de leur inculquer durement le respect de ma liberté particulière. De peur de céder à ces envies, ce que je me suis bien permis de faire une ou deux fois, quand la voix était trop perçante, sauvons-nous au plus vite en dehors de la ville, et visitons ses environs qui sont fort jolis en ce moment, le soleil n'ayant pas encore brûlé la végétation.

Presque chaque jour nous nous promenons en voiture, mes amis et moi ; c'est pour ainsi dire une affaire d'hygiène : la matinée est souvent pénible à Alger, à cause de la chaleur humide qui règne alors ; il semble que l'on manque d'air, aussi on reste chez soi ; mais la brise de mer souffle au contraire dans l'après-midi ; elle rafraîchit la température, et quand le soleil baisse un peu à l'horizon on va respirer au dehors.

Il n'y a que deux promenades à faire en terrain plat, ou à peu près plat : toutes deux longent naturellement la mer, l'une à l'est, l'autre à l'ouest, et toutes deux sont également jolies, quoiqu'à titres différents. La route de l'est est la première où l'on m'ait conduit le soir même de mon arrivée ; elle suit la courbe qui limite la rade, et n'est pas très-agréable tant que l'on reste dans les faubourgs, à cause des nombreuses voitures que l'on rencontre, de la poussière qu'elles soulèvent. Mais quand on a dépassé le champ de manœuvres, on reprend sa liberté, et bientôt on arrive au parc d'acclimatation, dit aussi jardin d'essai, qui appartient à une société particulière. On y trouve de beaux arbres venant de tous les climats, une magnifique avenue de platanes, d'autres de palmiers, de lataniers, une de bambous qui n'est pas la moins curieuse, une autre d'eucalyptus, cet arbre dont je crois la valeur surfaite, mais qui a été, qui est encore bien en vogue, et beaucoup d'autres plantes. De riches pépinières y sont entretenues avec soin, et l'eau qui y est abondante, à cause de l'existence d'une belle source située au pied des coteaux qui ferment la rade au sud, donne toujours de la fraîcheur et de la verdure à cette charmante promenade. On parcourt ces avenues à pied ou en voiture; elles sont une ressource pour les jours où le temps manque, où la fatigue empêche de s'éloigner davantage. C'est en vendant ses jeunes plantes, arbres ou arbustes, que la société trouve l'argent nécessaire à l'entretien du parc; elle fait, je crois, peu de bénéfices.

En continuant la route au delà de ce parc, et longeant le chemin de fer d'Alger à Blidah, on a sur sa gauche une suite de petits jardins potagers, cultivés par des Espagnols ou des Maltais, qui donnent d'admirables produits. Des norias dont la manivelle est mue par un cheval, un mulet ou un âne, font monter l'eau douce de puits peu profonds dans des bassins dont le niveau est supérieur au terrain cultivé; de là elle se répand dans le jardin par des canaux d'irrigation fort bien entendus. J'admirai d'abord la bonne volonté de l'animal tournant incessamment sur sa piste, malgré l'absence du maître, qui travaille, pioche, bêche, extirpe l'herbe, lie ses salades, cueille ses pois, etc. Mais on me fit remarquer un certain tic-tac produit par le mouvement même de l'arbre tournant, et si la bête se repose, si l'arbre cesse de tourner, le tic-tac cesse son bruit qui ne frappe plus l'oreille vigilante du jardinier; celui-ci arrive et prouve à la bête par raisons péremptoires qu'il n'est pas l'heure du repos. La bête me sembla alors avoir beaucoup d'esprit en ne s'arrêtant pas, mais j'admirai moins sa bonne volonté.

A droite de la route on rencontre d'abord le parc d'artillerie dont le champ de tir est en face, sur la plage, puis des champs cultivés et plantés de beaux oliviers. En poursuivant on arriverait à la rivière qui arrose les plaines de la Mitidjah, à l'Oued el Harrach, puis, au delà, à la Maison carrée : la promenade devient alors un peu longue et moins jolie. Le plus souvent nous traversions le jardin d'essai, et revenions par une route parallèle à la première, longeant le pied des coteaux, route assez ombragée, et laissant apercevoir toutefois par intervalles la rade et le panorama toujours séduisant de la ville : nous passions Hussein-Dey, puis Mustapha, et nous rentrions par la porte Babazoun.

La promenade du côté de l'ouest est beaucoup plus sévère. On côtoie toujours la mer et de très près; elle bat contre des escarpements de rocs assez élevés et bizarrement découpés, que la route gagne immédiatement après avoir passé les faubourgs et particulièrement le triste et misérable faubourg des Carrières. On suit ainsi jusqu'au village de Saint-Eugène et à la pointe Pescade, où se trouvent de vieux forts turcs assez intéressants, et en continuant on arriverait au grand et beau village de Guyotville et à la pointe de Sidi-Ferruch. On a tout le temps sur sa gauche, presque jusqu'à Guyotville, une suite de collines dont les plus élevées et aussi les plus arides correspondent à la pointe Pescade. Au sommet le plus haut de l'un des contreforts les plus saillants a été construite la grande chapelle de Notre-Dame d'Afrique ; sur le dôme s'élève une statue colossale de la Vierge-Mère qui semble protéger et la ville et la colonie. Pourquoi faut-il que l'architecture trop extraordinaire de ce monument, inachevé d'ailleurs faute de fonds, rende si mal cette pensée pieuse et grandiose à la fois! Il y a là un manque de goût vraiment déplorable.

Il y a deux ou trois jours nous avons fait une autre promenade qui vaut doublement une description, d'abord pour la promenade elle-même, ensuite à cause de la visite qui en était le sujet : Il s'agissait d'aller saluer le gouverneur, M. le général Chanzy, et de lui être présenté. Je n'avais pas l'honneur d'être connu de lui, mais je vois assez souvent son frère à Fontainebleau, je vais probablement y voir sa fille, et cela m'obligeait par un sentiment de convenance facile à comprendre à présenter mes devoirs au général. Il me semblait d'ailleurs que ce devoir, malgré la liberté que j'ai conquise en prenant ma retraite, malgré le peu d'importance que je m'accorde, était devenu plus impérieux devant les attaques incessantes dont le gouverneur général est l'objet depuis quelque temps de la part d'un certain parti, de la part de tous les journaux de la colonie. J'avais regretté sans doute qu'il eût semblé un instant leur faire des concessions, se tourner même vers eux et leur donner des espérances : mais avec son esprit juste et droit, il a vu bien vite le danger de ces concessions; il a compris qu'après s'être servi de lui on finirait toujours par le repousser comme chef d'une autorité détestée, et il ouvrit une ère de résistance qui devait lui attirer de nouveaux et de plus ardents ennemis, d'autant plus ardents que l'on craignait en lui un compétiteur : c'était donc le moment de se grouper davantage autour de ce chef, et nous voilà en route, mon ami, sa femme et moi, pour Mustapha Supérieur, nom de la localité où se trouve le palais d'été du gouverneur, sa résidence pendant toute la saison chaude.

Nous descendons la rue d'Isly, et sortant par la porte du même nom, nous traversons d'abord le faubourg de l'Agha qui s'étage sur les pentes de la colline dominée par le fort l'Empereur, puis nous prenons la route de Mustapha Supérieur, qui monte par de grands zigzags en pentes douces jusqu'au sommet des coteaux, route assez ombragée, bien entretenue, bien arrosée et bordée sur tout son parcours de charmantes villas, anciennes maisons mauresques ou nouvelles maisons européennes, enfouies dans la verdure, au centre de parcs ou de jardins rivalisant d'élégance. Le palais de Mustapha Supérieur est bâti non loin du sommet de manière à ce que l'on y jouisse admirablement de la vue de la rade et du panorama d'Alger, en restant abrité toutefois des vents du sud. Il est au centre d'un beau parc, bien planté, bien arrosé, admirablement entretenu, avec serres, potagers, etc. De vastes communs y sont annexés. Le palais lui-même est ravissant; il est de construction et d'architecture arabe, avec plusieurs cours entourées de galeries que longent les appartements; il n'a qu'un rez-de-chaussée et un étage avec terrasse supérieure.

Pendant qu'à défaut de la maîtresse de la maison qui était partie pour la France, sa mère recevait la femme de mon ami, nous étions introduits tous deux auprès du gouverneur général dans son cabinet : sa réception fut cordiale quoique réservée; la conversation roula sur divers sujets, sur la France, sur le service, et au bout de vingt minutes environ nous prîmes congé, et nous allâmes rejoindre ces dames. Alors la belle-mère du gouverneur, avec une grande amabilité, voulut nous conduire elle-même dans le palais, dans le parc, les serres, les écuries, etc., et nous en faire les honneurs. Après force remerciements de notre part nous remontâmes en voiture pour retourner à Alger; seulement nous ne voulions pas revenir par la même grande route, et nous nous engageâmes dans un très-joli chemin tracé à flanc de coteau, franchissant des ravins délicieux, bordé de jolies propriétés, de cultures de toutes sortes, et nous laissant constamment jouir, de la hauteur où nous nous trouvions, de la vue de la rade, du port et de la ville vers laquelle nous nous dirigions; entre temps et dans les coudes nous voyions aussi le cap Matifou qui limite la rade à l'est, et les dernières hauteurs qui en couronnent le fond, les hauteurs de Kouba, sur lesquelles on a construit le grand séminaire dont les bâtiments attirent l'œil de fort loin. Cette promenade, que l'on nomme la route des aqueducs, est réellement fort jolie et elle n'est pas trop longue. On rentre en ville par les hauteurs du quartier européen.

D'autres sites non moins jolis nous ont encore attirés hier vers Mustapha Supérieur, mais au delà, en des points plus éloignés, au sud-est d'Alger. Suivant la même route que la veille, nous avons dépassé la grille du palais du gouverneur, et nous sommes arrivés en haut de la colline à la colonne Voirol. De là par un charmant ravin à moitié boisé, à moitié cultivé, au fond duquel coule l'Oued Khrenis, nous descendons au village de Bir-Mandraïs (le puits de Mourad-Raïs), pourvu d'une abondante et excellente fontaine, et poursuivant notre route à travers un riche pays légèrement accidenté et parfaitement cultivé, nous arrivons au village de Bir Khadem (le puits de la négresse), non moins prospère et non moins pourvu d'eau, non moins bien planté que le précédent. En continuant nous irions vers Douerah et Bouffarick; mais la route est déjà longue, la journée s'avance, il faut revenir sur ses pas, au moins jusqu'à Bir-Mandraïs. Seulement à l'entrée de ce village du côté d'Alger, au lieu de remonter le ravin de l'Oued Khrenis, nous tournons à droite pour le continuer au contraire en descendant, et arriver ainsi vers la rade au delà du jardin d'acclimatation. Cette seconde partie du ravin porte le nom de ravin de la femme sauvage ; il lui vient de ce qu'il existait il y a quelques quinze ou vingt ans, à l'origine du ravin près de Bir-Mandraïs, un café tenu par une jeune et assez jolie femme qui n'était rien moins que sauvage, et l'on y venait souvent d'Alger faire des parties fines : le nom représentait donc une véritable antithèse. Un jour, lasse peut-être de sa vie d'aventures, cette femme, qui appartenait à une honorable famille de France, vint se jeter aux pieds d'un officier qui était du même pays qu'elle, sanglottant et le suppliant de lui venir en aide. Elle lui dit qui elle était, lui parla de sa famille que connaissait celle de l'officier, et obtint que celui-ci s'entremettrait pour lui faire avoir son pardon et l'argent nécessaire à son rapatriement ; son commerce en effet ne l'avait pas enrichie. Voilà donc mon cher camarade qui s'adresse à la famille et qui obtient et reçoit l'argent du voyage ; en même temps on lui accorde sur les bateaux un passage gratuit pour le prochain départ, et tout heureux de sa réussite, il fait venir cette femme, et lui remet l'argent non sans un petit sermon de circonstance ; il la prévient en même temps de se tenir prête pour embarquer au jour fixé. Ce jour arrive et il pousse la bonté jusqu'à l'envoyer chercher en voiture, elle et son bagage. Mais les heures s'écoulent, celle du départ du bateau approche, on ne voit venir ni voiture ni voyageuse. Enfin la première revient mais hélas! elle était vide; la tourterelle avait quitté le nid, elle s'était envolée avec un colon, emportant l'argent du voyage. Et c'est le camarade auquel le fait est arrivé qui me l'a raconté lui-même : je vous laisse, mon cher ami, en tirer la morale.

Quoi qu'il en soit, le ravin est extrêmement pittoresque; des orangers, des oliviers, des grenadiers, quelques palmiers forment dans les bas fonds de ravissants massifs, tandis que les pentes supérieures, arides et rocheuses, sont couvertes d'arbres verts. De distance en distance, surgissent des fabriques, une magnanerie, des moulins à huile ou à farine. Seulement, toutes ces usines sont abandonnées, et c'est un pénible spectacle au milieu de cette végétation luxuriante : l'eau manque, le torrent n'en fournit pas assez pour faire tourner les roues des fabriques qui ont ruiné leurs imprudents constructeurs. Le colon ne succombe pas toujours par inconduite; il n'a que trop souvent perdu son argent et son temps pour ne pas s'être instruit suffisamment des ressources du pays où il s'établissait.

Il est une course plus rapprochée que j'ai faite seul et à pied, de laquelle je veux vous dire quelques mots, car elle m'a fort intéressé et comme ingénieur militaire et comme archéologue. Je voulais voir et étudier quelque peu ce qui reste de la Kasbah située en haut de la ville, au-dessus du quartier arabe, et le fort l'Empereur qui était en 1830 la clef de la position et dont l'occupation nous rendit maîtres de la ville. Me voici donc en route par un beau et riche soleil, armé pour toute défense de ma lunette de campagne, et montant à travers la vieille ville, dans les rues étroites de laquelle je suis assez bien garanti; j'arrive donc facilement au pied de l'ancien palais fortifié du Dey, de cette Kasbah de laquelle il ne sortait guère. Mais il en reste bien peu de choses, et il est absolument impossible de s'en faire une idée un peu juste d'après ces restes. Ce qu'il y a de plus complet est une mosquée avec des bâtiments occupés par l'artillerie; le minaret peu élevé est assez coquet avec son ornementation en placage de carreaux émaillés. A gauche de la route un autre reste de construction arabe a été transformé en église; pauvre et chétive église que celle de Sainte-Croix; mais on y voit de jolies colonnettes de marbre. Il existe aussi une vieille tour qui défendait l'entrée extérieure de la Kasbah; elle ne manque pas d'intérêt au point de vue archéologique. Les restes de l'enceinte qui descendait à la mer sont assez pittoresques; ils se dressent isolés à une grande hauteur, habités encore dans leurs parties hautes et dans leurs flancs casematés; on aperçoit quelques-uns des créneaux qui les surmontaient; ils sont aujourd'hui transformés en pigeonniers. Puis quelques traces d'arcatures, de décorations en carreaux vernissés, indiquent une ancienne splendeur qui contraste avec l'état de délabrement actuel.

La nouvelle enceinte de la ville passe à cinq ou six cents mètres au delà de la Kasbah; je la franchis par la porte du Sahel, et devant moi à sept ou huit cents mètres, j'aperçois le fort l'Empereur. Il domine la Kasbah et la fortification nouvelle, et s'élève à deux cents mètres environ au-dessus de la mer. Il est entouré à sa gorge par un joli bois de pin qui s'étend aussi le long de sa face ouest; à l'est il domine la rade du haut de pentes fort raides qui descendent au faubourg de l'Agha; son front sud, le côté que nous avons attaqué en 1830 est au contraire dominé par quelques hauteurs voisines et assez rapprochées. Ce fort bastionné qui date du milieu du XVIe siècle, était, je vous l'ai déjà dit, la clef d'Alger; aussi les Deys y attachaient une grande importance. Aujourd'hui sa valeur serait plus que contestable; toutefois une troupe déterminée pourrait encore s'y défendre quelque temps contre des adversaires pourvus seulement d'artillerie de campagne. Après avoir admiré la hauteur et la solidité des escarpes, j'arrivai à la porte. La sentinelle du faible détachement qui l'occupe, assise paisiblement son fusil entre les jambes, dormait profondément, tandis que son caporal, étendu sur un banc voisin, en faisait autant. Pauvres zouaves! ils avaient chaud, ils étaient fatigués, et ils se reposaient : je me gardai bien de les réveiller et je pénétrai sans obstacles dans la cour intérieure, puis sur les remparts. Je ne veux pas vous ennuyer de la description du fort, qui pour moi ne manquait pas d'intérêt comme type de fortification. Je vous signalerai seulement la vue magnifique dont on jouit quand on est monté sur la plateforme du bastion du sud-est. A vos pieds descendent les pentes de l'Agha et de Moustapha, puis la plaine qui borde la rade, le jardin d'acclimatation, et plus loin le commencement de la Mitidjah et la Maison-Carrée; devant soi la rade avec ses navires à voiles ou à vapeur, et au delà la pointe du cap Matifou; à gauche la ville avec son port et son enceinte, sur la droite les hauteurs de Kouba et de Mustapha Supérieur; tout cet ensemble est ravissant. Du côté de l'ouest la vue est au contraire bornée rapidement par les coteaux bien cultivés d'El Biar et de la Bouzaréah, et par la colline qui domine Saint-Eugène. Il faudrait des heures pour tout regarder, pour tout admirer. Mais les rayons d'un soleil brûlant, répercutés encore par les dalles de la terrasse, ne me permettent pas de séjourner en ce point aussi longtemps que je l'aurais voulu. J'ai bien mis un mouchoir comme couvre-nuque, précaution vraiment indispensable pour éviter les insolations, mais il ne m'empêche pas de griller, et je reviens par le bois de pins, puis par la porte du Sahel, la Kasbah et la vieille ville, très-content de mon excursion, malgré la chaleur. Vous ne m'auriez certainement pas accompagné, mon cher ami, vous craignez trop le soleil et les ascensions ; mais vous y auriez perdu.

Voici une lettre vraiment longue. Que voulez-vous, quand je revois ainsi avec vous et pour vous tout ce qui m'a frappé dans les journées précédentes, je me laisse entraîner, ma plume court et je ne sais plus l'arrêter. La voici bridée cependant pour quatre ou cinq jours, car nous partons demain pour la haute Kabylie, mon ami, sa femme et moi, et pendant cette course il ne sera certainement pas question de correspondance. Adieu donc, mon bien cher ami ; je vous envoie, avec une cordiale poignée de mains, la nouvelle assurance de mon affection.

Votre tout dévoué.

A. R.

LETTRE SIXIÈME

Alger, 30 avril 1878.

Nous voici revenus, mon cher ami, de la grande Kabylie, de Tizi-Ouzou, du fort National. C'est une course fort intéressante que mon ami vient de me faire faire dans des conditions charmantes, comme vous allez le voir; je veux vous la raconter dans cette lettre, tout en me reposant, car ce voyage rapide n'a pas été sans nous fatiguer un peu, surtout à cause de la chaleur et du sirocco qu'il nous a fallu supporter le jour du retour : j'étais certainement resté le plus vaillant des trois, et cependant je ne suis pas fâché d'être tranquille aujourd'hui ; je le suis d'autant moins que je pars demain pour la province de Constantine. Je me suis décidé à prendre la voie de mer. J'évite ainsi d'abord quarante-huit heures de diligence, qui me sembleraient bien dures, surtout avec la chaleur et le vent du midi; si encore on pouvait voir en passant les choses les plus intéressantes, comme les Portes de Fer ou les gorges de Palestro! Mais non; par un mauvais sort il se trouve qu'on les franchit toujours la nuit. Quant à s'arrêter en ces points, il n'y faut pas songer : on n'y trouve aucune ressource et l'on risquerait encore le lendemain de ne pas avoir une place convenable dans la voiture. Ajoutez à cela que je ne crains pas la mer, et que je verrai les ports de la côte où l'on fait escale ; tout militait donc en faveur de la route choisie. Je me donne en outre le temps de réfléchir sur la question de savoir si je pousserai jusqu'à Tunis ; j'en aurais bien envie ; seulement j'y vois beaucoup d'inconvénients : j'y penserai.

Venons donc à ce voyage que je vous annonçais dans ma dernière lettre. Il y a des diligences qui conduisent sur la route que nous devions parcourir, d'abord à la petite ville de Tizi-Ouzou, sous-préfecture située au pied du Djurjurah, dans la petite Kabylie, à 103 kilomètres d'Alger, puis de Tizi-Ouzou à Fort National, point militaire dominant, par lequel nous tenons tout le pays, distant de Tizi-Ouzou de 25 kilomètres. Mais mon ami a pensé que nous serions beaucoup mieux dans une voiture particulière, et nous en avons une pour aller à Tizi-Ouzou ; nous en trouverons une autre à Tizi-Ouzou pour monter au fort. Le départ était indiqué pour cinq heures du matin, et le cocher comme les maîtres furent parfaitement exacts ; nous avions une calèche traînée par trois chevaux de front, et nous partîmes grand train ; il n'y avait pas besoin de ménager cet attelage puisque nous devions trouver un relai à 35 kilomètres.

Je ne veux pas d'ailleurs vous décrire la route village par village, comme le ferait un guide ; cela vous ennuierait à lire et moi je m'ennuierais en l'écrivant ; je ne veux vous parler que des choses qui m'y ont frappé. Ce fut d'abord et presqu'au départ le marché qui se tenait à la Maison-Carrée, lorsque nous avons traversé ce village. C'était la première fois que je voyais une de ces réunions, composées d'Européens et d'Arabes, et dans lesquelles ceux-ci, qui dominent généralement par le nombre, peuvent être étudiés à loisir. Ce n'est plus l'Arabe de la ville, à demi-civilisé déjà, que nous y rencontrons ; c'est le véritable indigène qui se montre à nous tel qu'il est, et je suis convaincu que c'est là que l'on pourrait mieux le connaître, si tant est que l'on puisse y arriver. Il y a dans ces marchés absence complète de femme, de femme arabe bien entendu ; c'est l'homme seul qui traite toutes les affaires. Cette réunion de burnous me parut intéressante ; malheureusement ils ne brillent pas par la propreté. Il y a un assez grand nombre de bestiaux, bœufs, vaches, moutons, ânes et mulets, en général de petite race. Mais l'heure est encore matinale, et le marché est loin d'avoir acquis tout son développement ; nous ne pouvons d'ailleurs attendre, car notre étape est longue, et nous passons après un arrêt de quelques minutes. Quelques kilomètres plus loin, à la Maison-Blanche, nous quittons la route de Constantine qui incline légèrement au sud pour tourner le grand massif du Djurjurah, que nous voulons au contraire aborder par le nord ; nous traversons l'Oued Khamiz et nous continuons notre route à travers des plaines légèrement ondulées et bien cultivées ; toutes les moissons sont encore sur pied, à peine jaunissent-elles, et l'aspect du pays est riant. Toutefois il y a quelque chose qui me frappe et me glace : toutes les fermes que l'on rencontre, et elles sont clair-semées, ont l'aspect de forteresses ; elles sont closes de murs, et de murs crénelés ; on voit que l'on ne se sent pas encore bien assis sur le sol, que la préoccupation de la défense existe partout. Et puis de distance en distance je trouve de ces fermes qui sont inhabitées, ruinées, avec des traces d'incendie. Ce sont les tristes restes de l'insurrection de 1871, et plus nous nous rapprochons de la Kabylie, où elle avait un de ses centres les plus actifs, plus ses traces non effacées deviendront nombreuses ; j'aurai à y revenir dans cette lettre.

C'est à peu près au village de l'Alma, où nous relayons, que nous commençons à entrer dans la Kabylie ; les mouvements du sol s'accentuent davantage, on est dans les contreforts inférieurs de la montagne. La végétation est moins avancée que dans la plaine, mais plus luxuriante encore. Peu d'arbres d'ailleurs ; quelques platanes en quinconce autour des fermes, ou quelques maigres eucalyptus, et dans le fond des ravins plus ou moins creusés par l'eau, des touffes de lentisques et de lauriers roses en fleur. C'est le moment où la flore du pays est la plus belle, la plus variée. Je les reconnais presque toutes, ces fleurs, je les ai étudiées autrefois, seulement leurs noms m'échappent le plus souvent. C'est dans le Roussillon que je les ai vues. Il y a une conformité remarquable entre le pays que nous parcourons en ce moment et le pied du massif du Canigou que l'on appelle les Aspres. Ce sont les mêmes plis de terrain, les mêmes ravins, les mêmes coteaux, le même sol argileux; ce sont aussi les mêmes plantes; seulement une plus forte chaleur les a développées davantage, et l'on y rencontre en outre quelques espèces plus méridionales qui me sont inconnues. Dépêchons-nous de les admirer, de jouir de toute cette verdure, car bientôt la moisson sera enlevée, bientôt la sécheresse et le soleil auront tout grillé, et le pays ne présentera plus jusqu'au printemps prochain qu'un aspect désolé.

Il est onze heures, voici bientôt six heures que nous courons; il serait temps d'arriver au déjeuner, à la grande halte; nous l'atteignons enfin au col de Beni-Aïcha, où l'on a placé un petit centre de population. Là, sous une fraîche tonnelle, nous faisons réellement un excellent déjeuner, gaîment nous oublions les fatigues de la matinée et celles qui nous attendent encore; nous n'avons fait que trois ou quatre kilomètres au delà de la moitié de la route, et la seconde moitié sera certainement la plus pénible, car le soleil chauffe de plus en plus.

En route donc et *all-right*. Nous passons devant d'anciens forts ou Bordjs, à l'aide desquels les Turcs contenaient ce pays toujours mal soumis; puis à un caravansérail nommé Azib Zamoun, aux trois quarts de notre route, nous faisons une courte station pour reposer les chevaux qui ont encore à nous traîner pendant 25 kilomètres au moins. C'est en ce point de séparation entre les deux vallées de l'Isser et du Sebaou que la route de Tizi-Ouzou se sépare de celle de Dellys que nous laissons à notre gauche. A cet endroit nous sommes assaillis par une bande de petites kabyles à demi-vêtues qui nous demandent l'aumône ; nous leur jetons quelques sous qu'elles se disputent en se roulant dans la poussière de la route, mais elles se relèvent bien vite pour nous poursuivre de leurs demandes pendant au moins un kilomètre, suivant la voiture avec une agilité surprenante. C'est un spectacle que nous trouvons tout le long de la Kabylie; le Kabyle est pauvre, au moins en apparence, et il n'a pas honte de la mendicité; il sait profiter de tout pour augmenter son avoir, et il élève ses enfants suivant cet ordre d'idées. On a beaucoup de mal à se débarrasser de ces affreux petits mendiants, qui en tendant la main vous crient à tue-tête : *sordi, sordi* (des sous, des sous). On a beau leur répondre par les *macache* (rien) les plus prononcés, voir même par des *khro* énergiques (va te promener), ils ne se lassent ni de courir ni de crier. Quelquefois ils disparaissent, vous

vous en croyez débarrassés ; c'est une erreur : ils ont profité d'un lacet que vous êtes obligé de parcourir, pour prendre un raccourci qui les ramène sur votre chemin. On les menace du fouet : ils se tiennent à distance, mais ils suivent toujours avec leurs gestes et leurs cris, et ils ne vous lâchent que quand vous ne faites plus attention à eux et quand ils sont bien convaincus que vous ne leur donnerez plus rien.

Nous approchons cependant de Tizi-Ouzou, et nous nous en apercevons au grand nombre de voyageurs que nous rencontrons : il y avait grand marché ce matin près de la ville, et les populations voisines s'en retournent chez elles. Le chameau n'est pas en usage dans ces montagnes ; il n'y a guère que les chefs qui aillent à cheval ; l'âne et le mulet sont plus communs ; mais la masse va à pied, et dans leurs montagnes abruptes, que ne réunissent souvent que des sentiers de chèvres, c'est la manière la plus sûre et souvent la plus rapide de voyager. Aussi le Kabyle est-il un infatigable marcheur, et des journées de 70 à 80 kilomètres ne l'effrayent pas. Voyageur par goût et par nécessité, il entreprend ainsi à pied des courses fort longues, et son bagage ne le charge guère plus que sa chaussure ne l'embarrasse. Nu-pieds, vêtu simplement de la gandourah et de son burnous presque toujours vieux et sale, plus d'un tablier en peau de mouton, la tête couverte d'une double calotte en jonc toujours huileuse, armé d'un bâton ou *matraque* qu'il porte généralement posé horizontalement sur sa nuque et tenu aux deux bouts par les deux mains, ce qui lui donne un faux air d'ours martin se préparant à la danse, il part pour des journées et des semaines. Son pécule est dans un petit sac de peau passé à la ceinture, et soit dans un autre sac, soit simplement dans le capuchon de son burnous, il emporte une petite provision de farine d'orge qui suffira à sa nourriture pendant le voyage : il la délaye dans sa main avec de l'eau et du sel et l'avale sans la faire cuire; c'est une cuisine simple et économique; quelques figues, quelques fruits sauvages cueillis sur la route, complètent ce sobre ordinaire; mais il ne dépensera jamais une pièce de l'argent qu'il porte pour avoir un repas un peu plus substantiel. Il va ainsi droit devant lui, méprisant les lacets et les détours de nos chemins, montant et descendant les pentes les plus raides. Tout le long de notre route nous en avons rencontré des bandes de huit ou dix au plus descendant vers la plaine. Ils vont se louer pour faire la moisson dans les pays de grande culture, sans que cela nuise à la leur, qui se fait beaucoup plus tard, vu la différence de température due à l'élévation au-dessus du niveau de la mer.

Enfin, toujours montant depuis le fond de la vallée du Sebaou dont nous suivons un affluent, nous arrivons à Tizi-Ouzou (le col des Genêts) vers cinq heures du soir; voilà douze heures que nous roulons sous un soleil ardent, et il n'est pas trop tôt pour gagner son gîte. La ville se compose d'une grande rue centrale, qui occupe le fond du vallon à la descente du col; elle est plantée et des maisons la bordent sur tout son parcours : des rues perpendiculaires s'ouvrent de distance en distance, mais il faut avouer qu'elles ne me paraissent pas très-habitées. Notre hôtel est au centre de la ville et nous nous y installons assez bien. On y est mélomane et l'on y joue du piano : je ne m'attendais pas à cette rencontre.

Nous avons passé une journée entière dans cette petite ville assez curieuse, et je veux, mon cher ami, vous en donner une idée. Elle est divisée en trois parties nettement séparées : la ville européenne, le village kabyle, et enfin le bordj ou fort. C'est dans la première que nous demeurons; elle ne renferme aucun fonctionnaire militaire : ceux-ci sont tous logés au bordj. Au centre de la ville est l'église qui est assez vaste, assez monumentale même, mais qui m'a paru d'une solidité douteuse; elle est précédée d'une belle promenade de platanes avec une abondante fontaine. En face, précédé aussi d'un jardin, est élevé l'hôtel de la sous-préfecture. Je dis hôtel, remarquez-le bien, et j'ajoute qu'il serait digne de nos grandes villes de France; c'est un manque d'harmonie un peu choquant, c'est un luxe qui n'était peut-être pas indispensable; mais le sous-préfet ne s'en plaint pas. Du reste de la ville européenne je ne vous parle pas; elle est toute neuve d'ailleurs. Elle a été brûlée en effet par les Kabyles insurgés en 1871. Les habitants s'étaient réfugiés au bordj avec la garnison, et ils y furent assez longtemps bloqués en attendant la colonne envoyée pour les secourir. Du haut du fort situé sur un mamelon isolé qui domine le col de 50 à 60 mètres, ils purent avoir le triste spectacle du pillage et de l'incendie de leurs habitations, en même temps qu'ils avaient à craindre de voir leurs provisions s'épuiser, et d'être obligés de se remettre entre les mains d'ennemis sans pitié : heureusement que les vivres du fort suffirent à tous ses habitants.

Le noyau du fort actuel est un bordj turc, construit, dit-on, sur des ruines romaines; il forme aujourd'hui le réduit de la position. Il est entouré d'établissements militaires de toutes sortes, casernes, hôpital, magasins, etc., et un mur d'enceinte bastionné et crénelé protège le tout. Des jardins, des plantations récentes, mais en voie de prospérité, relient la ville et le bordj, et comme les communications sont fréquentes entre eux, il est à désirer que ces plantes grandissent vite pour donner de l'ombre : je puis vous assurer que la montée du fort en plein soleil manque de charmes. Et cependant du haut de la terrasse du vieux bordj on jouit d'un coup d'œil magnifique, au nord sur les hautes collines qui séparent de la mer la vallée du Sebaou, et au sud sur un massif verdoyant du plus bel aspect, premier échelon des cîmes du Djurjurah.

Le village kabyle est sur le versant nord du vallon, en pendant du fort qui est sur le versant sud ; seulement il est beaucoup moins élevé, restant au pied de la montagne sur les flancs de laquelle on aperçoit quelques autres groupes de maisons, d'autres villages, auxquels conduisent d'affreux sentiers. Celui dont je vous parle touche aux dernières constructions de la ville qui sont les écoles d'une part, et de l'autre, une grande maison de commandement destinée aux relations administratives de l'indigène et de l'autorité militaire; elle est antérieure à 1871, ayant échappé, je ne sais comment, aux destructions de cette époque. Il ne faut pas, bien entendu, chercher dans ce village la triste régularité que nous donnons en Algérie à nos centres de population. La fantaisie y règne en maître pour la largeur comme pour la direction des places, rues ou ruelles qui séparent les maisons. Une habitation kabyle est établie invariablement de la manière suivante. Elle occupe un carré d'une douzaine de mètres de côtés, fermé de murs. Contre deux faces opposées sont construits deux hangars qui ouvrent sur une cour intérieure ; l'un sert d'habitation à la famille, l'autre sert d'étable. Le premier est un peu mieux clos que le second ; il est pourvu de portes, quelquefois même de fenêtres, mais à l'intérieur seulement. Au milieu de l'un des deux côtés libres est la porte d'entrée de la cour. Tout se trouve donc ainsi parfaitement clos. Et pour s'enfermer encore mieux, le Kabyle entoure cette première enceinte d'une haie épaisse de cactus ou figuier de Barbarie. Cette plante prend en Algérie des dimensions considérables; ses tiges se contournent de la manière la plus bizarre, grotesque même quelquefois, et grâce à leur enchevêtrement, grâce à leurs piquants, elle forme une barrière infranchissable même à la vue; de plus la figue de Barbarie est pour le Kabyle une grande ressource d'alimentation; je vous avoue que je ne partage pas son goût pour ce fruit. Placez maintenant ces habitations les unes à côté des autres sans y mettre grand ordre, en ayant soin seulement que les portes donnent sur des espèces de rues, et vous aurez l'idée d'un village kabyle situé en terrain plan. De l'intérieur, je ne vous parlerai point; d'abord je n'y suis pas entré, je n'ai point franchi la porte de la cour, et ce que j'ai vu du seuil ne m'a pas engagé à aller plus loin : la propreté n'est pas la vertu du Kabyle. Les femmes ne se voilent pas comme celles des Arabes; cependant les jeunes n'aiment pas beaucoup à se montrer aux Européens, à moins que ce ne soit leurs maris qui n'aiment pas beaucoup à les montrer, et presque toutes celles que j'ai vues étaient laides, quoique le type général soit vraiment remarquable. Je dois dire cependant que dans ce village de Tizi-Ouzou j'en ai aperçu deux ou trois qui m'ont paru assez bien, malgré leur tatouage, leurs boucles d'oreilles en verroterie et leur habillement simple et peu élégant : je me hâte d'ajouter que j'étais alors avec la femme de mon ami, et que sa présence les empêchait sans doute de trop s'effaroucher de la mienne ; puis ma longue barbe blanche était faite pour leur inspirer confiance.

Ma lettre est déjà bien longue, mon cher ami, et ma main est fatiguée d'écrire ; je remettrai donc à demain à vous parler de ma visite au fort National ; mais avant de terminer, je veux encore vous dire quelques mots sur les conséquences de cette insurrection de 1871, fomentée peut-être, car je n'ose rien affirmer, par des émissaires allemands, et qui a eu pour notre colonie des résultats si déplorables. Ces résultats n'ont pas atteint seulement la France, qui a dû dépenser et le sang de ses enfants et son argent pour en devenir maîtresse, pour la dompter, et les Européens de la colonie qui en ont directement souffert ; c'est l'indigène qui en a été certainement la plus grande victime ; et pour me servir d'une locution vulgaire, je dirai que c'est lui qui a payé les pots qu'il avait cassés : il n'en est pas de plus juste. Quand l'insurrection a été pacifiée, quand tout est rentré dans l'ordre sous la compression de la force, il a fallu tâcher de réparer dans la limite du possible les dommages causés aux colons par l'Arabe insurgé : cela était de toute justice, et il fut décidé que des indemnités pécuniaires seraient accordées, soit comme prix du sang, soit comme remboursement des dommages matériels, et qu'elles seraient à la charge des insurgés.

Rien de mieux en théorie; seulement la mise en pratique était difficile, et l'on parle de plus d'une erreur commise. Remarquez que je suis et ne veux être que l'écho de bruits lointains qui sont parvenus à mes oreilles. On prétend qu'un assez grand nombre de colons ont reçu beaucoup plus qu'ils n'avaient perdu, de sorte que matériellement ils auraient largement gagné à l'incendie, à la destruction de leurs habitations, de leurs exploitations. On ajoute que dans l'ordre moral il s'est passé des faits assez drôles : en voici un que l'on m'a cité sans que je puisse l'affirmer, et duquel je vous dirai : *si non è vero, è ben trovato :* un assez mauvais garnement, fort à bout de ressources, est assassiné par les insurgés qui, suivant leur habitude, respectent la vie de sa femme; leur petite propriété est dévastée : cette femme réclame, quand l'insurection est terminée; on lui donne une indemnité pour avoir perdu un mari qui la gênait, qui la battait aussi de temps à autre, on l'indemnise encore largement pour la dévastation d'une propriété qui perdait chaque jour de sa valeur, et la voilà aujourd'hui bien posée, remariée, heureuse en un mot, grâce à cette maudite insurrection. Décidément tout est pour le mieux dans le meilleur des mondes possibles.

Il est vrai que le Kabyle ne trouve pas que le proverbe soit tout-à-fait aussi bon. Il prétend, et j'ai entendu des gens qui étaient de son avis, que l'on a été quelquefois bien dur vis-à-vis de lui, en confisquant (la mise sous le sequestre n'est qu'une confiscation déguisée) une partie de la propriété des différents douars. On leur aurait enlevé, disent-ils, toutes les bonnes terres, en ne leur laissant que les mauvaises, et encore en quantité insuffisante, d'où il résulterait que les familles des douars seraient fatalement condamnées à mourir de faim, dans une année mauvaise et même médiocre. Encore une fois je ne garantis nullement les bruits dont je vous parle ici; mais ils ont dans le pays une certaine consistance, et le fait serait particulièrement applicable aux douars de Tizi-Ouzou. Ce qu'il y a de sûr c'est qu'en ce moment le Kabyle a de la peine à vivre : il a à peu près épuisé les récoltes de l'année précédente; celles de cette année ne sont pas encore mûres, et le vide intermédiaire est difficile à combler, si grande que soit la sobriété de l'individu. On a été obligé, paraît-il, de recourir en certains points à des distributions gratuites de farine et de pain.

Ma journée s'est ainsi passée à promener, à regarder, à étudier. J'ai entendu dans le bas de la ville les sons de la musique du pays; elle jouait et faisait rage en effet dans un café maure, et je la préférais momentanément au piano de l'hôtel; mais le café était tellement encombré que je n'ai osé y pénétrer pour voir, et vous savez que je suis de ceux qui trouvent que l'on n'entend bien que quand l'on voit. Serais-je donc de la race des sourds? Je n'ai voulu déranger personne, et mes oreilles m'en remercient, car c'est vraiment une musique enragée.

Sur ce, mon bien cher ami, je vous quitte pour reposer mes doigts fatigués ; je tâcherai de vous écrire une seconde lettre demain avant d'embarquer, pour vous parler de ma visite à fort National ; si je ne le puis, je le ferai pendant la traversée. Je vous envoie à travers la Méditérranée l'assurance de mon affection ; comptez sur elle comme je compte sur la vôtre. Une bonne poignée de mains de

      Votre tout dévoué.

        A. R.

LETTRE SEPTIÈME

Alger, 1ᵉʳ mai 1878.

Cette lettre, mon bien cher ami, que je vous écris un peu à la hâte avant mon embarquement pour la côte est, n'est réellement que la suite de celle que je vous ai adressée hier, et vous les recevrez à vingt-quatre heures de distance, car il y a encore courrier de France aujourd'hui. J'ai préparé mon sac de voyage pour ma tournée dans la province de Constantine, et j'ai eu soin de n'y mettre que le strict nécessaire; je laisse ma caisse principale à Alger; elle pourrait me gêner dans mes courses, car je ne connais pas au juste les modes de locomotion que j'aurai à employer. Tout ce que je sais, c'est que je suis disposé systématiquement à repousser d'une manière absolue tout voyage à cheval. Je n'ai plus l'habitude de ce mode de transport, et je ne pourrais la reprendre qu'au prix de quelques courbatures qui m'arrêteraient dans mes courses, ce que je ne veux pas; je n'ai pas le temps d'être malade ni même fatigué; il faut que je me porte bien. Je n'ignore pas que je me priverai ainsi de voir certains points où l'on ne peut arriver qu'à cheval, faute de route de voiture, et la distance étant trop grande pour la franchir à pieds ; je le regrette beaucoup, mais je ne puis faire autrement et je ne monterai certainement à cheval que pour de simples promenades.

Je reviens bien vite à ma visite au fort National que l'on nommait autrefois fort Napoléon. Il est situé à environ 950 mètres d'altitude au sommet d'une longue arête, d'un contrefort important de la haute Kabylie, contrefort située entre la vallée du Sebaou au nord-est, et une seconde vallée, affluente de la première, celle de l'Oued-Aïssi au sud-est. L'Oued-Aïssi sépare cette arête des hauts pics du Djurjurah qui s'élèvent jusqu'à 2,400 mètres au-dessus du niveau de la mer. Ils forment un massif montagneux presque inaccessible, au centre duquel sont de riches et pittoresques vallées, et qui se termine dans l'est à la pointe de Bougie ; au sud il est limité par la vallée du Sahel. Nous en restons les maîtres sans trop y pénétrer par l'occupation de Dra-el-Mizan à l'ouest, de fort National au nord, et de la vallée du Sahel au sud. Je n'entrerai pas dans ce massif à mon grand regret, mais le temps me manque ; la traversée du fort National à Dra-el-Mizan ou à Ackbou est cependant, dit-on, bien curieuse ; je ne veux pas renouveler mes regrets en vous en parlant.

Avant d'aller voir le Kabyle dans ses montagnes, je crois qu'il sera bon de vous en dire un mot. Le Kabyle n'est point du tout de la même race que l'Arabe, et les deux types sont essentiellement distincts; il est le descendant des plus anciens habitants du pays dont le courage indomptable fit la grande force de Carthage et des rois de Mauritanie. Les Berbères luttèrent longtemps contre les Romains; chassés de la plaine ils se réfugièrent dans leurs montagnes pour conserver la liberté. Ils luttèrent ensuite contre les Arabes dont ils finirent cependant par embrasser la foi religieuse, en y mêlant de nombreuses superstitions; mais les races ne se mélangèrent jamais. Le Berbère n'est point nomade, comme l'Arabe; c'est un agriculteur actif, laborieux, intelligent, qui est attaché au sol; sobre, énergique, dur à la fatigue, il est essentiellement homme de guerre; il est grand de taille et d'une agilité surprenante. Les Kabyles sont très-sociables entre eux; et leurs habitations rarement isolées, mais groupées au contraire, forment souvent des villages considérables. Ceux-ci sont toujours pittoresquement disposés sur des crêtes, entre deux ravins; jamais on ne les construit dans des fonds. C'est sans doute dans un double but hygiénique et défensif. Ce dernier est parfaitement rempli, sans qu'ils aient besoin d'enceinte spéciale, par la forme même de leurs maisons, jointe aux escarpements qui entourent le village.

Nous voici donc en route à six heures du matin dans un breack attelé de deux mulets aux pieds sûrs et solides. Le temps est magnifique, mais très frais, et comme nous allons nous élever beaucoup, nous n'aurons pas trop de chaleur malgré les rayons du soleil. Nous commençons cependant par descendre jusqu'aux bords de l'Oued-Aïssi qu'il nous faut franchir à gué. Sa largeur en ce point est de 500 à 600 mètres, et un kilomètre plus bas, il s'engage dans une fente entre deux parois de rochers qui ne sont pas écartées de 50 mètres. En temps de crue, ce passage est souvent dangereux, et des colonnes de troupes y ont été arrêtées des journées entières. Il est rare d'ailleurs que quelques hommes du pays ne se trouvent pas sur le bord pour aider au passage, pousser ou retenir la voiture lorsqu'elle franchit les berges rapides, ou la maintenir en équilibre si ses roues tombent dans des trous cachés sous l'eau, si elles enfoncent dans le sable. Quelquefois même ils passent les voyageurs sur leur dos ou dans leurs bras.

On raconte à ce sujet certaines historiettes qu'il me prend fantaisie de vous redire, et dans lesquelles il s'agit de voyageuses. Dans un de ces passages, la voyageuse confiée au Kabyle fit un brusque mouvement inspiré par la peur que lui causa un faux pas du porteur, et les voilà tous les deux à vau-l'eau. On les repêcha sans encombre; seulement il fallut que la dame se décidât à échanger en plein champ ses vêtements mouillés contre ceux de rechange qu'elle avait heureusement apportés. Une autre fois, les dames restent dans le breack, et de peur que celui-ci ne chavire, on le fait surveiller par quatre Kabyles de chaque côté. Ces braves gens qui voient l'eau assez profonde et qui ne se soucient pas de mouiller leurs burnous, les relèvent jusqu'à la ceinture, et comme ils ne portent guère de culottes, ils offrent pendant toute la traversée un spectacle plus que schocking pour les passagères.

Aujourd'hui l'eau est basse, elle ne dépasse pas le moyeu de nos roues, et nous traversons sans encombre. La route se continue fort belle; elle remonte doucement la rive droite du cours d'eau, sur laquelle est construit un beau moulin à farine avec une jolie habitation; la campagne est charmante de fraîcheur, on en jouit délicieusement. Toutefois de temps à autre les ruines d'une maison incendiée en 1871 nous rappellent que nous ne sommes pas sur la terre de France. Nous pourrions vraiment nous y croire sans cela : au centre de ces montagnes la végétation particulière au midi disparaît, nous revoyons toutes nos plantes d'Europe, et plus nous montons, plus nous en rencontrons, plus leur végétation devient belle. Le frêne surtout pousse admirablement dans ces parages et nous en voyons de magnifiques.

C'est que nous nous élevons en effet; la montée devient rapide et difficile; la route suit la longue arête en haut de laquelle est le fort, tracée tantôt sur son flanc nord, tantôt sur son flanc sud, y développant de nombreux lacets, et franchissant souvent l'arête elle-même. Les lacets consécutifs forment entre eux des angles aigus qui rendent les tournants pénibles à la montée, dangereux à la descente, et cependant il a fallu ne donner à la chaussée que le minimum de largeur possible. Et puis il n'y a pas de parapets sauf en deux ou trois points, et l'on voit au-dessous de soi le ravin descendre à 150 ou 200 mètres de profondeur. C'est beau, mais ce n'est pas rassurant: après tout, en montant on ne court guère de risques, et nous abandonnant à nos mulets et à notre conducteur qui paraît prudent, nous ne pensons plus au danger. Il faut avouer que l'ingénieur militaire qui a tracé cette route, l'a fait avec une rare intelligence, avec une grande audace, et quand on apprend qu'il n'a fallu que vingt jours aux troupes pour tracer et exécuter cette route en 1867, on ne sait qui l'on doit le plus admirer de celui qui a osé faire ce tracé, ou de ceux qui l'ont exécuté.

Dans cette montée nous dépassons en les tournant de nombreux et importants villages situés tous ou presque tous sur l'arête même, comme je vous le disais tout à l'heure, et nous croisons constamment des femmes kabyles montant sur leurs dos soit des charges de bois, soit des cruches d'eau; on voit peu d'hommes; je vous ai dit qu'ils étaient descendus dans la plaine pour la moisson.

Ces femmes sont presque toutes laides et sales; il est bien rare qu'elles ne soient pas suivis par quelques enfants à peine vêtus, bronzés, mais à l'air intelligent et éveillé. Ceux-ci, quand ils sont un peu grands, nous suivent en nous demandant des sous, se battent pour ramasser ceux que nous leur jetons, et nous font ainsi une escorte qui devient bientôt fatiguante.

Cependant la montée s'adoucit, on sent que nous sommes à la ligne de faîte, nous restons sur les pentes du sud, nous dépassons successivement deux forts villages, puis une maison d'école et bientôt nous apercevons le fort, dont le commandant, qui est en même temps commandant supérieur du cercle, vient à notre rencontre; il nous conduit directement chez lui. Nous avons mis trois heures et demie à venir de Tizi-Ouzou, et c'est une marche rapide. Je ne saurais vous dire toutes les prévenances dont nous avons été entourés par les maîtres de cette habitation confortable; passons vite, où je me laisserais entraîner à vous en parler trop longuement, tant j'en ai bon souvenir.

Le fort National se développe sur la pente nord de l'arête, en montant jusqu'à son sommet qui est couronné par une grande caserne entourée d'une enceinte particulière formant le réduit de la position. La ville comprend une série d'établissements militaires, casernes, hôpital, prison, magasins de toutes sortes, établissements de l'artillerie et du génie, logements d'officiers, plus un certain nombre de maisons particulières et une assez jolie église. C'était jour de dimanche et j'ai assisté à la messe militaire. Vous voyez que l'on est pas encore sur ce point élevé à la séparation de l'église et de l'État, à la suppression de toute espèce de culte public : on y viendra peut-être, mais cela n'augmentera pas notre influence morale sur les peuples indigènes de notre grande colonie, car ils sont essentiellement religieux et croyants, et l'exercice de leur culte est une chose sacrée pour eux. Mais j'oublie que je vous parlais de la ville; je me hâte d'y revenir. Tout cet ensemble est environné d'une bonne muraille, qui a rendu de grands services en 1871. La ville fut bloquée d'abord, puis assaillie à plusieurs reprises, puis réellement assiégée par les révoltés. La défense fut pénible parce que le chiffre des défenseurs était trop faible pour l'enceinte à garder; il fallait se multiplier pour n'être pas surpris par des assaillants énergiques, pour les éloigner des murailles dont ils s'approchaient avec une hardiesse surprenante. Et cela dura deux mois avant qu'une colonne de nos troupes ne vînt les délivrer.

De la terrasse de la caserne supérieure on jouit d'une vue splendide; les cimes du Djurjurah se découpent sur le ciel en dentelures abruptes à peu de distance de nous; au moins la pureté de l'air nous en fît juger ainsi, car à vol d'oiseau nous en étions à dix-huit kilomètres au moins.

Elles sont encore couvertes de neige à leur sommet, et cette vue de la neige formait contraste avec l'ardeur du soleil qui nous brûlait sur notre observatoire et qui ne nous permit pas d'y séjourner aussi longtemps que nous l'aurions voulu. La journée s'avançait d'ailleurs, et il fallait songer au départ, malgré toutes les instances que l'on faisait pour nous retenir, malgré tous les attraits de cette belle position.

Nous voici donc remis en route à quatre heures et demie par un temps ravissant et nous descendons à grande allure les trois ou quatre premiers kilomètres dont la pente est relativement douce, comme je vous l'ai déjà dit. Mais bientôt elle raidit et il nous faut serrer la mécanique et surtout modérer notre vitesse. Nos deux mulets ont le pied sûr, mais un accident peut arriver, et dans un chemin pareil le plus simple entraînerait les plus graves conséquences. C'est surtout quand on arrive aux coudes, et ils sont très fréquents, que la position paraît critique. On est lancé dans une direction, et l'on voit que si on la continuait on serait précipité dans le vide, sans aucune métaphore. De plus le tournant est bien raide, bien étroit aussi. Je vous assure, mon cher ami, que l'on peut, sans être taxé de poltronnerie, avouer que le passage du premier coude vous cause un certain sentiment désagréable; au second on est déjà un peu rassuré, et au troisième on n'y pense plus, on rit même du danger, tant la dextérité du conducteur et la solidité des mulets finissent par rassurer. Nous descendons ainsi en une heure et demie ce qui nous a demandé deux heures et demie de montée; nous voyons rapidement défiler à nos côtés les villages kabyles que nous avions le temps d'examiner ce matin : les enfants essayent bien encore de nous suivre pour nous demander des *sordi;* mais malgré les raccourcis qu'ils prennent, malgré leur agilité, nous les distançons rapidement, et nous voici bientôt au gué de l'Oued-Aïssi. La cérémonie du passage recommence avec le même succès et à sept heures du soir nous rentrons à l'hôtel enchantés de notre journée, mais assez fatigués; et cependant il fallait repartir le lendemain à cinq heures du matin. Vous savez, mon cher ami, que j'aime à me lever à la belle heure; toutefois je trouve que se lever à quatre ou cinq heures plusieurs jours de suite pour rouler toute la journée, c'est un peu fatiguant, et mes amis le trouvaient aussi. Enfin il le fallait, et à l'heure dite nous quittions Tizi-Ouzou pour rentrer à Alger. Le temps était couvert et bientôt nous commençâmes à sentir le vent du sud, le sirocco, nous envoyer ses chaudes et fatiguantes bouffées; le soleil, puis la poussière se mirent aussi de la partie; rien ne nous manquait. Tout marcha encore assez bien jusqu'au déjeuner, toujours sous la tonnelle du col de Beni-Aïcha; mais il ne fut pas aussi gai qu'à l'aller; nous n'avions plus devant nous la vie, l'espérance, c'est-à-dire la jeunesse ou le printemps : nous étions sur le retour, le voyage était accompli, nous n'avions plus rien à rêver; c'était l'automne, c'était le déclin. Et la fin de la journée fut pénible, car à mesure que nous descendions dans la plaine, que nous nous rapprochions d'Alger, la chaleur et le sirocco augmentaient ainsi que la poussière. Quand des hauteurs de la Maison-Carrée nous découvrîmes la rade, elle nous offrit un spectacle remarquable: la lutte était établie entre le vent de mer et le vent du sud ; et le point où les deux vents venaient se heurter et se combattre était nettement dessiné entre les deux caps Matifou et Pescade, un peu en dedans de la ligne qui les joint, par le changement de direction des lames et par la différence de transparence de l'air : au sud le vent du désert était beaucoup plus lourd, beaucoup plus épais. Enfin nous étions rentrés à cinq heures et demie du soir, et quelques lettres, moins que je ne l'aurais voulu, vinrent me donner des nouvelles de France. Si quand nous sommes absents nos correspondants se faisaient une idée de tout le plaisir que nous cause l'arrivée d'une lettre, ils nous écriraient souvent, bien souvent : cela est si facile pour certaines personnes, mais il paraît qu'il y en a d'autre pour lesquelles écrire est un véritable supplice.

En somme, mon bien cher ami, je suis ravi de cette course en Kabylie; je regrette seulement de n'avoir pu la prolonger davantage. C'est un regret que j'aurai souvent à exprimer pendant ma route. Je commence à croire que je n'aurai jamais assez de deux mois pour mon voyage. D'après l'itinéraire que nous avons tracé, mon ami et moi, de ma course dans la province de Constantine, elle doit durer dix-sept jours, et je sacrifie bien des points intéressants. Au reste cet itinéraire n'est pas arrêté définitivement, et des circonstances qui me sont inconnues pourront bien le modifier. Adressez-moi toujours vos lettres chez mon ami à Alger; il saura me les faire parvenir, et je suppose qu'il me les enverra simplement à Constantine. Adieu donc, mon très-cher, il est temps de quitter Alger, car un sirocco affreux y souffle ce matin; sur mer j'échapperai en partie à sa fâcheuse influence. Je vais m'éloigner encore, aller jusqu'au désert; mais je pars avec une certaine confiance, je ne veux pas être arrêté par la fatigue, je ne le serai point. Et puis, comme l'on dit vulgairement, l'appétit est venu en mangeant; j'ai trempé mes lèvres dans la coupe, et ma soif de voir n'en est que plus grande. En avant donc, n'oubliez pas le voyageur; que vos souvenirs et vos souhaits l'accompagnent; lui de son côté a toujours un regard dirigé sur la France, une main tendue vers elle; cette main serre la vôtre, malgré la distance.

Votre ami toujours dévoué.

A. R.

P.-S. — Mon ami rentre pour me dire qu'un des stationnaires part ce soir pour Tunis afin d'aller chercher le premier ministre de S. A. le Bey. Quel malheur que je n'aie pas su cela plus tôt, et quelle excellente occasion je perds de faire agréablement ce voyage de Tunis que j'hésite si fort à entreprendre par les bâteaux du commerce, crainte de perdre beaucoup de temps. Il est trop tard pour en profiter, il faut embarquer sur la *Colombia* au lieu de monter sur le *Cassard* avec une autorisation que l'on ne m'aurait probablement pas refusée.

LETTRE HUITIÈME

Bône, 5 mai 1878.

Non, je ne vous ai pas oubliée, chère Madame et amie, et quand vous saurez que j'ai passé depuis la dernière lettre que je vous ai écrite, quatre jours dans la grande Kabylie et quatre jours en mer, vous serez indulgente, et vous ne m'en voudrez pas du retard involontaire qu'a éprouvé ma correspondance : je crains bien que pendant ma tournée dans la province de Constantine elle n'en ait de plus grands encore; mais ce sera moi qui en souffrirai plus que vous, car je trouverai toujours bien quelques instants pour donner de mes nouvelles, tandis que vos lettres seront obligées de m'attendre dans les bureaux de poste, et je ne réponds pas d'être fidèle à mon itinéraire; en route depuis mercredi, je me trouve déjà au dimanche avec un jour de retard, et je m'en prépare un autre demain; si je continue ainsi, il me faudra un mois pour la tournée dans cette province de Constantine que tout le monde me dit être la plus curieuse des trois divisions de l'Algérie. Après tout, je suis maître de mon temps, et rien ne me rappelle en France que le désir de ne pas prolonger mon absence, celui de revoir mes parents et mes amis; mais ce désir est grand, c'est un puissant aimant, je vous prie de n'en pas douter.

Je pense que l'on vous a communiqué mes dernières lettres dans lesquelles je parle de ma course en Kabylie, je ne reviendrai donc pas avec vous sur le voyage lui-même que je regrette d'avoir fait si rapide; j'aurais tant aimé à m'engager dans ces gorges profondes, moi l'ancien coureur de montagnes ! Mais je doute de mes forces, et je dis avec Clément Marot :

> Plus ne suis ce que j'ai été,
> Et plus ne saurais jamais l'être;
> Mon beau printemps et mon été
> Ont fait le saut par la fenêtre.

Il faut savoir se contenter de l'automne, quand on y est arrivé, et le ménager encore. C'est ce que je m'efforce de faire.

Il est cependant quelques points sur lesquels je veux revenir avec vous, quelques détails que vous aurez peut-être intérêt à connaître. Je les prends au hasard. Dans ma dernière lettre je vous parlais hôpital; j'ai à donner un souvenir à celui de Tizi-Ouzou; on a créé dans ses cours une véritable merveille, un joli jardin, de belles plates-bandes remplies de fleurs, sur ce plateau aride que le roc perce de tous côtés ; et les convalescents peuvent ainsi respirer à l'ombre et reposer leurs yeux de l'éclat du soleil : c'est un bienfait pour eux. Au reste on retrouve la même préoccupation chez presque tous les administrateurs des hôpitaux militaires, et ils entretiennent avec soin des jardins souvent fort beaux.

Je vous ai réservé encore le récit d'une conversation que nous eûmes avec un jeune Kabyle de douze à treize ans qui, au sortir du fort National, nous avait demandé l'autorisation de monter sur le marchepied de derrière de notre break pour retourner jusqu'à son village. Il était proprement habillé, et avait l'air fort intelligent et la mine fort éveillée. Nous liâmes naturellement conversation avec lui ; il parlait fort bien le français, et il nous apprit d'abord que sa mère était veuve, qu'il habitait avec elle un village près duquel nous allions passer et qu'il allait régulièrement à l'école voisine dont le maître l'aimait beaucoup. Nous vîmes bien vite qu'il avait parfaitement profité de ses leçons ; il connaissait notre système métrique, il était au courant du poids des céréales et du rapport de ce poids avec leur volume, etc. Nous restions vraiment confondus, mon ami et moi, de son instruction variée et de la justesse de ses raisonnements : aucun enfant de nos campagnes de France n'aurait pu lui tenir tête. Enfin je l'interrogeai sur lui-même, et je lui demandai ce qu'il comptait devenir. Je veux me faire soldat, me répondit-il sans hésiter. Ah! lui dis-je, spahis sans doute, pour avoir un cheval? Non, reprit-il, simple tirailleur; je suis pauvre et j'ai besoin de gagner de l'argent; j'en amasserai au régiment. Que veux-tu donc faire de ton argent, reprit mon ami? Mais, répondit le jeune garçon avec un certain air étonné, je veux me bâtir une maison et m'acheter une femme. Combien cela coûte-t-il une femme? Cela dépend; si elle est d'une famille pauvre, on la paye deux cents francs; mais si elle est de bonne famille, elle vaut au moins cinq cents francs : c'est à son père qu'on l'achète ainsi. Nous nous récriâmes tous sur le peu de prix de cette marchandise, mais il ne nous comprenait pas, nous sortions de l'ordre de ses idées. Enfin la femme de mon ami reprenant la conversation lui dit : pourquoi veux-tu donc te marier? Tu serais plus heureux au régiment. Non, reprit-il, je veux être chez moi, je veux avoir une femme pour me faire à manger, pour tisser mes vêtements, pour aller chercher de l'eau à la fontaine et du bois à la forêt. Et nous rencontrions en effet à chaque pas ces pauvres femmes chargées ou d'un lourd fagot ou d'une grande cruche d'eau, et remontant ainsi péniblement à leurs cases. Mais tu la fatigueras, ta femme, si tu la traites ainsi comme un bourricaut. Oui, reprit-il avec tout son sérieux, oui, *tif-tif* bourricaut (ce mot arabe de *tif-tif* veut dire semblable, pareil, tout comme; je le trouve fort expressif). Nous ne pûmes nous empêcher de rire.

Vous voyez-vous, chère Madame, montant le bois et l'eau, et travaillant tif-tif bourricaut? Vous auriez une consolation, celle d'être habituellement la seule femme du maître; le Kabyle, en effet, soit parce qu'il n'est pas assez riche, soit peut-être pour un mobile plus relevé, n'use pas de l'autorisation de la loi mahométane d'avoir plusieurs femmes. Moins jaloux que l'Arabe, il ne force pas la sienne à se voiler devant les autres hommes; toutefois, il exerce toujours sur elle une certaine surveillance, et il pourrait lui en coûter de s'arrêter à la fontaine pour causer avec un ami ou un étranger. Elle risquerait au moins une correction administrée d'un bras vigoureux avec un bon bâton. Que voulez-vous? on l'a payée, on a donc bien le droit de la châtier, si elle est en faute ; c'est toujours le même refrain, tif-tif bourricaut.

Je voudrais avoir quelque chose d'intéressant à vous dire sur les églises d'Alger et sur les différences qui pourraient exister dans l'exercice du culte entre nos paroisses et celles de la colonie. Or, à part que tous les prêtres portent la barbe, à part les costumes rouges un peu hasardés des suisses et des bedeaux, je n'ai rien vu de particulier dans les cérémonies, quoique je fusse à Alger en un moment propice, durant la semaine sainte : l'unité catholique existe bien et elle règne à notre grande satisfaction à tous. Seulement quelques églises présentent un caractère spécial : ce sont celles qui ont été installées dans d'anciennes mosquées, plus ou moins mal appropriées à leur nouvel usage. J'en connais deux à Alger; on m'a dit que j'en trouverais un certain nombre organisées de même dans d'autres villes. A Alger il y a la cathédrale, touchant au palais du gouverneur, et l'église Notre-Dame-des-Victoires, dans la rue Bab-el-Oued. La première a été presque entièrement reconstruite, en conservant toutefois dans le chœur toute l'ancienne architecture, les colonnes légères, les arcatures mauresques. La nef a été refaite suivant le plan ordinaire, mais en laissant aux détails le cachet arabe. L'ensemble porte ce caractère bâtard de mélange, de pastiche, et ne produit pas un bon effet. On dit de plus que la façade que surmontent deux tours pour les cloches, n'est pas très-solide, et que si l'on sonnait les cloches trop fort, des accidents pourraient bien se produire.

Je préfère beaucoup la simple transformation de la mosquée ancienne de la rue Bab-el-Oued en l'église Notre-Dame-des-Victoires. On ne s'est permis aucun changement : les autels sont rangés le long des murs extérieurs; le maître-autel est placé au centre du plus long côté; le pupitre élevé du muezzin est devenu une chaire à prêcher et les fenêtres ont conservé leur treillage en arabesques. Il est certain que le premier aspect est étrange, qu'il nous transporte en dehors de nos idées habituelles; mais qu'on finit par l'accepter et l'on n'y trouve plus rien de choquant.

6

Maintenant, chère Madame, voulez-vous monter avec moi sur le paquebot qui fait le service de la côte à l'est d'Alger, *la Colombia,* de la compagnie Valery ; il est midi et nous voici en route. Je n'ai pris que le bagage strictement nécessaire ; je suis seul dans ma cabine, nous n'avons que peu de passagers de première. En revanche le pont est encombré par des militaires et par des Arabes : beaucoup de ces derniers vont jusqu'à Tunis. Ce bateau est plus petit que ceux de France, cependant on n'y est pas trop mal. Monté sur la dunette, je vois Alger fuir à l'arrière, et longtemps j'admire son panorama qui finit par disparaître dans l'éloignement avant que je me sois lassé de le regarder. Je n'éprouve plus d'ailleurs cette tristesse que j'avais en quittant la France : il me semble que j'ai comme un travail à accomplir, et c'est un vrai travail qu'un pareil voyage, mais un travail attrayant, et je n'y faillirai pas. Les souvenirs des amis absents me poursuivent toujours, il est vrai ; je sens que je vais continuer à m'éloigner d'eux ; mais j'ai foi dans l'avenir et je les reverrai sans que l'absence ait en rien altéré notre affection.

Notre route est un peu longue, car nous ne serons que samedi matin à Bône, mais de nombreux arrêts dans les ports de la côte en rompent la monotonie et me permettent de les visiter, eux et quelquefois le pays environnant. Le premier que nous rencontrons est celui de Dellys. Il est ouvert à l'est et on le dit assez bon. Vue de la mer, la ville se présente bien; elle est enceinte d'une muraille crénelée avec tours, et bastionnets que l'on aperçoit du bateau, ainsi que l'église au centre de la ville; les maisons sont disposées en amphithéâtre et entourées de verdure; seulement on y reste peu de temps, deux heures seulement, et c'est justement l'heure du diner; entre la promenade et le diner je ne peux pas hésiter; je me décide à ne pas quitter le bord et à me mettre à table. J'ai eu raison de faire ce choix, car la pluie se met à tomber avant que le bateau ne lève l'ancre, et c'est dans le salon que nous achevons la soirée tant bien que mal.

Hélas! Plutôt mal que bien se passe toujours la nuit à bord; je ne reviens pas sur ses inconvénients. Vers deux heures du matin nous mouillons dans le port de Bougie; que nous ne devons quitter que vers onze heures. Dès cinq heures je suis chassé de ma couchette par le bruit qui se fait à bord pour le débarquement et l'embarquement des marchandises; mais il pleut à verse, et j'hésite à aller à terre, d'autant plus que je n'ai pas emporté de parapluie, et que le quai est encore assez loin. Enfin je me décide, et abrité sous ma couverture de voyage je me lance. L'arrivée au quai est très pittoresque; à gauche le long de la mer les anciennes murailles de la ville à moitié détruites, à droite un vieux fort Turc dit fort Ab del Kader, puis au milieu une belle arcade isolée, reste de l'ancienne porte de la marine; cela se présente bien : au-dessus la ville s'étage sur les hauteurs. Me voici donc dans ses rues, il pleut toujours, et il faut convenir que j'ai une assez drôle de tournure sous ma couverture. Aussi je me décide à entrer chez un juif, marchand de parapluies, pour acheter une ombrelle. Ne vous moquez pas de moi; j'ai fait une excellente spéculation; car cette ombrelle qui m'a garanti de la pluie jeudi, m'a abrité contre le soleil hier toute la journée, et me servira ainsi à un double usage.

Je me promène donc dans Bougie que je parcours trop rapidement et surtout avec un trop vilain temps pour bien voir la ville. Puis-je me plaindre d'ailleurs d'un temps qui est si bon pour les cultivateurs ? Le ravin qui s'étend entre les casernes et l'église serait bien joli s'il était éclairé par le soleil, avec ses palmiers et ses orangers. Le débouché de la vallée du Sahel qui est au fond de la rade et que j'aperçois à travers quelques éclaircis me paraît fort riche. Mais la pluie détruit tout le charme du paysage. Enfin l'amour de l'archéologie l'emporte sur cet ennui, et je vais visiter le vieux fort Turc, très-curieux vraiment avec ses hautes murailles lézardées par un tremblement de terre. Seulement après cette visite ma patience est à bout et je retourne à bord où me rappelle d'ailleurs le déjeuner : j'ai bien employé les trois heures que j'ai passées à terre, je n'ai pas le droit de me plaindre.

Nous repartons bientôt, et le temps se lève, la

pluie cesse, le soleil nous revient. Tant pis vraiment pour le colon; le touriste hait d'abord la pluie qui l'arrête ou l'empêche de voir. Or toute cette côte qui se déroule devant nous est fort intéressante, et je ne quitte pas la dunette de peur d'en laisser passer quelque point; ma lunette à la main, je ne cesse de fouiller le rivage et les montagnes qui sont en arrière. Bientôt apparaît la pointe sur laquelle est bâtie Djijelli, nous la doublons et venons jeter l'ancre devant cette petite ville; je me fais mettre à terre le plus vite possible, car nous n'avons qu'une heure pour la visiter. Voilà bien le type d'une création purement administrative, dont le besoin ne se faisait pas absolument sentir : de grandes rues, larges, bien plantées, se coupant à angle droit, où l'on ne rencontre personne, un grand marché vide, une église inachevée, une enceinte inachevée aussi et remplacée sur les points où elle manque par un parapet en terre avec fossé, un port sans mouvement, voilà Djijelli, qui resta quelque temps bloqué par les Kabyles en 1871. C'est une ville morte avant d'être née; aussi au bout d'une heure nous avons tout vu, et nous nous hâtons de retourner à bord. Hélas! nous sommes envahis : je ne parle pas de la nuée de Kabyles qui encombrent le pont : ceux-là ne me gênent pas : ils vont à Philippeville et à Bône se louer pour la moisson dans l'intérieur. Il s'agit de trois Anglais qui ont abordé les premières, et ont pris les places vides :

6.

je ne suis plus seul dans ma cabine, et je dois défendre mon pauvre petit coin contre l'envahisseur. Voilà des voyageurs plus gêneurs que gênés; aussi je suis de très-mauvaise humeur, et je prends le parti héroïque d'abandonner ma cabine à mon compagnon forcé et de passer ma nuit sur le pont. Le temps est beau d'ailleurs quoiqu'un peu frais, le ciel est parsemé d'étoiles brillantes, plus brillantes que les pensées qui m'occupent et auxquelles je me laisse aller,

Car que faire sur mer, à moins que l'on ne songe.

et les heures passent assez rapides. Partis à six heures du soir de Djijelli, nous sommes devant Collo à une heure du matin; vous comprendrez que je n'aie pas eu l'idée d'aller à terre. Collo n'est guère qu'un village de pêcheurs, et de plus un petit entrepôt pour le commerce des Kabyles de l'intérieur; ils viennent y vendre leurs récoltes, grains, huiles, figues, etc., et les échanger contre quelques produits fabriqués : c'est notre bateau qui apporte et emporte ces diverses marchandises : pendant deux heures le treuil à vapeur marche sans discontinuer pour tirer de la cale les colis, pour les y descendre; il n'y a que l'Anglais de ma cabine qui soit capable de dormir avec un bruit pareil. Enfin quand nous nous remettons en route, je me décide à grimper sur ma couchette, où je sommeille jusqu'à l'arrivée au port de Philippeville, vers six heures du matin.

La nature n'a rien fait pour ce port qui est situé au fond de la baie, regardant le nord, et mal garanti des vents régnants qui viennent de la région ouest. Il a été exclusivement créé par la main de l'homme et nous a déjà coûté des millions sans que nous en ayions fait un refuge assuré : l'entrée en est difficile par les vents d'ouest, les bâtiments n'y sont pas parfaitement en sûreté, et enfin il n'y a pas d'années où la mer ne démolisse la digue sur une certaine longueur ; une grande brèche y existait quand j'y suis arrivé. On lutte néanmoins contre la nature, parce que c'est à Philippeville que vient aboutir le chemin de fer de Constantine, et qu'il y a là par conséquent un commerce assez considérable : c'est une lutte à coups de millions. Les seuls ports de la côte qui soient bons sont ceux qui ouvrent vers l'est, adossés à quelque colline formant cap et dirigée vers le nord ; cette pointe les garantit des vents d'ouest. Presque tous les ports de l'Algérie sont ainsi disposés ; nous avons fait exception à la règle pour celui de Philippeville, et nous ne pouvons savoir tout ce qu'il nous en coûtera. Pourquoi n'avoir pas suivi l'indication donnée par les Romains ? Ils avaient à Philippeville une station importante, un grand débouché pour leur commerce intérieur ; mais ils avaient établi le port à une lieue environ vers l'ouest, au point où est aujourd'hui Stora.

Le panorama que l'on voit de la rade est fort joli, et j'attends patiemment une heure plus convenable pour descendre à terre en l'admirant, en étudiant la côte de Philippeville à Stora et, enfin, en observant l'animation qui règne à bord. Une partie de nos Kabyles nous abandonne, et je vois non sans déplaisir mon Anglais décamper aussi avec son sac à la main. Il vient de le refaire avec le flegme des gens de sa nation, en étalant tout ce qu'il contient sur la table du salon sans s'apercevoir que nous attendons qu'il ait fini pour y prendre notre café. Je rentre en possession exclusive de mon logis.

Enfin, je descends à mon tour vers sept heures et demie et je vais voir le chef du génie qui se charge avec une complaisance sans pareille de me piloter dans la ville : c'est plaisir de trouver ainsi de bons camarades sur sa route. On sent régner à Philippeville une animation qui n'existe pas dans les ports que je viens de visiter : c'est vraiment la vie, mais elle n'aura son développement que sous la condition de trouver un aide indispensable dans un port sûr et commode. La ville est bien bâtie, l'église est belle, l'hôtel de la subdivision m'a paru très-convenable. Les restes d'un théâtre romain fort en ruine ont été aménagés pour recevoir les débris antiques que l'on rencontre en grande quantité, et l'aménagement est fait avec goût. Les anciennes citernes romaines dont une partie a conservé sa destination originelle, dont l'autre a été transformée en magasins aux subsistances de la guerre, m'offrent aussi un grand intérêt. Dans l'après-midi nous allons en voiture parcourir les environs de la ville qui sont bien cultivés, bien plantés et paraissent fort riches. On me dit que les villages de Valée, Danrémont, Jemmapes, etc., sont en grande voie de prospérité et tout semble l'indiquer en effet. Je remonte enfin à bord à cinq heures du soir après une bonne journée que d'affectueuses causeries ont contribué à rendre plus agréable encore. C'est un bon souvenir que je conserverai précieusement.

Le bateau quitte vers cinq heures et demie ce port moins hospitalier que les habitants de la ville et nous remontons au nord pour doubler le cap de Fer; son nom indique bien les rigueurs de sa nature, et dans ses environs la mer est toujours assez forte; que m'importe puisque je n'en souffre pas; la nuit est splendide et je jouis toujours avec plaisir de ce spectacle. A deux heures du matin nous sommes dans le port de Bône et mon voyage sur mer est terminé, car j'ai décidé que je n'irai pas à Tunis : je n'en ai pas le temps. Toutefois je me garde bien de descendre à terre à une heure aussi indue, et je vais me coucher, profitant avec bonheur de ce que je suis seul dans ma cabine.

A six heures du matin j'étais levé, j'avais refait mon sac, et je disais adieu à la *Colombia* et à son capitaine, changeant volontiers ma cabine contre une chambre d'hôtel, et me voici en route dans la ville. Je suis dans la partie neuve, séparée de l'ancienne ville par une belle promenade; celle-ci se termine à l'église, importante construction assez bien réussie, et commence au quai que les navires peuvent accoster bord à bord. Il y en a un assez grand nombre dans le port qui est fort animé, entre autres un beau bateau qui vient de France et de Corse, et qui va continuer sur Tunis. Je le regarde d'un œil d'envie, mais il partira sans moi, et je m'engage dans la vieille ville, dans la ville arabe qui est très-montueuse; j'y trouve quelques constructions arabes qui ne manquent pas de cachet, et une population où la race juive me semble dominer. J'arrive ainsi jusqu'à la kasbah qui couronne un mamelon isolé duquel on jouit d'une vue splendide sur la ville, sur la rade, sur la vallée de la Seybouse et sur les hauteurs où fut autrefois Hippone. Puis je vais rendre visite au commandant du génie qui, comme à Philippeville, me reçoit avec une grande cordialité et veut bien se mettre à ma disposition, lui et sa voiture, pour l'après-midi.

Je n'aime pas beaucoup, chère Madame, à vous entretenir de mes repas; il m'est impossible cependant, dussiez-vous me traiter de gourmand, de ne pas vous signaler les énormes et délicieuses crevettes que l'on me sert à déjeuner. Je n'en avais jamais vu d'aussi monstrueuses, et la queue de chacune d'elles suffit à plusieurs bouchées; je connaissais les écrevisses de la Meuse; je n'oublierai pas les crevettes de Bône, et si l'on pouvait réunir sur la même table ces deux hors-d'œuvre, on ferait pâmer d'aise certains gourmands que nous connaissons. Mais voici la voiture et nous nous mettons en route d'abord pour Hippone, dont on ne peut prononcer le nom sans penser à son grand évêque, à saint Augustin. Son souvenir n'a pas empêché la destruction complète de la ville par les Vandales. Quelques substructions indiquent son emplacement sur une colline qui domine la rive droite de la Seybouse, tandis que la ville actuelle de Bône est sur la rive gauche; un seul monument subsiste encore; sa solidité a sans doute défié la rage des barbares; ce sont des citernes importantes, ou pour mieux dire des réservoirs d'eau voûtés situés au-dessus du sol. Nous fouillons une ou deux sépultures placées près d'un déblai de carrière, et dans l'une d'elles je trouve une dent de chameau pétrifiée que j'emporte. Nous voyons aussi beaucoup de restes de briques, quelques débris de mosaïques, et voilà tout. Peut-être en fouillant avec les moyens nécessaires pourrait-on faire quelques découvertes intéressantes : mais la dévastation a été bien complète. Du grand évêque, de son église, il n'y a plus aucune trace; on lui a élevé récemment un petit monument sur cette colline; l'idée était bonne, mais l'exécution m'a semblé médiocre; c'est un autel de pierre entouré d'une grille; au milieu est un petit buste du saint évêque, en bronze. Le jour de sa fête on vient y dire la messe.

Nous parcourûmes ensuite les plaines qui environnent Bône, riches et bien cultivées, mais qui ne paraissent pas très-saines. Il y a là une belle culture maraîchère, et des vergers plantés de grenadiers, d'orangers, de figuiers, puis de belles prairies et les ruines d'un acqueduc romain ; toute cette campagne est sillonnée de jolies routes bien plantées par lesquelles nous arrivons en tournant la ville à une belle plage où l'on vient prendre les bains de mer. De temps à autre je vois apparaître une jeune amazone lancée à fond de train ; n'était l'ardeur du soleil on pourrait se croire sur une de nos plages de la Normandie. Charmante journée que termine une non moins charmante soirée dans la famille de mon jeune camarade. Et celle d'aujourd'hui commence bien encore, puisque j'emploie la matinée à vous donner de mes nouvelles. Peut-être même trouverez-vous ma lettre un peu longue ; elle l'est en effet, et je m'aperçois que je me suis laissé entraîner : fermons-là bien vite, de peur de l'allonger indéfiniment. Je pars aujourd'hui pour Guelma, d'où je gagnerai enfin Constantine : je ne vous écrirai plus que du désert.

Adieu, chère Madame et amie ; je vous prie de croire au respect et au dévouement de ce cher Colonel qui se dit toujours en vérité

Votre très-obéissant serviteur.

A. R.

LETTRE NEUVIÈME

Constantine, mardi 7 mai 1878.

Je viens d'arriver à Constantine, mon bien cher ami, et après les ablutions réitérées que nécessite une nuit passée en diligence sous la poussière de la route, après une tournée à la poste, où je trouve quelques bonnes lettres, dont une de vous, qui m'attendaient au bureau restant, je prends la plume pour vous donner de mes nouvelles et vous parler de mon voyage d'Alger ici. Vous en avez su probablement déjà quelque chose chez notre amie, et c'est à elle que je vous renvoie pour vous raconter ma vie sur la côte d'Alger à Bône, pour vous parler du bateau et des ports où nous nous sommes arrêtés et que j'ai pu visiter. Tristes ports en vérité, où il ne manque que des navires, à part Philippeville et Bône. Et encore l'activité du premier me paraît-elle factice ; il est mal placé, mal abrité. Il eût été bien plus assuré contre les vents régnants et d'un accès plus facile à Stora, dans la partie ouest de la baie ; mais on s'est obstiné à garder la position actuelle ; plus on y a dépensé d'argent, plus on y tient, et l'on n'en fera cependant jamais un bon port, un port recherché par le commerce. Celui de Bône est bien préférable ; il a déjà aujourd'hui bien plus de mouvement que celui de Philippeville, et quand il sera relié par une voie ferrée avec Constantine, comme l'est aujourd'hui Philippeville, je crois que ce dernier sera délaissé pour le premier, malgré la différence de trajet et par suite de dépense qui existe entre les deux voies. L'entrée du port de Bône est facile, on y est abrité, tranquille ; de plus les navires y déchargent directement à quais, et sur ceux-ci il est très-facile de faire arriver la voie ferrée. On ne pourra jamais avoir ce dernier avantage à Philippeville à cause des différences de niveau et aussi du peu d'espace disponible, et il faudra toujours monter les marchandises par des routes en pentes raides du port à la gare.

Il est question en outre, et depuis longtemps déjà, d'agrandir le bassin de Bône qui est insuffisant ; des projets ont été faits en ce sens, et je ne doute pas de leur exécution prochaine ; ces projets se combinent avec ceux d'une gare maritime et d'un agrandissement de l'enceinte pour englober la gare actuelle. Tout cela forme un ensemble dont l'exécution paraît désirable.

J'ai étudié un peu toutes ces questions dimanche matin en attendant l'heure de la messe ; il y avait une grande cérémonie, le renouvellement de la première communion, je crois, et une procession de jeunes garçons et de jeunes filles circulait paisiblement dans les rues et sur la promenade sans que la municipalité s'y fût opposée, sans que personne, musulmans ou juifs, en parût gêné : on regardait avec curiosité et respect, mais sans étonnement.

A deux heures et demie, par une chaleur épouvantable, je prenais le train de Bône à Guelma. Le long de la voie ferrée livrée au public et construite pour lui, de celle sur laquelle je vais rouler, en est une autre qui a été créée par les propriétaires des mines d'Aïn-Mokra et des usines de l'Alelick ; elle peut avoir huit kilomètres de développement ; mais elle est réservée à l'usage exclusif de l'usine ; il faut une permission spéciale pour monter sur les trains qui la parcourent. Ce chemin se dirige à notre droite vers l'ouest, tandis que nous descendons d'abord dans le sud, en remontant la vallée de la Seybouse ; nous inclinons ensuite à l'ouest, quand nous sommes à hauteur de Guelma, pour suivre la vallée de l'Oued Cherf, qui nous amène à cette ville. La ligne fait des sinuosités nombreuses, la pente ascensionnelle est raide, et en outre il n'y a qu'une seule voie ; aussi marche-t-on fort lentement, à raison de vingt-deux kilomètres à l'heure. De plus le service se fait avec un certain laisser-aller. Il est vrai que la route est charmante et que l'on est trop heureux d'avoir le temps de l'observer. Je remarque d'ailleurs que les Arabes ne répugnent aucunement à ce mode de locomotion ; ils ont l'air au contraire de le goûter fort. Je trouve que l'on abuse quelquefois de leur manque d'habitude et qu'on les bouscule un peu trop pour les parquer dans les troisièmes.

Après quatre heures de route nous arrivons à Guelma, où règne une forte chaleur. On m'a dit que cette petite ville était, après Biskra et Orléansville, le point le plus chaud de l'Algérie : je serais tenté de le croire. J'y trouve un hôtel assez convenable. Il est trop tard pour visiter la ville ; je me contente de régler la journée du lendemain ; elle sera bien employée. En effet dès le matin je suis en route sous la conduite de l'un de MM. les adjoints du génie qui veut bien se mettre à ma disposition pour me piloter dans la ville. Elle se compose de la ville proprement dite, qui est toute récente, de forme à peu près rectangulaire, et entourée d'une enceinte crénelée, puis d'une citadelle ou kasbah, qui occupe l'angle le plus élevé. Dans celle-ci sont tous les établissements militaires et les logements des officiers. J'y étudie avec grand intérêt une ruine romaine que l'on me dit être les restes d'anciens thermes. Cela est possible, mais j'ajoute que je n'ai rien vu qui le constatât d'une manière précise. A côté, de grandes citernes de la même époque servent encore à renfermer l'approvisionnement d'eau. Dans l'angle opposée de la ville est une autre ruine mieux conservée, celle d'un théâtre, que je visite avec intérêt: on trouve partout d'ailleurs de nombreux débris.

La ville elle-même n'offre rien de bien remarquable; les rues sont régulièrement tracées, quelques-unes sont plantées; les maisons sont basses, peu importantes, on y sent toutefois l'aisance. L'église et la mosquée sont bien construites; en somme à part les ruines, il n'y a rien de bien remarquable. Mais c'est jour de marché, les Arabes affluent de tous les points voisins, et je trouve le champ de foire, situé au dehors, plus intéressant que les rues et les places de l'intérieur. J'éprouve une sensation indéfinissable à me trouver au milieu de ce peuple qui nous est si étranger, à l'étudier chez lui. Les Arabes ne s'occupent guère de moi. Ah! si j'avais mon ancien uniforme, ce serait autre chose, et ils se rangeraient bien vite pour me laisser passer, car ils ont un respect profond de l'autorité. Mais je ne suis qu'un bourgeois, un mercanti (synonyme de pékin en français de caserne). Il est vrai qu'ils attachent encore à ce mot qui n'est pas Arabe, mais plutôt Italien, un autre sens, celui de riche : un marchand est toujours riche. Peut-être aurais-je bien fait de reprendre ma casquette militaire pour ce voyage dans l'intérieur; mais je n'aime pas à m'affubler de ce qui ne m'appartient pas. Les Arabes ont tous leur même costume blanc, dont le burnous est toujours la pièce principale : seuls quelques juifs (il y en a partout) portent d'autres couleurs:

aucun n'est armé. Leurs bestiaux me paraissent en bon état, mais ils sont tous de petite race. Deux chanteurs accompagnés par une flûte dialoguent avec animation, et le cercle du public les écoute attentivement ; il faudrait rester jusqu'à la fin pour le voir se disperser quand on fera la quête ; n'est-ce pas ainsi que cela se passe en France ? Les petits métiers en plein vent, les tourneurs, les serruriers, etc., attirent mon attention par l'adresse des ouvriers et la simplicité de leurs instruments ; en rentrant en ville nous sommes assourdis par les cris des pauvres, aveugles ou autres, demandant l'aumône.

A midi une voiture nous attendait M. l'adjoint du génie et moi, pour nous conduire à des sources thermales que l'on m'avait recommandé de visiter, celles du Hammam-Mes-Kroutine. On suit d'abord la route de Constantine en continuant à remonter la vallée jusqu'à quinze kilomètres de Guelma, c'est-à-dire un peu au delà du grand village de Medjez-Hamar, important par ses constructions, dont la situation offre un joli point de vue. La vallée s'y bifurque et la rivière y perd son nom de Seybouse ; elle continue au sud, vers Aïn Beïda, sous le nom de Oued Cherf, et à l'ouest, vers Constantine, sous le nom d'Oued Zenati. Ces changements de nom sont constants en Algérie et fort ennuyeux pour le voyageur qui ne s'y reconnaît plus. Nous nous engageons dans la vallée de l'Oued Zenati, et à une auberge appelée Sainte-

Cécile, nous nous jetons à droite; nous avons encore six kilomètres d'assez mauvaise route pour gagner le Hammam. Cet endroit est curieux et vaut le détour que l'on fait pour aller le visiter. Sur un petit plateau qui domine une vallée peu profonde sont répandus les points d'émergence de l'eau thermale. Ces sources varient souvent de nombre et de position; un travail souterrain et incessant agite constamment le sol; on est à la lettre, sur un volcan; je vous avoue, mon cher ami, que je ne m'y croirais pas en sûreté et l'on m'a parlé de tremblements de terre fréquents qui s'y faisaient sentir[1]. Le rendement de chaque source varie aussi; l'eau est sulfureuse et atteint la température considérable de 93°; elle est en outre calcaire, et les dépôts qu'elle abandonne forment des stratifications originales qui descendent jusque dans la vallée : peu ou point de verdure d'ailleurs sur ce sol brûlé au-dessus duquel règne une atmosphère chaude et sulfurée.

On a pensé naturellement à utiliser ces eaux déjà employées par les Romains, comme le prouvent des restes de toute nature, des piscines, de nombreuses substructions qui encadrent des mosaïques dont quelques-unes sont bien conservées,

1. Depuis que j'ai écrit ces lignes, j'ai appris par la voie du journal qu'un tremblement de terre assez violent avait eu lieu près de Hammam-Mes-Kroutine, vers le milieu du mois de septembre. Il paraît que très-heureusement les sources n'en ont pas été dérangées.

des débris de colonnes, etc., et l'on y a construit un petit hôpital militaire. Comme il doit être triste de venir prendre les eaux dans ce coin isolé, solitaire et où la chaleur du soleil se joignant à celle des sources amène des températures étouffantes! Que nous sommes loin de Vichy, de Bourbonne, voire même d'Amélie-les-Bains! Et puis comme l'installation des bains et des douches est primitive! comme elle laisse profondément à désirer sous tous les rapports! Je ne parle même pas du confortable; il faudrait commencer par y avoir le nécessaire. Vous qui aimez la vie des eaux, mon cher ami, vous seriez bientôt las de celle de ce Hammam, quoique l'hôpital militaire soit en lui-même propre et convenable; c'est l'installation balnéaire qui manque, c'est aussi le monde, la société; on se sent isolé de toute la terre.

On a voulu cependant faire quelque chose pour les malades civils, et un petit établissement a été créé. Il y vient quelques familles juives de Bougie ou de Guelma; mais elles sont bien mal installées, si mal que les gens riches viennent avec leurs tentes et campent comme dans le désert : c'est encore le meilleur moyen d'y habiter. Pour moi, très-réellement intéressé de ma visite, je n'ai aucun désir de la prolonger, et je reviens à l'auberge de Sainte-Cécile où je dois prendre au passage la diligence de Constantine.

Quelle contrariété de voyager la nuit quand on a le désir de voir. D'une part tout vous échappe, de l'autre la fatigue est plus grande. Il est vrai que par les fortes chaleurs les voyages de jour en diligence sont très-pénibles, et les chevaux souffrent surtout des ardeurs du soleil : on en a vu souvent tomber mortellement frappés, aussi le voyage de nuit est d'usage constant dans ces pays chauds : il faut bien que je m'y soumette, et je m'installe à ma place de coupé.

La nuit est splendide, les étoiles brillent, et vers le matin je remarque avec étonnement que nous marchons droit vers le nord, alors que je croyais descendre dans le sud-ouest. Le soleil se lève en effet à ma droite, presqu'en face de moi ; je comprends de moins en moins. Cependant il est évident que la diligence ne s'est pas trompée, que je ne retourne pas à Guelma. Je trouve enfin l'explication de cette direction anormale ; la route a dû se jeter dans le sud pour éviter un pâté de montagne difficile à franchir, et nous remontons maintenant au nord en descendant le Bou-Merzoug, qui sera bientôt le Rummel, pour regagner Constantine : nous sommes sur la route de Batna, que nous avons rejointe un peu au-dessous du gros village du Kroub. J'aperçois de distance en distance les travaux de construction du chemin de fer de Guelma ; sa direction a dû subir la même déviation que la route pour éviter les grands travaux qu'aurait nécessité la percée du massif montagneux dont je parlais tout à l'heure.

Enfin nous approchons de Constantine, que j'aperçois couronnant sa ceinture de rochers. Le Rummel nous en sépare; il passe brusquement d'une riante vallée dans une gorge abrupte et profonde qui forme le fossé de la ville. La gare est sur la rive droite, la ville sur la rive gauche, et le pont d'El Kantara les réunit. Nous le traversons, et nous voici en ville, remontant une rue nouvellement percée. Il y règne beaucoup d'animation, de mouvement; on se sent dans une grande ville. Enfin nous débarquons juste à la porte de l'hôtel où l'on m'a conseillé de descendre, à une autre extrémité de la ville que la rue nouvelle coupe de part en part, près de la place dite place de la Brèche ou place Vallée. Dans une prochaine lettre je vous parlerai de Constantine qui me paraît avoir bien conservé son cachet arabe.

Adieu donc, mon très cher, croyez toujours à tout mon dévouement.

Votre tout affectionné.

A. R.

LETTRE DIXIÈME

Batna, 10 mai 1878.

Dans ma dernière lettre, mon cher ami, je vous parlais de mon arrivée à Constantine, mais comme je l'écrivais avant d'avoir visité la ville, alors que je venais à peine de quitter la diligence qui m'avait amené, je n'avais pu vous parler de cette ville importante, et je n'aurai pas encore à vous en parler bien longuement aujourd'hui ; vous voyez en effet par la date de ma lettre que je l'ai déjà quittée, pour descendre dans le sud. On m'a conseillé, et j'ai trouvé le conseil bon, et venant d'ailleurs de gens d'expérience, de ne pas tarder à faire ma course dans les oasis, afin d'éviter les trop grandes chaleurs. Certes je ne suis pas d'avis de venir visiter ces régions pendant l'hiver, de les voir ainsi dépourvues de leur véritable cachet original, de celui que leur donne le soleil et la chaleur, de les enlever de leur cadre. Mais je n'ai pas besoin cependant pour en juger que ce cadre devienne comme un cercle de fer dans lequel il pourrait être dangereux de m'enfermer, et il est plus prudent de commencer ma tournée par le sud, pour revenir ensuite dans le nord. Je ne suis donc resté à Constantine que le temps nécessaire pour prendre langue, pour visiter mes amis et connaissances, et je me suis mis en route avant-hier soir après trente-six heures seulement de séjour dans la capitale de la province, dans le chef-lieu du département comme on dit officiellement aujourd'hui, afin de nous faire croire que l'Algérie peut être traitée comme la France. Je ne saurais trop vous le répéter : il n'y a aucune assimilation possible. J'avais déjà entendu parler à Alger de la prétention de nos colons radicaux de civilianiser (pardon de ce néologisme tiré de l'anglais) notre grande colonie. D'après eux, c'est l'administration militaire qui, pour conserver plus longtemps le pouvoir, paralyse leurs efforts et s'oppose par conséquent aux progrès de la colonisation. Etablissez une administration civile, crient-ils sur tous les tons, et vous verrez des merveilles : le colon ne sera plus arrêté dans ses progrès par les entraves du militarisme, et la prospérité de la colonie n'aura plus de bornes. On reconnaît là immédiatement les théories des hommes qui sont aujourd'hui au pouvoir. La haine qu'ils ne peuvent s'empêcher de montrer contre l'armée tient à ce qu'ils en ont peur; ils craignent son esprit d'ordre anti-révolutionnaire, et ils l'attaquent de toutes parts : le mot d'ordre est donné de Paris, et on le suit religieusement. Or ici plus qu'à Alger on se préoccupe beaucoup de cet état de choses, de cette transformation possible, et j'en entends causer de tous côtés : laissez-moi vous redire tout ce que j'ai appris et les réflexions que ces conversations m'ont suggérées.

Et d'abord le but de cette campagne, entreprise en faveur d'un gouvernement exclusivement civil, est bien facile à deviner : il s'agit d'une part de diminuer les attributions de l'autorité militaire, et en second lieu de faire ce changement au profit du colon ; il faudra en effet créer de nouvelles places, de nouvelles fonctions rétribuées, et ce sera lui qui les occupera : il sera maire, conseiller municipal, commissaire civil; en outre il exploitera à son gré l'Arabe, que protège aujourd'hui l'administration militaire. Tous les colons s'entendent-ils donc d'ailleurs pour réclamer cette mesure? Nullement, et les colons les plus sérieux, ceux dont les exploitations prospèrent, ceux dont l'honnêteté ne craint point le régime du sabre, que les gens véreux ont seuls à redouter, sont tous d'accord pour le repousser. C'est ainsi que dans une certaine localité, sur vingt-sept colons importants, chefs de grandes exploitations, qui ont été consultés, vingt-sept ont repoussé la faveur que veulent leur imposer les colons des villes; mais ceux-ci forment la majorité, et la loi du nombre l'emporte sur l'intérêt sérieux. Aussi a-t-on proposé sans rire, et un décret se prépare dans ce sens, de faire passer à l'état de commune de plein et entier exercice la petite ville de Biskra, située à la limite du désert, au delà de la chaîne de l'Aurès, où il n'y a guère que cent vingt à cent trente Européens, contre trois mille Arabes. Est-ce assez insensé, alors surtout que l'on est à la limite de nos possessions et en contact perpétuel avec des tribus impatientes de notre joug!

Je viens de vous montrer le but poursuivi : le résultat que l'on atteindra n'est pas difficile à prévoir : le premier sera un désordre général dans l'administration, parce que l'on ne forme pas du jour au lendemain des administrateurs sérieux et instruits des besoins des administrés. Puis l'Arabe qui n'est soumis qu'à la force représentée à sa plus haute puissance par l'armée, par le sabre et l'épée, l'Arabe refusera d'obéir aux habits noirs, aux mercanti, qu'il méprise souverainement. Oh! je sais bien que l'habit noir cédera la place à des habits brodés, que nos administrateurs nouveaux ne manqueront de galons ni sur les manches ni sur leurs casquettes, qu'ils y ajouteront peut-être un sabre ou une épée; mais l'Arabe ne s'y trompera pas; sous ce déguisement il ne reconnaîtra pas l'homme de guerre, et honteux d'être soumis à une autorité qu'il méprise, mécontent d'une administration qui aggravera certainement ses charges, excité par ses chefs qui seront furieux de voir ruiner leur influence, il prendra son fusil et se soulèvera; une révolte générale doit être pour moi le premier fruit de l'établissement d'un pareil régime. Le colon sérieux, le propriétaire-cultivateur en sera la première victime; le colon des villes échappera en grande partie aux dangers ainsi créés par lui. Et l'armée, si attaquée, devra encore sacrifier son sang le plus pur pour réparer les sottises de ceux qui la détestent. Voilà mon cher ami, mon opinion bien nette sur cette civilianisation : elle sera désastreuse pour la colonie[1].

Mais laissons ces questions générales, si importantes cependant, et revenons à moi, à mon petit cercle, à mon voyage, car c'est bien lui que j'ai promis de vous raconter, sans repousser, vous le voyez, les questions générales que je puis rencontrer en chemin. Après les premières visites et malgré la fatigue d'une nuit passée en voiture, je me suis mis en route dans la ville de Constantine sous la conduite d'un guide qui m'a fait circuler dans les quartiers arabes et juifs. Ils ont conservé tout leur ancien cachet, et l'on s'y croirait encore en plein moyen-âge : les rues sont étroites, les maisons n'ont qu'un étage, quelquefois même un simple rez-de-chaussée, et sur la rue est la boutique peu profonde, qui sert en même temps d'atelier. Chaque rue est occupée par une classe spéciale de marchands et de confectionneurs : là sont les tailleurs, là les fabricants de

---

1. Depuis que j'ai écrit ces lignes, le *Figaro* a publié deux articles très remarqués sur le même sujet. Ils me paraissent exprimer des idées semblables aux miennes.

chaussures; ailleurs vous êtes assourdi par le bruit du marteau frappant sur l'enclume; c'est le quartier des fabricants d'outils tranchants, des taillandiers; puis les selliers, puis les bijoutiers. Il me semblait voir la cité modèle proposée par Albert Dürer à la fin du moyen-âge : cette idée se réalisait sous mes yeux. Autour de deux places, qui sont les anciens marchés (il y a aujourd'hui un beau marché neuf couvert) et qui ont conservé cette destination, on trouve les bouchers, les boulangers et les marchands de fruits secs (épiciers). L'une d'elle est plus spécialement destinée à la vente des vieux objets, c'est la place Négrier, sur laquelle donne la plus belle, la plus ancienne mosquée de la ville, et l'on m'a dit que les amateurs de bibelots y ont fait quelquefois de vraies trouvailles. Pour moi j'ai acheté chez des juifs quelques vieux bijoux kabyles assez intéressants que je vous montrerai à mon retour; ces pauvres gens viennent les vendre poussés par la faim, comme je vous l'ai dit dans une lettre précédente, et je crains fort que le juif ne les leur paye pas cher.

J'ai bien aussi été donner un coup d'œil à certains quartiers aux mœurs un peu légères dont les rues descendent vers la porte de la Piscine; comme ils ont beaucoup d'analogie avec ceux du même genre qui se trouvent à Alger vers la kasbah, je n'y reviendrai pas ici. Peut-être les allures y sont-elles encore plus franches.

Je vous signalerai comme une des constructions les plus intéressantes, l'ancien palais du Bey, maison de type arabe, avec plusieurs cours et galeries richement ornées. Il est occupé par le général de division et par la direction des fortifications. Le jour, il est fort beau, avec ses colonnettes en marbre blanc, ses peintures à fresque, ses portes en bois découpé et peint en couleurs, avec ses cours plantées et ses bassins. Mais la nuit, au clair de lune, le spectacle devient féerique, et en le traversant je me rappelai la magnifique description que Châteaubriand nous a laissée de l'Alhambra dans ses Abencerrages. Combien cet ouvrage est loin de nous! Qui le lit aujourd'hui? Son style, ses idées mêmes sont démodés : et cependant il m'a laissé un bien gracieux souvenir : l'Orient a toujours eu pour moi un immense attrait.

Je vous parlerai encore d'un monument assez remarquable, c'est la cathédrale. Comme à Alger, c'est une ancienne mosquée transformée en église, mais la différence entre les deux cathédrales est bien grande; si celle d'Alger a un vaisseau plus vaste, celle de Constantine a pour moi l'immense avantage de n'avoir pas été modifiée; rien pour ainsi dire n'a été touché, à part l'érection des autels; la chaire elle-même est celle du haut de laquelle le muphti lisait le Coran aux fils du Prophète : ce respect profond de l'ancien monument, respect si naturel, et cependant si rare, m'a causé, à moi archéologue détestant les restaurations, une surprise des plus agréables.

Le cercle des officiers, où sont admis aussi tous les fonctionnaires et même les chefs arabes, mérite encore de ma part une mention spéciale à cause de l'excellent accueil que j'y ai reçu d'abord, et aussi pour sa bonne organisation. Au rez-de-chaussée une belle et vaste salle avec vérandah donnant sur la place principale, sert de café; au premier sont la salle de lecture, la bibliothèque et les salles de conférences : tout cela a été bien et largement organisé par le service du génie, auquel je me plairai toujours à rendre justice dans les détails du service.

Je n'abuserai pas plus longtemps de votre patience pour me suivre dans l'intérieur de la ville, et même je ne vous promènerai pas au dehors; j'y ai fait cependant en charmante compagnie de jolies promenades à la pépinière, aux ruines d'un aqueduc romain, à un pont sur le Rummel, dit le Pont du Diable, et puis aussi à un campement arabe non moins sale que curieux, situé près de la porte de la Brèche. J'aurai à vous reparler de Constantine et de ses environs, car je compte y passer quelques jours en revenant du sud, et j'ajourne à ce moment toute autre réflexion. Partons donc pour Batna : hélas! c'est encore un voyage de nuit, c'est-à-dire que je ne verrai rien de la route. Si triste, si uniforme qu'on me la dépeigne, j'ai regret de ne pas la connaître, mais il faut accepter ces heures ennuyeuses, et accompagné des vœux de mes amis et camarades, je grimpe dans cette diligence qui met environ treize heures à parcourir les 119 kilomètres que l'on compte de Constantine à Batna. Je ne vous parlerai pas de la route dont je n'ai vu que la fin ; peut-être serai-je un peu plus heureux au retour.

On m'attendait à Batna, où je reçois le plus amical accueil, et vous savez, mon cher ami, le plaisir que l'on éprouve en pareille circonstance à ne pas se sentir isolé dans ces régions lointaines : merci donc de nouveau à tous ces camarades dont j'ai reçu si bonne réception.

Je ne devais passer que deux jours à Batna, et il fallait par conséquent mettre le temps à profit; on commença par me faire voir dans la matinée la ville, ville toute neuve, dont la régularité n'offre rien de bien agréable, quoique l'on n'y ait ménagé ni l'air ni la verdure. La ville a la forme d'un rectangle enceint de murs crénelés avec petits bastions aux angles. Au milieu de chaque face est une porte; deux rues à angle droit mènent d'une porte à l'autre; ces rues ont de chaque côté un beau trottoir avec une allée d'arbres. Sur une place l'église, avec un square en face, puis quelques rues intérieures. Les deux rues centrales sont complètement bâties; les autres ont de la place pour des habitants futurs. Tout cela est d'une monotonie désespérante. Dans un angle, sur un petit monticule, est le fort ou bordj, qui sert de citadelle à la ville ; il renferme tous les établissements et logements militaires.

Batna n'est à proprement parler ni une ville de commerce ni un centre de population agricole; c'est un poste militaire, construit pour la sécurité de la route du sud conduisant aux oasis de l'Aurès, au Sahara algérien, à Touggourth ; on a voulu l'établir sur la route même ; mais le choix de la position a été fâcheux ; on eut été bien mieux en descendant un peu plus au sud-est, jusqu'à un point que les Romains, nos maîtres dans l'art de choisir les positions militaires, nous avaient indiqué : ils avaient placé leur grand centre de domination à Lambæze, à 10 kilomètres de Batna, en un point voisin des cols qui conduisent dans les autres vallées du pays montagneux de l'Aurès, qui les maîtrisent par conséquent, point abondamment pourvu d'eau, ce qui manque un peu à Batna. Il y a sur cet emplacement de Lambæze des ruines assez belles qui couvrent toute la surface occupée par la ville romaine ; nous y passâmes l'après-midi, et vraiment en les regardant, je ne pouvais m'empêcher de trouver heureux que l'on n'y eût pas établi la ville nouvelle, car on eut bouleversé tous ces restes intéressants, ces portes, ces tombeaux, ces voies romaines avec leurs dalles encore existantes, et ce cirque, et ce bâtiment que l'on désigne sous le nom de Prætorium, masse importante, vaste édifice public, prétoire peut-être, dans lequel on a rassemblé une quantité de débris précieux, et l'amas informe que l'on a nommé, sur de faibles indices à mon sens, le temple d'Esculape, et encore de belles mosaïques, et tant d'autres débris. Devant toutes ces richesses, je vous avoue que je ne me suis pas occupé du pénitencier qui a certainement fait connaître le nom de Lambæze plus que ses ruines. Je ne vous le cite donc que pour mémoire : c'est dans la ville romaine que j'ai passé tout mon temps, et j'aurais voulu pouvoir y revenir. Toutefois et malgré ses richesses, je dois vous avouer qu'on me l'avait tant vantée que j'ai éprouvé une sorte de déception : j'espérais voir mieux le tracé même de la ville, ses murailles, ses rues, et aussi de plus nombreux édifices. On m'a dit que Tebessa, sur les frontières de l'est, offre un ensemble plus complet, mieux conservé : mais l'accès en est peu facile et le temps me manque; toujours le temps arrête nos desseins. Quoi qu'il en soit, et sans vous rien dire de plus de tous ces monuments qui ont été décrits, je veux seulement faire une remarque sur laquelle on n'a pas assez appuyé, ce me semble : plusieurs de ces constructions, et particulièrement le prétendu temple d'Esculape, qui m'a paru toucher à l'ancienne enceinte, après avoir été renversés, ont été grossièrement reconstruits. Par qui et dans quel but a eu lieu cette réédification faite par des mains maladroites, c'est ce que je ne saurais dire, mais le fait existe et il est bon à noter.

Si vous le voulez bien, mon cher ami, nous ne quitterons pas Lambæze sans que je vous dise un mot d'une rencontre que j'y ai faite et qui m'a été fort agréable. Au moment où nous montions en voiture pour rentrer à Batna, un jeune capitaine qui avait été mon élève à l'École militaire supérieure et que je connaissais fort bien, vint me saluer. J'ai été extrêmement sensible, plus que je ne saurais vous le dire, à cet acte de bon souvenir et à l'amabilité avec lequel il fut fait. Seulement par quel fâcheux hasard un officier brillant auquel pendant deux ans on vient de donner une instruction supérieure, se trouve-t-il à Lambæze commandant le détachement qui garde les condamnés du pénitencier? Il semble que l'on pourrait et devrait tirer un meilleur parti d'un officier qui n'est plus à apprendre les détails du service. Ne peut-on craindre que de belles intelligences ne soient ainsi confisquées pour une œuvre sans intérêt, au dépens des services sérieux qu'elles pourraient rendre?

Aujourd'hui autre promenade; à une heure matinale nous étions en route les uns en voiture, les autres à cheval (vous vous doutez de quel côté j'étais) pour aller visiter des montagnes et une forêt de cèdres situées à sept ou huit kilomètres de la ville, vers le sud-ouest. De ce côté règne une chaîne de montagne dont le pic le plus élevé, dit le pic de Touggourth, s'élève à deux mille cent mètres au-dessus du niveau de la mer. Nous n'avions pas la prétention d'arriver à ce sommet, quoiqu'il ne soit pas d'un accès très-difficile, mais seulement de visiter les vallées et les cols qui s'étendent par derrière. Une prétendue route y conduit, faite pour des charriots et non pas pour une voiture suspendue; aussi la nôtre fût-elle mise hors de service avant d'arriver au but; cela ne nous empêcha pas d'y arriver à pieds, et de faire aux abords du ruisseau, à l'ombre d'un chêne liège, un excellent déjeuner que nous avions apporté. L'aspect géologique de ces montagnes rocheuses est très-curieux; il règne dans les stratifications une régularité comme direction et épaisseur des couches que je n'avais jamais vue ailleurs : il semble qu'un seul mouvement lent et uniforme ait produit le soulèvement des couches sans les briser. La ligne de plus grande pente descend vers le sud-est, et son inclinaison est peu considérable. Il y a quelques usines le long de la vallée que l'on parcourt, et il y en avait davantage; mais elles ont été détruites pendant l'insurrection de 1871, et leurs ruines sont encore là, prouvant leur importance, mais attristant la vue : ce sont ou c'étaient des moulins ou des scieries. Il y a aussi une grande maison forestière pour les employés des forêts domaniales, dont fait partie celle que nous venons de visiter.

La journée a été chaude, c'est la plus chaude que j'aie eu encore à supporter, je crois : on sent que nous approchons du sud et du désert; mais je subis cela fort bien; on me fait craindre pour demain un coup de vent du sud, de sirocco, qui serait un mauvais compagnon pour aller de Batna à Biskra; je ne serai pas fâché de faire connaissance plus ample avec ce fléau qui m'a déjà montré ce qu'il était quand je suis rentré de la haute Kabylie; ici il doit être autrement fâcheux, car il est plus près de son point de départ, du désert; mais je ne m'en inquiète guère, et rentré de bonne heure, je me repose de ma course de ce matin en vous donnant de mes nouvelles. Vous voyez qu'elles sont toujours bonnes et que je continue mon voyage dans les meilleures conditions. Demain soir je serai à Biskra, c'est-à-dire dans une autre région, dans un pays différent, je toucherai au désert, à l'infini, au pays des oasis, des dattiers, et c'est avec un certain sentiment d'agitation dans l'attente que je désire voir et parcourir ces curieuses régions dont je n'ai qu'une idée bien confuse. Je comprends les aspirations du voyageur qui va à la découverte de l'inconnu; mais je ne suis plus assez jeune pour me mettre en tête ; je fais partie des visiteurs de l'arrière-garde, des simples curieux, et je ne m'expose à aucun danger sérieux, que celui de verser peut-être, en allant dans ce lointain pays. Que ne puis-je y rester plus longtemps, et m'enfoncer dans le sud jusque vers Touggourth; mais ce serait un voyage à cheval de plus de deux cents kilomètres, que l'on ne peut entreprendre sans escorte, sans provisions, sans tout un attirail que je ne puis ni ne veux me procurer. De plus il faut au moins dix jours pour aller et revenir, et je ne veux en donner que deux ou trois à Biskra : c'est folie d'arrêter mon esprit sur un pareil sujet, si attrayant qu'il soit; il faut savoir se maintenir dans la limite du possible.

C'est ce qui me fait aussi arrêter ma plume, car voici bientôt l'heure du dîner. Adieu donc, mon bien cher ami; quand vous arriveront ces pages? Je n'en sais plus rien, nous sommes bien loin et demain je mettrai encore plus de cent kilomètres entre vous et moi. La distance n'empêche pas ma main d'aller serrer bien cordialement la vôtre, et mon esprit et mon cœur de se reporter souvent auprès de vous. Je ne vous écrirai probablement qu'à mon retour des oasis; si vous voulez plutôt de mes nouvelles, allez en chercher chez notre amie; ma première lettre sera pour elle.

Votre tout affectionné.

A. R.

LETTRE ONZIÈME

Biskra, 14 mai 1878.

Me voici, chère Madame et amie, arrivé à la limite de mes pérégrinations dans le sud. Je ne veux, je ne puis la dépasser, et vraiment j'en suis plus fâché que vous ne pouvez le croire. Ce vide immense du désert, ces profondeurs infinies sous ce ciel non moins profond, non moins illimité, ont pour moi un irrésistible attrait. Comme je voudrais être plus jeune, et comme alors je me lancerais avec bonheur sous ce ciel inconnu, dans ces régions brûlantes, que je serais de force à affronter. Quand en me promenant j'aperçois ces solitudes sans horizon borné, mon imagination me transporte au delà, bien loin encore; je vois successivement les chotts, puis Touggourth, puis je poursuis ma route dans le grand désert, je m'enfonce dans ses solitudes, au mépris de ses dangers, de ses habitants, de son soleil, de ses vents brûlants. Comme je regrette de ne pouvoir réaliser ce rêve ! mais il est trop tard, et je dois m'arrêter ici. Au moins ai-je voulu jouir le plus possible de cette vue du désert, de cette visite dans ces régions déjà sahariennes et par la force du soleil, et par la nature du site, et par les mœurs de ses habitants. Ce sont mes courses et mes impressions que je veux vous raconter avec l'espoir de vous intéresser un peu plus que dans les lettres précédentes, parce que je vous parlerai de pays encore moins connus, encore plus originaux. Dans ma dernière lettre je vous faisais suivre les côtes, aujourd'hui je vais vous faire connaître notre dernière station dans le sud ; je ne dis pas nos dernières possessions, car celles-ci descendent encore à plus de deux cents kilomètres vers Touggourth et Ouargla; seulement nous n'avons plus de garnisons françaises en ces points isolés ; notre pouvoir s'y exerce par l'intermédiaire de chefs Arabes soutenus par quelques goums de spahis : de temps à autre on y envoie une petite colonne expéditionnaire, qui suffit à imprimer le respect de notre puissance.

Depuis ma dernière lettre je me suis donc successivement enfoncé dans le sud, de Bône à Guelma, de Guelma à Constantine, de Constantine à Batna, et enfin de Batna ici, et me voici à plus de deux cent cinquante kilomètres de la côte. C'est samedi que j'ai quitté Batna par le courrier, voiture à quatre places, solidement établie, je vous en réponds, pour ne pas se briser en route, et tirée par trois chevaux de front : le ciel était pur, le soleil chauffait à blanc la campagne, le vent du sud soufflait, tout annonçait une chaude journée, et elle le fut en effet. A une heure de la ville nous laissâmes de côté la route, qui est en construction et nous voilà lancés à travers la plaine, suivant la piste des caravanes; les plantations, les cultures disparaissent successivement; la vallée assez large n'est plus qu'un désert sans habitations comme sans habitants. De distance en distance nous croisons des caravanes plus ou moins nombreuses : ce sont des douars arabes qui remontent vers le nord en fuyant la chaleur : ils vont s'établir dans les montagnes autour de Batna pendant tout l'été : les hommes sont à cheval, les femmes sont sur des chameaux protégées par des espèces de tentes; les serviteurs suivent à pieds. Voilà bien la vie pastorale; seulement les troupeaux manquent; ils sont restés au campement habituel de la tribu.

A dix heures nous avions déjà fait trente-cinq kilomètres, nous étions au premier relai, à l'heure du déjeuner : j'avais l'heureuse chance de posséder pour compagnon de voyage un ancien élève de l'École Polytechnique, un camarade peu différent d'âge avec moi, et nous descendons à l'unique baraque, où l'on nous sert à déjeuner tant bien que mal, plutôt mal que bien. Mais que de mouches, grand Dieu! Nous en sommes infectés, et nous ne nous faisons pas prier pour remonter en voiture, pour fuir un véritable fléau.

Nous courons toujours sans nous soucier de la

route tracée, le soleil brûle, le sirocco souffle ; n'importe, il faut marcher, laissant à droite et à gauche des collines abruptes et apercevant de distance en distance des débris antiques : l'occupation romaine a laissé ses traces fortement empreintes, ineffaçables, partout où elle a passé, et je l'ai vue hier encore au fond des oasis ; c'est une des choses qui me frappent le plus dans tous les pays que je parcours. Cependant la vallée que nous suivons depuis quelque temps se rétrécit, la route devient de plus en plus sauvage, et sur notre gauche comme en face de nous se dresse une muraille de rochers vraiment infranchissables : nous ne pouvons découvrir comment nous sortirons de cette impasse, lorsque tout-à-coup nous y apercevons une vraie coupure verticale qui semble faite exprès pour laisser passer et la rivière et la route, celle-ci se faisant modeste et petite pour trouver place à côté de l'autre qu'elle traverse sur un pont de construction romaine : c'est le col d'El-Kantara. La nature dans une de ses convulsions a dû produire cette ouverture dont la rivière, puis l'homme ont profité successivement. C'est le seul passage pour franchir cette chaîne de l'Aurès qui nous sépare encore de la région des oasis, et nous y trouvons blotti dans un coin de verdure un petit hôtel très-propre, très-bien tenu, où nous nous rafraîchissons avec d'excellente eau, sous une épaisse vérandah ; nous passons-là un délicieux quart d'heure.

8.

Au sortir de la coupure nous longeons une première oasis, de médiocre importance d'ailleurs; le village d'El-Kantara, bien pauvre, apparaît au milieu des palmiers et des lauriers-roses qui couvrent le fond de la vallée. La route le côtoie un instant, puis elle s'engage dans un pays montagneux et sauvage au centre duquel nous trouvons la petite station d'El-Outaïa avec un caravansérail. Relayons vite, car nous avons hâte d'arriver. Il nous faut encore traverser plusieurs fois la rivière à gué, puis franchir la dernière chaîne de l'Aurès, qui court du nord-est au sud-ouest, au col de Sfa. Enfin du point culminant de la route, au col même, après une montée pénible, nous apercevons devant nous la grande plaine, la région des chotts, avec ses oasis, semées comme des îles de distance en distance, et la première, non loin de nous, Biskra, où nous arrivons à sept heures du soir, brisés par nos treize ou quatorze heures de voiture, par une chaleur de 41° à 42°, et par un fort vent du sud qui nous couvrait de poussière. En vain des amis, des camarades viennent à notre rencontre et veulent nous emmener dîner, la fatigue l'emporte, nous demandons grâce pour ce soir, et nous remettons tout au lendemain.

Le lendemain donc j'étais debout d'assez bonne heure, et me voici me promenant dans la ville nouvelle qui est située à l'extrémité nord de l'oasis. Comme elle n'est pas enceinte de murailles, ses rues n'ont pas une trop grande régularité, et l'on n'y est pas ennuyé par un aspect trop monotone. Un joli jardin public se développe devant la rue principale; les maisons sont peu élevées et celles qui sont construites suivant les anciens usages du pays sont terminées par une terrasse. Sur le côté est la citadelle ou bordj, nommée aussi le fort Saint-Germain; il renferme une grande partie des établissements militaires et le logement du commandant supérieur du cercle. Toute ma journée s'est passée, à la suite d'un grand déjeuner et de la messe militaire (c'était jour de dimanche), à faire des visites et à courir en même temps la ville. J'allai d'abord chez le commandant supérieur, puis chez d'autres officiers, et chez le caïd, Mohammed Ben Gannat, qui a un logement dans la ville. Hors la ville on me conduisit aussi visiter une fort belle propriété, bien arrosée, et admirablement plantée en arbres exotiques de toutes espèces, principalement en plantes équatoriales qui réussissent fort bien sous ce climat : les uns viennent des Indes anglaises, d'autres du Cap, ou de l'Amérique du sud, et une promenade dans ces allées est vraiment ravissante. La maison est d'ailleurs très-confortablement installée, et le propriétaire, qui a bien voulu nous faire lui-même les honneurs de ces jardins d'Armide, y a mis une extrême amabilité. Quel excellent café il a bien voulu nous offrir sous un grand et bel arbre étranger dont le nom m'échappe. Je me croyais vraiment à deux mille lieues de France, à Madras ou à Calcutta. Et en revenant je pouvais me figurer que j'étais au centre de l'Afrique en longeant le village nègre annexé à Biskra. Pauvre village, avec ses maisons basses en pisé, ses rues étroites et sa population misérable !

Tout en promenant ainsi et en visitant le pays, nous arrangions l'emploi de mon temps pour les jours suivants ; je désirais beaucoup visiter une oasis un peu importante, et l'on dirigea mon choix sur celle de Lichana, située au sud-ouest de Biskra. Je pouvais ainsi voir en même temps la position de Zaatcha qui m'intéressait à cause du siége de 1849 et des traces qui en subsistent encore. Tout fut préparé par les soins complaisants de mes amis, le cheick fut prévenu, les provisions rassemblées. Il était convenu que nous partirions de bon matin pour déjeuner en route, dîner et coucher à l'oasis, et que nous rentrerions le lendemain pour déjeuner à Biskra. Nous étions quatre pour faire cette excursion, plus un domestique et un spahis ; ces deux derniers étaient à cheval : nous avions une calêche appartenant à un officier de la garnison, propriété un peu collective d'ailleurs, car elle lui avait été donnée, je crois, sous condition de la laisser à son successeur ; on devait l'atteler de quatre chevaux avec deux postillons. Vous voyez, chère Madame, comme tout le monde dans ce pays lointain, était aimable et gracieux pour le cher colonel, et je leur en sais à tous un gré infini.

Donc lundi matin, à l'heure dite, cinq heures, nous étions réunis toute la caravane, les coffres de la voiture étaient chargés des provisions, et nous nous mettions en route. Hélas! mauvais départ, triste présage; en franchissant la porte de la maison, nous accrochons la borne! N'importe, nous voilà partis, et en débouchant dans la plaine nous apercevons deux ou trois chasseurs à cheval, galoppant déjà avant le lever du soleil dont nous apercevons bientôt le disque brillant se montrer à l'horizon derrière Biskra. Tout allait bien, et nous cheminions à une bonne allure, très-commodément installés, suivant non pas une route, mais une piste mal tracée à travers la végétation rabougrie de la plaine, lorsqu'un choc violent vint nous faire voir que nous ne roulions pas sur un chemin ordinaire. Sous le sable nous avions rencontré une grosse pierre sans la voir, de là arrêt, et vérification faite nous trouvâmes nos ressorts fort endommagés. On tint conseil, et l'on fit partir le spahis au galop avec ordre de rapporter ce qui était nécessaire pour une réparation. Puis après une nouvelle réflexion on vit bien que des accidents analogues se représenteraient certainement, que plus éloignés de Biskra nous serions alors dans une position critique, et l'on débattit une minute la possibilité d'une retraite honteuse; mais cette idée fut repoussée avec énergie, et le domestique partit à son tour pour demander un charriot sur lequel nous continuerions l'expédition, pendant que l'on ramènerait la voiture à vide.

Cependant notre spahis revient avec les instruments demandés, puis il en arrive un second avec une dépêche du commandant supérieur nous engageant au retour; enfin nous voyons poindre le charriot demandé. Le sort en est jeté, nous sommes trop avancés pour reculer : en avant. On remercie le commandant supérieur, on transborde nos provisions de la calèche dans le charriot, et nous roulons dans le second vers Lichana, tandis que la première, à peu près raccommodée, retourne piteusement vers Biskra : triste résultat d'un mauvais départ!

Nous voici donc de nouveau courant vers Lichana, non sans être fortement secoués, mais je vous assure que nous pensions moins à nous qu'à nos bouteilles, qui heureusement résistèrent. Vers dix heures, grande halte; nous nous installons tant bien que mal sous l'ombre insuffisante d'une touffe épineuse de jujubier sauvage, et nous déjeunons fort bien vraiment : il n'y a pas de fontaine, mais qu'importe! nous avons de l'eau de Saint-Galmier; oui chère Madame, de l'eau de Saint-Galmier, dans le désert, et ce n'est pas un luxe inutile, comme vous le voyez. Nos hommes, nos chevaux mangent aussi, puis nous remontons dans notre char. Quel soleil! heureusement que j'ai sur la tête un grand chapeau des Arabes du sud qui me garantit des insolations, mais qui est bien lourd. Enfin vers une heure nous touchons au but et mettant pied à terre, nous pénétrons dans le labyrinthe formé par les clôtures des jardins de l'oasis. Le cheick, prévenu par notre spahis, vient au devant de ses hôtes; avec lui se trouvent le fils du kaïd de Biskra qui remplit ici les fonctions de lieutenant de son père, et d'autres notabilités. Tous deux parlent correctement quoique peu facilement le français, avec un accent qui ne manque pas de grâce. Ce sont deux beaux jeunes gens, des hommes de race; leurs grands yeux noirs regardent avec douceur, et le son de voix est en harmonie avec les yeux. Le cheick est le plus jeune; il vient d'être nommé à la place de son frère qui a été assassiné par suite d'une rivalité de familles; il est triste de cette perte; il semble triste encore de la pensée que le sort de son frère lui est peut-être aussi réservé.

Après les salutations et les compliments d'usage, on nous conduit à la maison des hôtes à travers les rues du village, au milieu d'habitants curieux sans hostilité, et l'on nous offre le café, puis nous nous reposons étendus sur les nattes de la chambre. Mais le repos dure peu, et nous partons pour Zaatcha sous la conduite d'un arabe nommé Mahmoud, qui non-seulement a assisté au siége, mais qui a vu le commencement de la levée de boucliers et a reçu les premiers coups de fusil. Rien de curieux comme le récit animé de ce témoin oculaire fait sur le lieu même des scènes qu'il raconte; rien de triste comme l'aspect de cette oasis inculte, de ce village ruiné; car pour servir d'exemple, on a défendu de rien changer à l'état des lieux : les palmiers coupés par nos soldats n'ont pas été remplacés, les maisons démolies par nos boulets n'ont pas été relevées, et leurs pans de mur sont là debout pour attester la punition infligée à la révolte : les travaux du siége eux-mêmes ne sont pas détruits. Je ne veux pas vous faire l'histoire de la résistance d'une bicoque qui nous tint en échec pendant six semaines et nous coûta bien du monde : ses défenseurs exaltés par leur chef ne voulurent pas se rendre, et dans le dernier assaut nos soldats exaspérés ne firent aucun quartier, cruelle nécessité de la guerre. Et hier pendant que nous parcourions ces lieux, un Arabe, un parent probablement de ceux qui y ont perdu la vie, priait prosterné contre terre sur les débris d'une maison, de la sienne peut-être, sous les pierres de laquelle il eut pu retrouver les cadavres de ses proches! quelles devaient être ses pensées de haine et de vengeance contre nous, les vainqueurs? Il sait les comprimer, mais je ne doute pas qu'à l'occasion il ne sut aussi se les rappeler et se venger.

Je revins donc péniblement impressionné de cette course; mais la visite du village de Lichana fut pour moi une diversion à ces préoccupations, à ces souvenirs rétrospectifs. Un village d'oasis offre un aspect tout à fait original : il est habituellement situé au centre de l'îlot, abrité au milieu des jardins et des palmiers contre les vents du sud, entouré d'ailleurs d'une muraille d'enceinte avec un certain nombre de portes. Les maisons sont à simple rez-de-chaussée et construites en un pisé qui acquiert la dureté du béton ; elles sont toutes couvertes d'une toiture en terrasse. Les rues sont tortueuses, étroites, et se transforment souvent en passages couverts, les maisons se joignant les unes aux autres : des bancs sont établis le long de ces rues, et nombre d'Arabes y sont étendus à l'ombre, quelquefois même en plein soleil. La mosquée est au centre, construite comme les maisons : le minaret en est peu élevé ; toutefois de sa terrasse on domine assez bien le reste des constructions. Pendant cette visite, je demandai au cheick de nous faire voir un de ses jardins plantés de palmiers, figuiers, orangers, etc., jardins que l'arrosage entretient dans un agréable état de fraîcheur ; je croyais ma question toute simple, et je me trompais : je l'aperçus en effet qui se consultait avec Sidi Ahmida, le fils de Ben Gannat, et sans doute par respect pour la demande sacrée d'un hôte, il me répondit affirmativement ; mais je vis bien que j'avais commis quelqu'indiscrétion. Je visitai donc ces jardins, qui étaient loin de valoir celui de la veille ; mais on m'écarta toujours d'un certain point : c'est que c'était le moment où les femmes s'y promenaient, je l'ai su après coup, et pendant tout le temps de la promenade que j'abrégeai le plus possible, pressentant vaguement que nous étions de trop, l'œil inquiet du maître ne quitta pas le côté où on les avait réunies et duquel on nous éloignait.

L'heure du dîner était arrivé et Sidi Ahmida nous en fit les honneurs avec une grâce parfaite; il fut servi à l'européenne, mais composé de mets arabes, vraiment fort bons, quoique, ou peut-être parce que le piment n'y manquait pas. Puis nous descendîmes prendre le café dans la cour, sur un divan, assis à la mode arabe. La soirée était splendide, la température n'était pas trop chaude; vraiment on était bien sous ce coin du ciel, on se laissait vivre d'une vie étrange, à demi-fantastique, sous les sensations inconnues que nous donnaient et le lieu de la scène et les habitants. Tout à coup une musique sauvage se fait entendre qui vient en se rapprochant; elle franchit la porte, s'installe devant nous, et derrière elle se groupe une partie des habitants du village. Il y avait deux tambours, dont un joué à la main, l'autre à l'aide d'une baguette recourbée, une flute en roseau et une espèce de mandoline. Et aux accords de cette harmonie deux jeunes arabes de dix à douze ans se mirent à nous mimer une danse indescriptible. Ah! si au lieu de ces deux pauvres enfants nous avions eu sous les yeux deux almées, comme le spectacle eut été plus.... intéressant. Enfin tel quel, il avait sa valeur et sa couleur locale. Aussi en fûmes-nous très-contents et il termina fort bien notre soirée.

Le moment était arrivé de prendre du repos, car nous devions le lendemain repartir à quatre heures et demie du matin : il fallait donc être prêt à quatre heures pour prendre le café et se dire adieu. On nous quitta, et notre installation commença. On m'avait fait les honneurs d'une petite chambre séparée avec un lit et des draps, lit arabe par exemple, étroit et dur, mais je n'en aurais pas moins dormi, si les aboiements constants des chiens du village n'eussent mis à mon repos un obstacle insurmontable. Il paraît que mes trois jeunes camarades étendus sur leur divan eurent encore d'autres empêchements à leur sommeil; bref, à quatre heures, avant le jour, nous étions tous sur pieds, et à quatre heures et demie, ce matin, le café bu, ce viatique indispensable à tout voyageur dans les régions du sud, nous prîmes cordialement congé de nos hôtes et nous remontâmes dans notre charriot si peu suspendu, ravis de notre excursion et ne pensant guère aux secousses de la route. N'y étions-nous pas fait de la veille d'ailleurs? et l'on m'aurait offert de partir avec lui pour Touggourth que je n'aurais pas hésité une minute à m'y installer. Nous revînmes donc sans encombre, quoique très-secoués, très-ensoleillés, et avant dix heures nous étions rentrés.

Voilà, chère Madame, la plus curieuse excursion que j'aie encore faite, celle qui m'a réellement mis en contact avec l'Arabe et sa civilisation. Vraiment, je puis vous l'affirmer *de visu*, une oasis n'est chose si attrayante que par comparaison avec le désert qui l'entoure. La vie y est bien triste, les nouvelles n'y parviennent que difficilement, et je crains que dans leur intérieur, où je n'ai point pénétré, les habitants ne jouissent pas d'un grand confortable, L'excellence de leurs dattes ne suffit pas à tout racheter. Telle quelle, ils y sont attachés, et je le comprends comme je comprends l'attachement de l'habitant des Pyrénées ou des Alpes pour ses montagnes, ou celui du marin pour son navire : il croît en raison des peines et des difficultés de la vie. Seulement j'en suis revenu plus convaincu que jamais de l'antipathie qui existe entre les deux races, de l'impossibilité de les fusionner jamais. Ces gens là nous subissent sans nous accepter, et la force seule assure la soumission : tant qu'ils nous croiront forts, ils courberont la tête; tant que la force dans son type le plus élevé, dans la puissance militaire, les dominera, ils la respecteront.

Je me suis reposé, chère Madame et amie, en vous écrivant cette lettre; quand vous arrivera-t-elle? Je ne le sais au juste, car nous voici bien éloignés. Mais les distances ne font rien à l'affection ; je vous prie de croire que la mienne n'en a pas été diminuée et que je reste toujours

Votre très-respectueux et dévoué
serviteur et ami.

A. R.

LETTRE DOUZIÈME

Batna, 17 mai 1878.

Me voici donc, mon cher ami, revenu des limites du désert, un peu fatigué peut-être, mais ravi de cette excursion dans le sud et ne regrettant qu'une chose, de n'avoir pu la prolonger ; or vraiment je suis déjà fort en retard sur mes premières prévisions, et si je continue ainsi à m'attarder partout, je ne sais plus quand finira mon voyage ; il faut que je fasse des sacrifices ; j'en ai déjà fait, comme celui de Tunis, et j'en aurai d'autres encore, je m'y attends et je les regrette, mais je m'y soumets, car je ne puis avoir la prétention d'aller partout ; je dois seulement m'attacher aux points les plus importants. Je ne voulais rester que deux jours à Biskra, et j'y en ai passé quatre bien employés, je vous l'assure. On vous aura communiqué ma dernière lettre, et notre amie en vous donnant de mes nouvelles, vous aura parlé de ma course à Zaatcha. Elle a été la partie capitale, particulièrement intéressante, de mon voyage dans le sud, et seule elle eut pu suffire à le déterminer. C'est en voyant ces villages avec leur enceinte précédée de fossés, leurs abords couverts par des jardins clos de murs et de profondes rigoles d'arrosage, leurs rues tortueuses, en labyrinthe, leurs maisons basses, à simple rez-de-chaussée, couvertes en terrasses, aux murs formés de béton épais et durci par le soleil, que l'on comprend les difficultés de l'attaque, et l'acharnement de la défense. Si l'on ajoute à ces difficultés l'impossibilité d'un investissement complet qui aurait exigé trop de monde, la continuation des relations du défenseur avec les tribus voisines, les secours de tout genre qu'il en recevait, le peu d'effet de l'artillerie sur les constructions, la lenteur avec laquelle arrivaient les approvisionnements, on se rend un compte exact de toute l'énergie qu'il a fallu développer pour vaincre une résistance exaltée par le fanatisme. Je ne veux pas revenir avec vous sur cette excursion qui pourrait encore me fournir bien des réflexions, tant au point de vue militaire qu'à celui de nos relations actuelles avec les indigènes. Sur ceux-ci surtout, sur leurs mœurs, leurs habitudes, il y aurait fort à dire, mais je ne les connais pas assez pour en parler ainsi *ex-professo*, comme le ferait sans doute un reporter de journal : je ne veux rien dire de ce que je ne sais pas : seulement j'insiste toujours, parce que je suis frappé de plus en plus de ce fait qui me paraît évident, sur l'erreur que l'on a commise en cherchant à fondre la race vaincue dans la race victorieuse ; je les crois inconciliables à tous les points de vue, aussi bien que l'Indien peau-rouge est inconciliable avec l'Américain, et si l'on ne veut pas faire comme ce dernier, c'est-à-dire exterminer les races vaincues, il faut les laisser vivre de leur vie propre, à côté de la nation victorieuse, suivant leurs lois, mais soumises à la force, ainsi d'ailleurs qu'elles en ont l'habitude, et suivant qu'elles y sont préparées par leur croyance au fatalisme.

Laissons ces généralités et revenons à mon voyage, car je vous en ai promis le récit ; je vous le donne aux lieu et place de réflexions qui n'ont qu'un médiocre intérêt, et il me semble que les faits valent mieux que les raisonnements. Or j'ai à vous raconter deux excursions assez intéressantes, la première dans l'oasis même de Biskra, qui est très-étendue, la seconde à l'oasis de Sidi Ockba, située à l'est, à vingt ou vingt-deux kilomètres de Biskra. Commençons, s'il vous plaît, par la première que j'ai faite à cheval, avec un jeune camarade.

Cette oasis, je vous l'ai déjà dit, je crois, a une forme très-allongée du nord au sud, mais elle est assez étroite de l'est à l'ouest ; Biskra est située à la pointe nord, et plusieurs autres centres d'habitation, exclusivement arabes et peu importants, sont en différents points de l'oasis. Le tout est arrosé par une dérivation de l'Oued Biskra qui longe la limite est, et aussi par l'eau d'une source dont la température est assez élevée. Au centre, au point de réunion des routes conduisant aux divers villages, existait autrefois une forteresse ou bordj dont la possession impliquait la domination sur tout le pays : nous l'avons occupée et d'assez tristes souvenirs même s'y rattachent, car une colonne qui s'y était réfugiée lors d'un soulèvement du pays ne put s'y défendre contre les masses ennemies, et y fut prise et massacrée. Ce bordj a été démantelé lorsque le fort Saint-Germain fut construit, et il n'en reste plus aujourd'hui que les fossés et quelques pans de murs crénelés qui attestent son ancienne importance. Ces ruines même ne sont pas sans grandeur au milieu de leur solitude actuelle. On y voit quelques pierres romaines noyées dans la base des murs, qui cependant sont presque exclusivement construits en béton ou pisé, comme les maisons.

Ce n'est pas chose très-facile pour le promeneur de se retrouver au milieu de ces chemins sinueux le plus souvent bordés de murs qui closent les jardins, et traversés de distance en distance par les ruisseaux d'arrosage. Il nous fallut plusieurs fois pour retrouver notre route avoir recours aux indigènes, et de plus nos chevaux se faisaient quelquefois prier pour traverser les ruisseaux ; ils aimaient mieux les sauter, ce que je finis par laisser faire au mien, qui s'apercevait beaucoup trop que je manquais d'éperons, et qui en profitait malignement pour en user à sa guise. Nous rentrâmes par la route de Touggourth, large, droite, bien empierrée; mais il ne faut pas se fier à ce beau commencement, et l'on n'est pas encore sorti de l'oasis que la route se change en un chemin, puis en une simple piste dans le désert.

Cette promenade, faite au retour de ma course à Lichana, m'a fort intéressé, malgré la fatigue que je ressentais, malgré tout ce que j'avais vu la veille et le matin : et puis le vieux bordj turc m'avait montré un spécimen de fortifications assez curieux, et vous savez, mon cher ami, combien je me laisse facilement entraîner par toutes ces vieilles murailles qui ressuscitent un passé dont je me suis fort occupé. Je vous y ai conduit quelquefois à ma suite, malgré votre prudence habituelle, et vous ne compreniez pas mon ardeur. Malheureusement l'autre jour, j'étais à cheval, et je ne pouvais voir et parcourir à mon aise, à ma fantaisie, ces débris d'une forme nouvelle pour moi. Décidément on n'est bien son maître, on ne voit bien, que si l'on est à pied, libre de tous ses mouvements : une exploration complète et utile ne peut se faire du haut d'un cheval, et je pense avec regrets à tout ce que j'ai perdu en restant en selle; mais je n'avais personne pour tenir ma bête.

Avant-hier matin, c'est en voiture que je suis allé à Sidi Ockba, conduit par un nègre du pays fort intelligent. A part la traversée à gué de l'Oued Biskra, qui n'est pas toujours fort commode à cause des nombreux cailloux qui jonchent son lit, la route est bonne et facile ; elle est animée d'ailleurs, et nous y avons croisé ou dépassé de nombreuses caravanes de chameaux, qui profitaient comme nous d'une fraîcheur matinale relative. Avant huit heures nous étions rendus à la maison du cheick, Si Mohammed Bel Hadj, autre fils de Mohammed Ben Gannat, le caïd de Biskra, qui nous attendait, et après le café et les compliments il nous conduisit visiter le village. Notez bien que chez tous ces chefs, nous ne voyions jamais que les pièces livrées au public ; leur demeure proprement dite nous restait fermée, et je n'ai pu juger ni de leur installation ni de leur ameublement ; je ne voyais que l'extérieur : l'intérieur restait clos pour moi, pour le Roumi. Le cheick de Sidi Ockba ressemble beaucoup à son frère ; même air de douceur et de dignité, même manière de parler le français, même costume aussi. Il nous montra avec complaisance deux belles juments qui étaient dans sa cour, deux bêtes de race et de valeur, auxquelles nous fîmes beaucoup d'amitié ; l'une d'elles, pour me remercier, me mangea un coin de mon chapeau, quoiqu'il ne fût ni de jonc ni de paille. C'était d'ailleurs de la part de Bel Hadj un acte de supériorité que celui de nous laisser ainsi examiner et caresser ses belles bêtes : chez beaucoup d'autres Arabes on ne nous l'aurait pas permis, ou au moins on ne l'aurait fait qu'avec répugnance, de peur des mauvais sorts que nous aurions pu jeter sur elles.

Nous partîmes ensuite pour visiter le village : qui a vu un village d'oasis en a vu dix ; c'est toujours le même mode d'enceinte, les mêmes rues étroites, tortueuses, avec des passages couverts, les mêmes maisons à terrasses, à simple rez-de-chaussée, construites en pisé et béton. Seulement je m'arrêtai avec beaucoup d'intérêt à certaines parties de l'enceinte qui offrent de nombreux restes de monuments romains, et des fragments d'inscription. Dans quelques-unes de ces pierres sont évidées de véritables poignées pour attacher les bêtes de somme. Ce travail de refouillement ne me paraît ni arabe, ni turc ; car il exige un art véritable, et ces deux nations n'ont jamais été habiles à tailler la pierre. Il faudrait donc le faire remonter aux Romains eux-mêmes, et je n'en ai pas encore vu de pareil : je le signalerai à mes amis les archéologues.

La mosquée attira particulièrement mon attention ; elle est remarquable par son antiquité (elle date de la fin du VIII° siècle) ; elle est construite près du tombeau ou Kouba de Sidi Ockba, qui a donné son nom à l'oasis. C'était un personnage très-vénéré, et l'on vient prier de très-loin sur sa tombe ; cette vénération se reporte naturellement sur la mosquée. De beaux tapis superposés ornent la tombe du Marabout. A la mosquée est annexée l'école des enfants; ils étaient réunis à l'heure de notre arrivée, et c'était plaisir de voir la mine éveillée et intelligente de tous ces *muchachous* qui nous regardaient avec le même intérêt que nous mettions nous-même à les inspecter. Mais sur un signe du maître ils se remirent au travail; les uns lisaient, les autres écrivaient sur des ardoises des versets du Coran, et ils traçaient avec sûreté et rapidité les caractères arabes, si difficiles cependant : je doute que l'instruction soit supérieure dans nos écoles primaires de village, et je fus très-étonné de la trouver aussi avancée dans ce coin reculé.

A notre sortie de la mosquée nous traversâmes des rues fort animées; c'était jour de marché, et puis on voulait nous voir, mais la présence du cheick contenait la curiosité des Arabes si vive sous leur apparence de calme. Ce qui me frappa certainement le plus, ce fût les nombreux petits métiers exercés par des ouvriers ambulants, et la simplicité des moyens qu'ils emploient pour faire leurs travaux. Le soufflet du forgeron composé de deux outres qui se gonflent et se dégonflent alternativement, le tour de l'ouvrier en bois, attirèrent surtout mon attention. Mais l'heure avançait; il nous fallut refuser le déjeuner du cheick, car nous étions invités chez le commandant supérieur, et nous nous mîmes en route après deux heures et demie de séjour bien employées. Le retour s'effectua heureusement, malgré une forte chaleur et un soleil brûlant ; nous y eûmes la vue et la jouissance d'un phénomène de mirage très-complet; il y en a fréquemment, dit-on, dans ces parages. Nous vîmes très-nettement l'apparence d'un lac dans lequel venaient se réfléchir dans une position renversée les palmiers d'une oasis qui formait au sud à une assez grande distance le fond du tableau : c'était vraiment ce spectacle ravissant dont nous parlent les voyageurs, spectacle trompeur, mirage, c'est bien son nom, qui fait croire à de pauvres gens brûlés par la chaleur, étouffés par la poussière, abattus par la soif, qu'ils ont devant eux cette eau tant désirée; triste fiction qui s'éloigne à mesure qu'ils la poursuivent! N'est-ce pas un peu l'image du bonheur ici bas? Le bonheur, nous le poursuivons tous, et quand nous croyons l'atteindre, il nous échappe, que nous ayions cru le trouver dans un mirage ou dans les nuages.

Le déjeuner in fiocchi chez le commandant supérieur mérite une mention spéciale, et par lui-même, et à cause des convives qu'il réunissait à la même table. Il y avait naturellement des officiers, avec leurs femmes, puis des chefs arabes, l'agha de Touggourth qui amenait sa smalah pour l'été dans des régions moins chaudes, dans les montagnes de l'Aurès, le caïd de Biskra, et encore les cheicks de quelques tribus voisines, enfin un envoyé du ministère de l'intérieur, avec sa femme; il était arrivé de la veille et repartait le surlendemain. J'avoue que je n'ai pu ni comprendre la mission que remplissait ce Monsieur, ni le classer lui-même : la femme avait l'air d'être plus curieuse que le mari ; elle est fille d'Eve, et par suite elle aime à voir et à savoir.

Quant au déjeuner, il était, bien entendu, servi à la française ; le seul plat vraiment arabe fût le mouton rôti en entier ; je vous avoue que je trouve cela médiocre, et que j'aime mieux un bon gigot à la broche : mais je m'amusai fort à voir l'adresse des chefs arabes pour s'en servir avec leurs doigts. Je remarquai aussi sans grand étonnement que la civilisation avait fait chez eux certains progrès et qu'ils foulaient aux pieds assez volontiers le précepte de Mahomet leur défendant le vin. Je passai l'après-midi à causer, à faire quelques visites d'adieu, quelques acquisitions d'objets du pays, à remettre en ordre mon léger bagage, et après un modeste dîner auquel j'avais invité deux ou trois camarades je songeai au repos, car je partais le lendemain de grand matin pour Batna, avec deux compagnons de route qui rentraient en France.

Le voyage de Biskra à Batna fut au retour plus agréable qu'à l'arrivée ; d'abord nous fîmes à El Kantara un déjeuner beaucoup meilleur, une grande halte plus confortable qu'à la baraque si remplie de mouches où nous avions dû nous arrêter à l'allée. Ensuite nous eûmes beaucoup moins chaud : il y eut même un moment de transition brusque assez pénible : nous étions partis de Biskra à trois heures du matin avec une bonne et sèche température, que nous gardâmes jusqu'au col de Sfa ; mais au moment où nous le franchîmes, où nous entrâmes dans les défilés de l'Aurès, un manteau d'humidité froide nous enveloppa, et je fus glacé malgré mes vêtements de drap, malgré ma couverture de voyage : cette fraîcheur trop grande dura plus d'une heure et me fut pénible surtout par comparaison avec les chaleurs de la région que nous abandonnions.

En somme Biskra, pays fort curieux pour le touriste, est une bien triste résidence pour l'européen, qui y souffre cruellement du climat. L'hiver y est très-beau sans doute; mais l'été avec 55° de chaleur y est insupportable : on n'a plus de force, on ne peut plus s'occuper. Et puis outre cet affaiblissement général qui n'engendre que trop souvent des maladies de foie, on y craint encore les ophtalmies, et surtout certains ulcères, auxquels on donne le nom typique de clous de Biskra; ils se développent sur les membres, sur la figuré même, et durent quelquefois deux ou trois mois sans que la médecine puisse y rien faire. Une première année on résiste assez bien; mais loin de s'acclimater, on perd d'autant plus ses forces que l'on reste plus longtemps; aussi me paraîtrait-il désirable à tous égards que les troupes et les employés ne séjournassent jamais plus d'une année dans cette petite ville. J'ajoute que l'eau n'y est pas très-bonne; elle est plus ou moins saumâtre, comme dans toutes les oasis; on est heureux si elle n'est pas avec cela trouble, terreuse. C'est ce qui se passe quand l'oasis n'a pas de source, mais que l'eau lui vient par un canal d'une oasis voisine; elle arrive alors jaunâtre, chargée de terre, bonne au plus à l'arrosage. J'en ai vu de pareille avant-hier à Sidi-Ockba : ce n'est pas là l'eau que l'on boit, dis-je au cheick qui m'accompagnait. Il n'y en a pas d'autre, me répondit-il; on la laisse seulement un peu reposer. Mais ce n'est pas l'eau que tu bois, repris-je, ou bien tu la fais filtrer. Nous, les riches, me dit-il, nous envoyons des chameaux chercher l'eau à la source dans l'oasis voisine, mais le pauvre se contente de celle que tu vois. Pauvres gens, je les plains. Quant au filtre, je n'insistai pas, car je vis bien que mon chef ne savait ce que c'était.

Enfin, me voici rentré à Batna; je m'y repose un peu en attendant que je reparte ce soir pour Constantine où je rentre demain matin, après neuf jours d'absence, neuf journées bien employées et qui me laisseront d'agréables souvenirs. Comme il y a dans cette armée trop décriée, trop abaissée après nos revers de 1870, d'excellents éléments! Sans doute tous ses membres n'étaient pas sans reproches, et du bas en haut de l'échelle, on trouvait à critiquer, à modifier, à améliorer surtout; car vous le savez, mon ami, je suis conservateur d'abord; je ne crois pas qu'il faille détruire pour reconstruire, sans tenir compte des progrès acquis. Or aujourd'hui on détruit, c'est l'esprit révolutionnaire ; c'est cher, il est vrai ; ce que l'on construit vaut souvent moins que ce que l'on a renversé ; on paiera des essais successifs inutiles, pour revenir finalement à une simple modification de l'ancien état de choses lentement créé par l'expérience. Mieux eût valu commencer par là. Mais ne sortons pas de l'armée ; on y trouve plus de travail, plus de travailleurs qu'on ne le croit généralement. Ainsi à Biskra, un jeune camarade m'a montré des travaux considérables sur notre histoire militaire, et il trouve encore le moyen de s'occuper de géologie. Ainsi à Batna, je viens de voir un autre officier qui s'occupe de paléontologie et particulièrement d'anthropologie, et qui a réuni une très-belle collection de têtes humaines des différentes races. Il faut avoir du courage pour travailler sous ces latitudes ; je crois que j'y prendrais facilement le goût de ne rien faire, et je suis cependant bien antipathique à la vie contemplative des orientaux.

Adieu, mon cher ami, l'heure avance ; il faut que j'aille jeter cette lettre à la poste ; elle marchera avec moi, d'ailleurs, jusqu'à Constantine, dans la même voiture ; de là elle vous arrivera je ne sais quand. Ce que j'espère bien, c'est de trouver à la poste du chef-lieu de la province, de nombreuses lettres de vous et d'autres : j'en suis privé depuis dix jours, et c'est long avec nos habitudes.

Je ne suis pas encore fixé d'ailleurs sur mon itinéraire pour rentrer à Alger; je l'arrêterai d'après les conseils de mes amis, et je vous en ferai part. Adieu encore une fois, et une cordiale poignée de mains de

Votre tout affectionné et dévoué.

A. R.

LETTRE TREIZIÈME

Constantine, 20 mai 1878.

Je vous ai écrit il y a peu de jours, chère Madame et amie, une assez longue lettre datée de Biskra, et je ne tarde pas, comme vous le voyez, à reprendre la plume pour venir causer encore avec vous, heureux si je puis parvenir à vous intéresser, à vous faire partager mes impressions, heureux aussi de vous prouver que je pense à vous, que je m'occupe de vous. En rentrant ici avant-hier, j'ai trouvé à la poste un assez grand nombre de lettres, mais quelques-unes manquaient à l'appel, et j'en ai été peiné : il y a longtemps que je sais par expérience que peu de personnes aiment à écrire. J'avoue très-franchement que c'est pour moi au contraire un véritable plaisir, et souvent j'écris pour moi-même autant au moins que pour la personne à laquelle je m'adresse : n'en concluez pas, je vous en conjure, que celle-ci peut en profiter pour ne pas me répondre, alléguant qu'elle ne me doit rien ; ce serait un faux raisonnement, car je n'ai pas moins de plaisir à recevoir des lettres qu'à en adresser.

Enfin me voici rentré à Constantine, et je vais y rester quelques jours pour étudier cette ville intéressante et ses environs ; j'y suis très-gracieusement reçu, et je veux profiter de cet excellent accueil. Avant toutefois de vous en parler, j'ai bien envie de revenir sur mes pas, et de vous ramener à Biskra. C'est peut-être un peu imprudent de ma part, un peu osé, car l'heure est indue, et l'endroit où je vais vous conduire n'a pas très-bonne réputation. Bah! vous avez un peu de confiance en votre conducteur, et beaucoup de curiosité par dessus le marché ; prenez donc mon bras et mettons-nous en route : il est dix heures du soir, et les rues de Biskra sont encore assez animées, surtout celles où nous arrivons. Voici des promeneurs, quelques cafés maures sont ouverts, et des lanternes en assez grand nombre, pendues aux petites fenêtres du premier étage, éclairent à peu près la scène. Sur le trottoir sont assises de distance en distance, et toujours au-dessous des lanternes, sur des nattes, des jeunes femmes qui n'ont pas, on le voit, une vertu farouche, mais qui sont assez curieuses à étudier. Elles appartiennent presque toutes à la tribu des Ouled-Nayls qui campe dans le Hodna, un peu au sud de Bou-Sada. Leur teint est brun foncé, presque noir ; mais leurs traits sont fins et délicats ; elles sont richement habillées, et couvertes surtout, des pieds à la tête, de beaux et nombreux bijoux. Ces pauvres femmes n'ont d'ailleurs aucune conscience du triste métier qu'elles font, et leur morale n'est pas la nôtre ; elles viennent ici pour gagner un peu d'argent, et quand ces brillantes fleurs du désert auront amassé une somme un peu ronde, qu'elles transforment souvent en bijoux, qu'elles portent toutes sur elles par conséquent, elles rentreront dans leur tribu où elles trouveront à se marier convenablement, échangeant volontairement leur ancienne et trop grande liberté contre la demi-servitude de la femme arabe. Ne restons pas à causer sur la porte de celle-ci qui a l'air si décent, mais entrons chez elle, et offrons-lui le café, le kawa ; nous pourrons ainsi la regarder et causer plus librement ; elles parlent toutes, en effet, le français avec plus ou moins de facilité. Nous montons donc au premier étage par un escalier arabe, c'est-à-dire formé de marches raides et inégales, et en outre fort étroit, et elle nous introduit dans une petite chambre tendue de beaux tapis ; des nattes épaisses recouvrent le sol, c'est sur elles que l'on s'asseoit ; quelques coussins servent d'appui. Au fond, dans une demi-alcôve est un petit lit arabe bien étroit, recouvert aussi de tapis. Une lanterne tunisienne accrochée au plafond contient les bougies qui nous éclairent.

La conversation s'engage alors, et notre Ouled, fort complaisante, nous montre ses bracelets qui ont conservé la forme antique retrouvée dans les tombeaux romains, et les chaînes qui ornent son cou et retombent sur sa poitrine et sur sa veste de velours brodée d'or et d'argent : les bras et les jambes sont nus, les pieds sont chaussés de petites babouches brodées : une ceinture relie la veste à un large pantalon de laine blanche; elle est maintenue par une énorme agraffe en argent doré travaillée au repoussé. Mais ce qu'il y a de plus remarquable est sa coiffure. Ses cheveux disparaissent sous une calotte que recouvre un turban noir surchargé d'une ferronnière large et riche, et trois chaînettes d'or en descendent pour passer sous le menton et former une espèce de jugulaire très-lâche qui encadre la figure. Cet ensemble ne manque pas d'élégance : pourquoi faut-il qu'il soit déparé par la déplorable habitude qu'ont les femmes de ce pays de se teindre avec du henné, en jaune rougeâtre, les ongles et même le bout des doigts, de joindre avec du khol leurs sourcils déjà si noirs, et enfin, ce qu'il y a de pis, de se tatouer le front, les joues et le dessus des mains avec des dessins en lignes bleues.

Cependant un beau nègre, tout habillé de blanc, nous apporte sur un plateau le kawa dans trois tasses bien fines, et il s'accroupit à la porte pour attendre que nous ayions terminé, ce qui ne peut être long, car les tasses sont petites. La dépense est réglée, il faut nous en aller. Vous voudriez bien, je le vois d'ici, que je vous laissasse seule avec cette femme, afin de pouvoir pousser plus loin vos indiscrétions : mais je ne m'en soucie pas, il est trop tard, chère Madame, il faut que chacun rentre chez soi, et surtout je ne trouve pas que vous deviez rester seule en cet endroit. Je suis bien sûr que vous ne regrettez pas maintenant d'être ainsi revenue sur vos pas, et que cette visite aux Ouleds vous a offert un certain intérêt. Nous l'avons faite en nous glissant le long des murailles et personne ne nous a vu ; soyez donc sans crainte, je serai moi-même discret.

Que vous dirai-je de mon retour à Batna par la voiture qui m'avait emmené? Vous la connaissez, et les vingt-quatre heures de repos que j'ai pris dans cette petite ville n'ont rien amené qui mérite de vous être raconté. Il me faut encore voyager de nuit pour revenir de Batna à Constantine, et la lune me permet d'apercevoir sur la droite une pointe que je prendrais pour un accident du sol, si je ne savais qu'au lieu d'une montagne conique, j'ai devant les yeux un monument très-curieux de l'orgueil et en même temps de l'industrie de l'homme : c'est un tombeau en pierres de taille, élevé sous forme de pyramide. Cette immense construction ne porte aucune date; on l'attribue à quelque roi de Numidie ou de Mauritanie vivant du IIe au IVe siècle, un Syphax quelconque, mais on n'a aucune certitude à cet égard; je le passe donc sous silence de même que j'ai passé devant lui sans m'arrêter : on le nomme le Medra-Sen. Il y a d'ailleurs en Algérie plusieurs monuments de même espèce, j'aurai peut-être occasion plus tard d'en visiter un.

Enfin j'arrive à Constantine à cinq heures du matin, rendu méconnaissable par la poussière qui me couvre : quel bonheur de se laver à grande eau, d'avoir des vêtements propres ; quel plaisir aussi d'aller retrouver aussitôt que l'heure le permet, les amis que j'avais laissés ici, et de leur raconter l'excursion qu'ils ont rendue plus facile par leurs indications, par leurs recommandations. Puis je penserais bien un peu aussi à me reposer ; ma nuit blanche serait pour cela mieux qu'un prétexte. Mais non : touriste, il faut que tu marches ; voyageur, il faut que tu voyages, et l'on m'entraîne à un *Rally-Paper* que donnent les officiers de la garnison. Je suis un peu confus de ma tenue simple et plus que modeste ; mais je finis par céder à d'aimables instances. Ici on ne suit pas la chasse ; elle a lieu en des terrains trop accidentés, trop difficiles non-seulement pour les voitures, mais même pour de méchants écuyers comme moi. Les invités sont réunis sur un point dominant duquel ils pourront suivre sans se déranger toutes les péripéties de la course. Cette organisation offre un autre avantage, c'est que rien n'est prévu à l'avance, sauf le point de départ et d'arrivée, qui est sous nos yeux, dans une prairie dépendant du polygone d'artillerie.

Le cavalier chassé part donc seul, sautant devant nous haies et fossés et commençant à semer les petits papiers qui donnent sa piste aux chasseurs ; ceux-ci au nombre de trente-cinq ou quarante se groupent sous nos yeux, et il est vraiment beau de voir réunie cette forte et ardente jeunesse ayant peine à retenir ses montures. Il est encore plus beau de les voir à un signal donné, quinze ou vingt minutes après le départ de la bête, s'élancer ensemble sur ses traces, sautant à l'envi les obstacles, tandis que les fanfares sonnent le départ et que tous les invités applaudissent avec frénésie.

Cependant celle-ci n'a pas perdu son temps ; nous la voyons alternativement disparaître dans les ravins, puis se montrer sur le flanc des coteaux : elle s'engage habilement dans le lit d'une petite rivière, se repose un instant cachée sous les lauriers roses, va, vient et revient, de manière à mettre Brifaut en défaut, comme le dit le Fabuliste, et se repose encore. De son côté la troupe des chasseurs suit la piste, et la fanfare nous envoie les sons joyeux du bien-aller : mais ceux-ci s'éteignent lentement, nous voyons de loin le désordre se mettre dans la troupe, la piste est évidemment perdue, les ruses de la bête ont un moment de succès. Il n'est pas long : le chasseur en revoit et le cor se fait entendre de nouveau ; bientôt nous voyons déboucher la bête d'abord, et toute la meute, je veux dire la chasse à ses trousses : les trompes entonnent le laisser-courre à vue, qui se fait sous nos yeux : c'est le moment pour les cavaliers de déployer tous les moyens de leurs montures et aussi toute leur dextérité; chacun rivalise pour sauter les haies, pour franchir les fossés. Un instant la pauvre bête croit pouvoir arriver jusqu'à nous et se sauver ainsi dans les rangs, je n'ose dire dans les bras des dames, mais un chasseur mieux monté sans doute, la dépasse, elle est vaincue, et les fanfares sonnent l'hallali de toute la puissance de leurs poumons. Le vaincu d'ailleurs ne mérite pas moins de félicitations que ses vainqueurs, car s'il n'eut pas dû, suivant la convention faite, les attendre pour terminer la fête par une chasse à vue, il leur aurait échappé sans aucun doute.

Le dîner qui suivit fut très-gai, et non moins gai le bal qui clôtura la soirée. Mais vous savez, chère Madame, que le bal n'a plus d'attraits pour moi; en outre je ne pouvais oublier que j'avais passé en diligence la nuit précédente; aussi vers dix heures je me fis reconduire en ville à mon hôtel.

Il y a de charmantes promenades autour de Constantine, et mes amis se sont entendus pour m'en faire faire quelques-unes. Ainsi hier je suis allé voir l'ancienne poudrerie, qui ne fonctionne plus aujourd'hui, mais dont on conserve les bâtiments et les jardins : elle est à l'aval du Rummel, près de l'endroit où il quitte la ville; j'ai visité en même temps la cascade que forme cette rivière au point où elle sort de ses gorges profondes. Quand je dis la cascade, je veux dire son emplacement ; car à peine si un mince filet d'eau l'indiquait alors ; mais on comprend que lors d'une crue, l'eau qui arrive en masse et tombe d'une grande hauteur, doit offrir un magnifique spectacle. La vallée qui s'élargit en ce point est toujours arrosée, aussi est-elle d'une fraîcheur remarquable. Ce sont des sources thermales situées un peu au delà de la rivière qui fournissent ces irrigations, et l'on y a établi des bains au milieu des ruines de thermes romains que l'on rencontre à chaque pas : ce sont les bains de Sidi-Mecid. J'avais formé le projet non seulement de les visiter, mais de me plonger dans leurs eaux bienfaisantes. J'en fus détourné par le peu de propreté de l'établissement, par sa mauvaise tenue. Il y avait beaucoup de monde d'ailleurs, des juifs surtout qui étaient venus en famille se baigner, puis goûter dans les jardins : on dit qu'il y a pour ces parties d'assez commodes petits réduits, on prétend même qu'ils ne sont pas toujours assez discrets. Je me suis contenté de me promener dans les jardins, et je dois dire que j'y ai trouvé chez les femmes une liberté de tenue extraordinaire. Vous savez que je suis peu partisan des exhibitions, et vraiment certaines de ces dames exhibaient beaucoup trop.

Ce matin j'ai couru la ville avec une ancienne connaissance pour chercher des objets arabes, des bijoux surtout, et je me suis fort amusé de la manière de traiter avec les juifs qui les vendent généralement. Si on les écoutait, on les paierait le double de leur valeur, et il ne faut pas hésiter à offrir moitié de ce qu'ils en demandent : c'est même déjà beaucoup. Nous avons fait ainsi quelques acquisitions de bijoux qui m'ont paru intéressants : j'ai acheté aussi et expédié immédiatement par la poste à un filleul de jolies petites babouches d'enfants.

Je venais de quitter les vieux quartiers de cette ville sentant encore le moyen-âge et la persécution, car le juif n'était pas plus heureux chez le musu'man que chez le chrétien, lorsque j'entendis un bruit inusité dans la grande rue : il arrivait jusqu'à la fenêtre de ma chambre ; les sons discordants de la musique du pays se mêlaient à une espèce de chant d'un rhythme inconnu. Je me précipitai au balcon, et je vis une longue procession arabe, précédée de la musique susdite, à la suite de laquelle on portait les étendards sacrés tirés de la mosquée. Venaient après les muphtis, et la foule du peuple suivait religieusement, mais sans grand ordre, il faut l'avouer. Il n'importe ; le spectacle était intéressant. Je sus plus tard que cette procession était faite dans le but d'obtenir du ciel que la sécheresse prît fin : elle était grande en effet depuis un mois et menaçait les récoltes. Dans l'église catholique on faisait aussi des prières à la même intention. Mais la procession mahométane n'était qu'un premier acte : Si Allah ne se laisse pas toucher par cette première demande, on la recommence, seulement on y ajoute une autre cérémonie : comme la procession se dirige toujours vers une source, puits ou fontaine, on prend l'un des muphtis, et on l'y plonge sans s'inquiéter s'il est satisfait ou non. Quelquefois même la cérémonie se change en une véritable exécution ; le pauvre muphti est rendu responsable de la surdité d'Allah, et c'est avec colère qu'on le plonge et replonge au fonds du puits, la scène tourne au tragique. Cela me rappela, une pratique analogue existant en Roussillon pour le même cas de sécheresse : il est un saint que l'on invoque particulièrement pour faire cesser le fléau, et l'on promène processionnellement sa statue en bois en chantant un hymne en son honneur, un *goig*, quand on veut avoir de la pluie. Mais s'il ne fait pas pleuvoir, on se fâche, on lui dit dit des sottises, et on va le précipiter à la rivière : on prétend qu'il cède toujours à cette injonction suprême et que Dieu ne peut lui refuser la pluie demandée, tant sa prière est alors instante. Etrange ressemblance entre les pratiques religieuses de deux pays si éloignés et si dissemblables. N'est-ce pas une marque de l'unité d'esprit qui a présidé à notre venue sur la terre ?

J'ai été plusieurs fois témoin d'une autre cérémonie, celle d'un enterrement musulman. Le défunt est porté à l'épaule sur une civière recouverte d'un grand drap vert avec des inscriptions en lettres rouges. En avant et ouvrant la marche sont les muphtis, marabouts, etc., chantant à tue-tête des versets du Coran sur un rythme que je n'ai pu comprendre : chantaient-ils ensemble suivant une espèce de canon, ou agissaient-ils isolément et chacun pour leur compte, je n'ai pu le deviner, mais l'effet produit n'était pas désagréable quoique un peu barbare. Derrière la civière suivait assez en ordre la foule des parents et des amis : il n'y a jamais de femmes, bien entendu. La manière dont le pauvre mort est porté est très-remarquable : comme d'après le Coran, c'est une œuvre pie de prêter son épaule pour mener un défunt à sa dernière demeure, chacun veut y participer, non pas seulement les parents et amis qui le conduisent, mais tous les passants : chacun se fait un honneur et un devoir de se déranger de son chemin ou de son travail pour tenir ne fut-ce qu'une demi-minute un des bras de la civière ; celle-ci s'avance donc ainsi, roulant pour ainsi dire d'épaule en épaule, mais sans bruit, sans tumulte, sans désordre, c'est un acte pieux que l'on accomplit avec toute la gravité musulmane. C'est un reste de la loi judaïque que Job observait en ensevelissant ses frères hébreux dans les plaines du Sennaar, malgré les défenses du grand roi ; c'est une image extérieure affaiblie du même devoir que nous prêche la religion chrétienne et qui y a toujours été observé soit par des corporations, soit par des particuliers fervents : c'est la marque de respect dû à un corps qui fut doué d'une âme faite à l'image de Dieu : en France nous nous contentons de nous découvrir devant lui ; en Orient on fait davantage, on lui donne un coup d'épaule pour le porter au cimetière.

Une grande partie de cette lettre ayant été consacrée à vous parler des mœurs de cette ville qui conserve si bien son cachet arabe, à la grande satisfaction du touriste qui hait l'uniformité de notre monde européen, qui regrette la disparition des anciennes coutumes, je ne veux pas la terminer sans y ajouter un mot bien court sur la femme arabe. Elle vit plus cachée peut-être encore à Constantine qu'à Alger, et l'on en rencontre fort peu dans les rues. Il semble même que cette habitude de réclusion ait gagné la race juive, et il m'a paru que je rencontrais aussi moins de femme de cette nation. Le costume des femmes arabes est à peu près le même que je l'ai vu à Alger ; toutefois j'y ai remarqué une différence ; les femmes de Constantine n'ont pas le même pantalon bouffant serré à la cheville par une manchette ; mais leurs burnous descendent plus bas, presque jusqu'à terre, et les enveloppent aussi complètement. Quant à vous, Mesdames, vous êtes toujours les mêmes, à Paris, à Alger et à Constantine ; la mode vous tyrannise aussi bien ici qu'en France et vous la subissez avec plaisir, vous allez même au devant, en vous plaignant bien bas des prétendus ennuis qu'elle vous cause. Vous aimez les contrastes, et il n'en manque pas ici, non-seulement dans les toilettes, mais en toutes choses.

Adieu, chère Madame et amie; ma première lettre sera datée d'Alger. Comment y retournerai-je, je ne le sais pas encore : mais ce qu'il y a de bien certain, c'est que je ne m'enfermerai pas dans la grande diligence qui met quarante-huit heures à faire ce trajet. Je ne m'imposerai pas ce genre de supplice auquel nous ne sommes plus habitués. Croyez, je vous prie, à la respectueuse affection que vous conserve en Algérie comme en France

Votre tout dévoué serviteur.

A. R.

LETTRE QUATORZIÈME

Sétif, 24 mai 1878.

Je suis arrivé ici ce matin, mon cher ami, après une nuit de voiture fort ennuyeuse, car on voyage ainsi pour ne rien voir, et l'on se fatigue inutilement. Je comptais vous écrire de Bougie seulement, où je serai demain soir, où je passerai deux jours francs, le bateau qui me ramènera à Alger ne quittant Bougie que le lundi 27 à dix heures du soir. Mais j'ai un moment de repos avant de me mettre à courir la ville de Sétif et j'en profite pour venir causer avec vous. Ma lettre sera courte d'ailleurs, car des camarades m'attendent pour me promener, et il ne faut pas que je m'attarde la plume à la main n'ayant qu'une journée à passer ici. A Bougie j'aurai peut-être un nouvel instant de liberté dont je profiterai de même, et alors deux lettres vous arriveront à la fois; vous saurez bien les prendre dans leur ordre.

Mais revenons à Constantine, car j'ai encore bien des choses à vous raconter sur mon séjour dans cette ville, sur tout ce qui m'y a intéressé.

J'y suis resté plus longtemps que je ne le pensais d'abord, et cependant j'aurais eu besoin de beaucoup d'autres journées pour tout voir, pour tout étudier. Un de mes premiers soins avait été de me renseigner sur la manière d'organiser mon retour à Alger en voyant le plus de choses possible. Les uns me conseillaient de prendre la route ordinaire de terre par Sétif et par les gorges de Palestro, par les Portes de Fer; d'autres au contraire m'engageaient vivement à gagner Bougie par Sétif, en suivant les gorges du Chabet-el-Acra, dans la partie est de la Kabylie. Le prix insensé que l'on me demanda pour me rendre de Bordj-Bou-Aréridj à Aumale par les Portes de Fer, fit cesser mes indécisions, et j'adoptai la seconde route; seulement j'étais ainsi obligé de conformer mon itinéraire à celui du bateau à vapeur faisant escale à Bougie : c'était deux ou trois jours de plus à donner à Constantine; je ne pouvais m'en plaindre, j'y étais trop bien reçu, et tout fut arrêté pour que je prisse cette voie. Je pus donc continuer mes promenades dans et autour de la vieille Cirta.

Il y en a une fort intéressante et qui n'est pas bien longue, c'est la visite aux grands étangs qui servent de réservoir pour les eaux de la ville. Ils sont sur un plateau nommé le Djebel-Ouach, à douze kilomètres environ de distance, à treize cents mètres d'altitude, tandis que Constantine est à six cent cinquante mètres seulement dans ses points les plus élevés. La route qui y conduit est peu variée, mais on est dédommagé par le site du Djebel-Ouach : on y a fait de très-belles plantations, dessiné des allées; et c'est un lieu de promenade charmant et toujours très-frais. C'est à un colonel du génie en retraite, maire de Constantine, que cette ville doit l'organisation du Djebel-Ouach et par suite les eaux nombreuses dont elle est pourvue aujourd'hui. Elle s'est d'ailleurs montré reconnaissante de cet immense bienfait en venant généreusement au secours des enfants de M. de Contencin que la mort de leur père laissait dans une position précaire.

En allant au rally-paper, j'avais aperçu le long de la route, près de la porte de la Brêche, un jardin public contenant des antiquités en assez grand nombre : c'est le musée de la ville et la critique peut trouver à s'y exercer. D'abord il est fâcheux de laisser en plein air ces monuments dont quelques-uns sont fort intéressants et délicats de sculpture; puis l'ordre manque dans leur arrangement, et beaucoup d'entre eux sont placés sens dessus dessous : je citerai particulièrement les chapitaux de colonne : vous me voyez d'ici enrageant de cette déplorable erreur, qu'il serait si facile de réparer. On trouve partout des restes nombreux d'antiquité : j'en ai vu moi-même de très-beaux dans des démolitions, et il est fâcheux que tout cela se perde ou se dégrade.

Parmi les restes de construction romaine les plus complets, on compte les citernes de l'antique citadelle, qui sont en parfait état, et servent à la citadelle actuelle pour le même usage : elles font partie de l'immense bâtiment des subsistances militaires. La citadelle contient aussi l'arsenal : je n'allai pas y chercher tous nos engins de destruction perfectionnés, mais je me fis conduire dans les jardins qui en dépendent pour voir la pointe de rocher de laquelle, suivant la tradition, les beys faisaient jeter leurs femmes en disgrâce dans le lit du Rummel, à cent mètres environ de profondeur, au point même où on le traverse pour aller aux bains de Sidi-Mécid, non loin de la cascade. Il faut avouer que cette nouvelle roche tarpéïenne était assez bien choisie, et que les pauvres femmes n'avaient pas grande chance d'échapper à la mort.

Que vous dirai-je encore de Constantine? Il m'y a échappé certainement bien des choses, et en outre je ne puis, sous peine de vous ennuyer, détailler tout ce que j'ai vu. Je vous ai dit un mot des parties les plus importantes ; je me tais sur le reste. Mais il est une course, une véritable expédition, que deux jeunes camarades ont bien voulu me faire faire au dehors, et elle est trop curieuse pour que je la passe sous silence. Les Romains avaient découvert à vingt-cinq kilomètres de leur Cirta, la Constantine actuelle, en descendant les rives du Rummel, une position défensive absolument semblable à la première. Or celle-ci étant encombrée par une population devenue trop nom-

breuse, ils voulurent avoir dans les environs une
position exclusivement militaire pour maintenir
les indigènes toujours insoumis, et ils choisirent
ce plateau du Khreneg, parfaitement approprié
à cette destination. Il avait été remarqué déjà an-
térieurement par des populations peu connues,
mais qui y ont laissé comme trace de leur occupation des monuments mégalithiques qui subsistent encore. C'était les débris de cette cité
militaire qu'il s'agissait d'aller visiter, et comme
ils sont dans un lieu aujourd'hui désert et écarté
de toute route, il fallait nous munir de provisions.
A six heures du matin nous montons avec elles
dans un breack plus solide qu'élégant, et nous
descendons d'abord la route de Philippeville. Mais
bientôt nous nous jetons à gauche dans un chemin de traverse qui suit à peu près le torrent, et
qui parcourt un ravissant pays très-bien cultivé.
Il devient cependant de plus en plus sauvage, et
le chemin s'en ressent naturellement. Deux fois
nous traversons le Rummel à gué non sans difficultés, et à la dernière il faut abandonner nôtre
voiture dans un moulin. Il reste six ou sept kilomètres à faire en montant : le soleil est chaud, le
vent du sud souffle : la montée sera rude. Il n'importe, nous nous chargeons du bagage, j'ai pour
ma part le pain. En route un arabe que nous rencontrons reçoit sur son dos une partie de notre
fardeau, ce dont je ne suis pas fâché, car la marche est pénible sous le soleil et le sirocco, et sur

une pente roide et abrupte. Au col par lequel le plateau du Khreneg se joint aux collines voisines, nous trouvons une tente arabe près d'une masure en ruines. C'est auprès de ce point, dans une caverne où nous serons à l'ombre, que l'on va préparer le repas; nous allons pendant ce temps continuer notre ascension avec le propriétaire de la tente. Il n'y a plus de sentier; nous marchons déjà au milieu des ruines. Je distingue parfaitement les traces de trois enceintes successives, et après avoir franchi l'emplacement de la première nous entrons dans la seconde par une tour carrée dans laquelle était percée la porte, et j'admire les dispositions prises par le constructeur pour forcer l'assaillant à longer la seconde enceinte, sous les coups du défenseur, avant d'arriver à la porte placée latéralement dans la tour. Seulement les restes actuels de la construction ne sont pas antiques. On y a bien employé les anciennes pierres; mais ce ne sont pas des Romains qui les ont ainsi disposées au hasard, sans faire attention aux lits et aux joints, et sans mortier. On reconnaît bien vite la trace d'une main barbare. Cela m'a donné, je crois, la solution d'une question que je m'étais déjà posée à Lambæze, vous vous le rappelez peut-être, au sujet du prétendu temple d'Esculape, et que j'avais alors laissée indécise. La cité militaire romaine dut être construite suivant toutes les règles de l'art vers le IIe ou le IIIe siècle de notre ère; elle fut détruite par les Vandales au V° siècle. Puis au VII° siècle, quand il s'agit de résister à l'invasion arabe, on voulut relever ces murailles, mais on dut le faire à la hâte et avec des ouvriers inhabiles, et c'est le résultat informe de ce dernier travail que nous voyons aujourd'hui. Je ne veux pas pousser plus loin ces réflexions, elles m'entraîneraient dans des considérations trop techniques. L'enceinte forme à peine un demi-cercle : le reste de son pourtour est défendu par les escarpements du Rummel aussi inaccessibles que ceux qu'il présente déjà autour de Constantine. En haut du plateau est un tertre que je crois factice : on y voit encore des substructions nombreuses. N'était-ce point le Prætorium ? C'est une simple supposition de ma part. Quoi qu'il en soit on y jouit d'une très-belle vue, mais le soleil nous y grillait; l'heure du déjeuner était sonnée depuis longtemps, j'avais dérangé d'ailleurs un essaim d'abeilles qui me poursuivaient; je leur quittai la place pour aller visiter d'abord les monuments mégalithiques qui sont vers l'ouest, à la pointe, près de l'escarpement, et ensuite une grotte située au nord-est, qui pourrait bien être l'entrée de l'Arverne : il s'en dégage des vapeurs à haute température qui vous obligent à vous écarter au plus vite, bien qu'elles soient à peine sulfureuses. Il est évident qu'une source thermale coule au fond de l'excavation, mais ses vapeurs sont tellement chaudes qu'elles en défendent absolument l'accès.

Nous revînmes donc à la grotte où le déjeuner était près : honneur aux cuisiniers ! La soupe à l'oignon, l'omelette (l'Arabe nous avait fourni des œufs) et le beaftake étaient excellents ; seule l'eau laissait beaucoup à désirer, et il nous fallut bien l'avaler telle quelle. Nos Arabes mangèrent avec nous et je suis bien convaincu qu'ils n'avaient pas eu depuis longtemps un pareil festin, auquel le café ne manqua même pas : nos jeunes camarades n'avaient rien oublié. L'un d'eux avait l'habitude de ces courses, et on le voyait bien.

Nous n'avions pas fini d'ailleurs nos explorations : Une voie romaine dont les traces subsistent encore partait de Tiddi (nom romain de la cité que nous venions de visiter), traversait le col, et se dirigeait au nord-est, vers Collo probablement. Or le long de cette voie, un peu au delà du col et sur le versant sud est une véritable nécropole où l'on rencontre une quantité énorme de pierres tumulaires dont beaucoup portent des inscriptions intéressantes. Il y aurait une ample moisson épigraphique à recueillir, mais nous n'avions pas le temps de nous en occuper : nous chargeâmes de nouveau notre Arabe, et plus légers, descendant d'ailleurs au lieu de monter, nous reprîmes la route du moulin où le breack nous attendait. Quelle chaleur il faisait sous le soleil et le sirocco, et comme nous nous désaltérâmes à ce bienheureux moulin avec une eau fraîche et limpide, très-peu semblable heureusement à celle de la grotte !

Le retour ne fut marqué d'aucun incident, si ce n'est que nous prîmes encore une tasse de cawa à un café arabe situé sur le bord de la route. Je venais de passer une journée intéressante, achetée, il est vrai, par un peu de fatigue ; mais son souvenir ne sortira pas de ma mémoire.

Deux mots encore sur deux sujets différents dont je me suis occupé à Constantine : Vous ne serez peut-être pas fâché de savoir ce que l'on pense dans ce pays du fameux projet de M. le commandant Roudaire de créer une mer intérieure en ouvrant un canal de communication entre les anciens chotts aujourd'hui desséchés et la mer, canal qui aboutirait au sud de Tunis et qui aurait une partie de son parcours dans le territoire de la régence. Or les gens les plus compétents ici regardent ce projet comme une véritable chimère. Je ne veux pas entrer dans les détails, ni discuter les différences de hauteur ou les difficultés d'exécution, ce serait trop long et inutile d'ailleurs. Mais les adversaires du projet, et j'en suis, posent deux ou trois objections qui me semblent péremptoires et qui n'ont pas été réfutées. D'abord, si l'on fait le calcul de la quantité d'eau nécessaire seulement pour remplacer celle qu'enlèvera l'évaporation, on trouve que pour la faire arriver il faudra donner au canal une section trop considérable, exécuter par suite un travail où la dépense sera en disproportion évidente avec le résultat acquis. Ensuite à supposer que le travail fut exécuté, la surface inondée, relativement minime, ne suffirait pas à produire les nuages et la pluie que l'on en attend. Enfin quand même ces nuages pourraient se former, les vents régnants, qui viennent de la direction moyenne de l'ouest, les chasseraient sur la Tunisie, qui seule en bénéficierait; ce serait pour elle que nous aurions travaillé, triste résultat vraiment. Il y a donc ici une incrédulité absolue, et je la partage. Je comprends que l'idée ait souri à une jeune imagination; elle a produit des études intéressantes, mais on a été entraîné par le côté grandiose de l'opération, l'imagination s'est exaltée et elle a fermé les yeux aux difficultés pratiques.

Voici maintenant un autre fait qui vous montrera quel est l'esprit de la population civile en ce pays, et je parle de sa partie la plus éclairée. On vient de juger une bande de voleurs et d'assassins, composée de cinq Arabes qui pendant dix-huit mois ont répandu la terreur dans le pays. Les affaires s'étaient passées en territoire civil, et le procès se déroulait en cour d'assises. Le chef de la troupe, nommé Bou Guerra, homme d'action et d'énergie, a très-habilement soutenu les débats, ce qui ne l'a pas empêché d'être condamné à mort avec ses quatre compagnons[1]: le jury a

---

1. J'ai appris par les journaux que Bou Guerra et deux

été impitoyable malgré les efforts des défenseurs. Or c'est justement sur la plaidoirie de l'avocat de l'accusé principal que je veux appeler votre attention. Dans son exorde, il rappela d'abord l'insurrection de 1871 (que venait-elle faire là, je ne le sais trop) et il ajouta : « aujourd'hui une pareille
» insurrection ne serait plus possible : la trans-
» formation du territoire militaire en territoire
» civil a changé complètement la face des choses :
» les indigènes n'ont plus à redouter les tribu-
» naux militaires, les conseils de guerre, sur les
» membres desquels peuvent agir tant d'influences
» diverses, la soumission aux chefs, l'ambition,
» le désir des grades et des honneurs. Devant
» cette admirable institution du jury, devant son
» impartialité l'Arabe s'inclinera plus que devant
» la force ; il comprendra que le jour de la liberté
» a enfin sonné pour lui et il abandonnera tout
» esprit de révolte. » Si ce n'est pas la lettre même, c'est au moins le sens très-exact de ses paroles. C'était du même coup introduire la politique là où elle n'avait que faire, glorifier le régime civil en frappant l'organisation militaire, et enfin attaquer la justice de nos conseils de guerre. Cet avocat radical cherchait ainsi à capter la bienveillance du jury en caressant les idées des colons. Le président des assises comprit cette manœuvre

de ses compagnons ont été exécutés le 7 septembre de cette année 1878.

et dans son résumé il lui infligea un blâme assez sévère. Mais il me semble qu'à sa place j'aurais été plus dur encore : j'aurais voulu que la punition suivit immédiatement la faute, et j'aurais arrêté l'avocat en lui faisant remarquer que le droit sacré de la défense ne lui permettait cependant pas d'attaquer la justice dans une de ses expressions la plus haute, que la justice militaire devait être aussi respectée que la justice civile, qu'il venait de manquer à ce devoir, et que s'il continuait je serais obligé de lui retirer la parole. Ainsi, vous le voyez, cette question de la civilianisation est devenue une arme de guerre entre les partis; elle est en Algérie le drapeau de ralliement de tous les gauchistes; elle sert leur haine instinctive contre l'armée, et l'on trouve moyen de l'introduire jusque dans le sanctuaire même de la justice, en attaquant devant la cour les jugements rendus dans les tribunaux militaires. Il me paraît inutile d'ajouter à un pareil fait aucune réflexion.

On frappe à ma porte; on vient me chercher pour visiter la ville; adieu donc, mon cher ami; je ne tarderai pas à vous écrire pour compléter cette lettre brusquement interrompue. Une bonne poignée de mains de

Votre tout dévoué.

A. R.

LETTRE QUINZIÈME

Bougie, 26 mai 1878.

Il me semble, mon cher ami, en commençant cette lettre que je reprends véritablement celle que je vous adressais avant-hier : elle en est comme un post-scriptum : je continue donc sans préambule à causer avec vous, à vous raconter mon voyage et mes impressions. Je quittai Constantine le 22 à six heures du soir, et mes amis avaient bien voulu se réunir pour me faire de chaleureux adieux : vraiment je ne saurais être assez reconnaissant de leur gracieux accueil et de toutes les facilités que je leur ai dues pour mes courses et mes promenades : recevez-en mes remerciements, excellents camarades des différents corps de notre armée qui avez été pour moi une véritable providence dans cette belle province de Constantine que je ne vais pas tarder à quitter, et que je ne quitterai pas sans un double regret, celui de ne pas y avoir consacré assez de temps, celui d'avoir laissé sans les visiter bien des points intéressants.

La route de Constantine à Sétif, pour le peu que j'en ai vu, m'a paru assez monotone. Le sol y est constamment ondulé, sans mouvements trop prononcés; on remonte doucement la vallée du Rummel, que l'on finit par quitter vers le village de Saint-Arnauld; on est alors sur les plateaux supérieurs qui forment le territoire de Sétif, plateaux riches et bien cultivés. La ville, quoiqu'elle soit d'origine fort ancienne, est nouvellement construite; on s'en aperçoit à la régularité de ses rues larges et plantées. Une muraille crénelée rectangulaire, avec des tours carrées élevées de distance en distance, la protège contre des insurrections possibles; en outre une citadelle ou bordj renfermant tous les établissements militaires est située sur le côté qui est le plus élevé. Une grande partie de ses murailles est de construction romaine. En débarquant de la diligence je trouvai le capitaine du génie qui m'attendait, et après la tasse de café de rigueur, nous commençâmes la visite de la ville, qui ne fut pas bien longue : le marché extérieur attira davantage mon attention; mais elle fut excitée surtout par l'ancienne enceinte du bordj, autrefois Castellum romain. Elle est parfaitement conservée avec ses tours carrées placées de distance en distance, à bonne portée du trait : je n'avais encore rien vu d'aussi complet en ce genre: les couronnements seuls manquent; les voûtes des tours subsistent et elles recouvrent d'excellents silos où l'administration militaire conserve ses grains. Quels soins ne fallait-il pas que les Romains apportassent dans leurs constructions pour leur assurer une aussi longue durée !

De nombreux vestiges de constructions romaines se retrouvent dans les environs de Sétif, et on les a réunis dans une jolie promenade bien ombragée, plantée à l'extérieur de la ville près de la porte conduisant à Aumale, vers Alger. Je fais le même reproche aux autorités municipales de Sétif qu'à celles de Constantine ; ces débris curieux mériteraient plus de soin de leur part, et pourraient être disposés avec beaucoup plus d'ordre. Il en est un, le plus curieux peut-être, qui est resté entre les mains du service du génie, c'est une fort belle mosaïque qui est dans le salon du logement du chef de cet arme. Elle représente une figure de femme qui n'a pas moins de deux mètres de diamètre : l'ovale de la figure est trop aplati, il semble que l'auteur ait pris pour modèle le type de certaines femmes du pays : un encadrement bien dessiné entoure cette tête dont je n'ai pu trouver le sujet ; rien n'a pu me l'indiquer. Il est fâcheux que cette mosaïque si précieuse ait éprouvé quelques déformations dans son plan : elle est du reste très-bien conservée.

J'ai passé l'après-midi à courir en voiture dans les environs de la ville qui sont peu accidentés, mais qui paraissent riches et bien cultivés. Ce plateau est un véritable pays à céréales, et il a dû être autrefois plus habité qu'il ne l'est aujourd'hui, ce que prouvent les nombreux débris romains dont je vous parlais tout à l'heure, qui sont semés dans la campagne sur l'emplacement d'anciennes villas : mais en somme c'est un point peu agréable à habiter, et je me figure que l'on doit s'y ennuyer beaucoup. J'y ai passé trop peu de temps et j'y ai été trop aimablement reçu pour penser à l'ennui, mais j'étais un peu fatigué de ma nuit passé en route ; de plus je devais me lever le lendemain de grand matin pour prendre la voiture de Bougie ; il me fallut donc quitter de bonne heure mes excellents hôtes, non sans les remercier chaleureusement.

Le lendemain matin j'étais avant cinq heures au bureau de la voiture, diligence à coupé et rotonde, attelée de cinq chevaux : j'avais une place de coupé où un autre voyageur monta avec moi, et nous voilà en route. Le temps était splendide, mais très-chaud. Nous marchions droit au nord par une route bien tracée ; mais plus nous avancions, plus le terrain devenait accidenté ; nous nous dirigions vers une première arête dépendant des montagnes de la Kabylie ; les vallées successives dans lesquelles nous nous engagions étaient larges quoique profondes et le chemin semblait se rétrécir à mesure que la montagne s'accentuait davantage. Il n'était d'ailleurs bordé d'aucun parapet du côté du vide que l'on regardait avec une certaine terreur à chaque tournant, et ceux-ci sont nombreux et brusques : dans les descentes on sentait que le moindre incident pouvait devenir un désastre. Mais ce fut bien pire encore quand nous eûmes atteint cette première crête, qui est déjà à une trentaine de kilomètres de Sétif : là nous trouvâmes la route en construction ; un atelier de condamnés y travaillait sous la surveillance d'une section de tirailleurs algériens, et nous dûmes au col faire une assez longue, mais fort ennuyeuse station. Toute cette colonie, campée sous la tente, compte sur la diligence, qui ne passe que tous les deux jours, pour ses approvisionnements, pour ses relations avec le monde habité, et tous ont des commissions à donner au conducteur ou à en recevoir ; seulement le voyageur n'en est pas plus content. La descente se fit en suivant tantôt la nouvelle route, tantôt et plus souvent l'ancienne, passant constamment de l'une à l'autre, mais en restant toujours sur le bord d'un précipice dans lequel le moindre accident devait nous précipiter. Nous allions assez prudemment lorsqu'en coupant un ruisseau, nous éprouvons un choc, la voiture s'arrête, et nous constatons qu'un de nos ressorts est cassé. On le ficelle tant bien que mal, et au bout d'une demi-heure de travail nous repartons. Mais cinq minutes après autre craquement, autre arrêt : le brancard était cassé. Nouveau raccommodage, toujours à l'aide de cordes, et nous reprenons encore notre route, non sans avoir certaines appréhensions ; après tout il fallait bien arriver au déjeuner ; nous avions une heure et demie de retard, et mon estomac criait famine : de plus pendant le déjeuner on devait nous raccommoder plus solidement. Nous prîmes courage en voyant que toutes nos ficelles tenaient bon, et je ne pensai plus qu'aux beautés de la route. Nous approchions des gorges du Chabet-el-Acra ; le pays devenait de plus en plus sauvage, la vallée s'approfondissait, les montagnes s'élevaient et commençaient à nous envelopper de toutes parts sans que l'on put comprendre comment on en sortirait. Les cultures disparaissaient en même temps, le rocher se montrait de plus en plus nu ; des arbres verts garnissaient seuls ses pentes arides. Enfin vers midi nous atteignîmes le petit village de Karatas, qui est à l'entrée des gorges proprement dites, et l'auberge où nous devions déjeuner : nous avions roulé pendant sept heures, et nous avions besoin d'un peu de repos, d'un peu de fraîcheur.

Ah! si nous avions trouvé là le petit hôtel du col d'El Kantara ; mais notre auberge ressemblait plutôt à la baraque où nous avions déjeuné en quittant Batna pour aller à Biskra ; triste repas, beaucoup de mouches et elles coûtent cher, par dessus le marché. Aussi je me dépêche d'en finir, et après un coup d'œil donné à ce hameau, je préviens le conducteur qu'il me prendra en route, et je pars à pied, muni de mon ombrelle. Aucune erreur n'est possible, je ne prendrai pas un chemin pour un autre. Les gorges commencent au sortir du village ; la vallée se réduit à la largeur strictement nécessaire pour laisser passer le torrent, et de ses bords les roches s'élèvent presque perpendiculairement à des hauteurs vertigineuses qui varient de mille à douze cents mètres, et même au delà. Au fond de cette profonde coupure dont la longueur est de sept à huit kilomètres, le torrent mugit et bondit de rochers en rochers avec un bruit qui va se répercutant aux environs. Il ne court pas en ligne droite d'ailleurs, il fait au contraire de nombreuses sinuosités, de nombreux détours, de telle sorte qu'en suivant son cours on a bientôt perdu de vue l'entrée de la gorge, que l'on ne voit plus qu'une étroite bande de ciel au-dessus de sa tête, et que l'on se demande comment on pourra sortir de cette véritable prison. Ces roches ne sont pas aussi dénudées qu'on pourrait le penser; de nombreux filets d'eau suintent des rochers, et entretiennent une humidité grâce à laquelle des plantes diverses, scolopendres, lentisques, lauriers-roses, vignes et figuiers sauvages, croissent de toutes parts, s'entrelacent, et pendent en gracieuses guirlandes, tandis que dans les parties supérieures poussent quelques arbres verts : cette végétation enlève au paysage un peu de sa sévérité. Au milieu du parcours un ravin profond vient rejoindre la vallée principale, et à leur point de jonction il semble que l'arête intermédiaire veuille encore se redresser; elle s'élève en flèche aiguë semblable à un clocher gigantesque, et elle brise ainsi la monotonie de ces hautes murailles.

Vous devez sentir, mon cher ami, quelles difficultés il a fallu vaincre pour faire passer une route dans ce défilé. Comment le torrent lui-même s'y est-il frayé un chemin à une profondeur aussi grande, on ne le comprend pas sans admettre quelque grand bouleversement du sol produit par les forces immenses dont dispose la nature. Mais l'homme, cet être si chétif quand on le compare aux masses que j'avais alors devant les yeux, comment a-t-il osé projeter, puis entreprendre la belle route que je suivais hier! On a hésité longtemps, malgré la grande utilité de réunir Sétif à Bougie. Enfin le travail fut décidé et entrepris par les troupes sous la direction du génie militaire : il dura trois ans, de 1866 à 1869. La route suit la rive droite sur les deux tiers de son parcours; elle passe ensuite sur la rive gauche, traversant le torrent sur un magnifique pont élevé à près de cent mètres au-dessus de l'abîme. Elle est accolée au rocher, tantôt creusée dans son flanc, tantôt et le plus souvent supportée par une série d'arcades en maçonnerie; elle domine le torrent d'une hauteur qui varie de cinquante à cent mètres. Pour vous donner une idée des difficultés et des dangers de ces travaux, je vous dirai seulement qu'il fallait pour les amorcer, pour établir sur un point le premier ouvrier, l'y envoyer avec des échelles de cordes; suspendu au dessus de l'abîme il dressait un léger échaffaudage, où venait le rejoindre un camarade, et ils commençaient dans le roc une petite plateforme qu'ils agrandissaient ensuite à la mine : et l'on gagnait ainsi de proche en proche. Ce fut un vrai travail de géant.

Je descendais donc à pied cette route, en l'étudiant sous ses divers rapports, quand la diligence me rejoignit; mais pour ne rien perdre du spectacle je me hissai à côté du conducteur. Hélas! on roule trop vite en descendant, on passe trop rapidement devant toutes ces beautés : notre voiture est raccommodée, nous sommes en retard de près de deux heures, il faut nous presser; je ne puis demander quelques minutes de sursis. Que de choses à voir sans compter les admirables jeux de lumière que le soleil produit, et les cascades du torrent, et les oiseaux de proie qui planent au-dessus de nos têtes, et ces Kabyles qui, plus heureux que moi, suivent la route en liberté : seulement, s'ils en profitent, ils ne savent pas en admirer les beautés. L'hiver le site devient plus sévère encore, et le parcours de la route, qui est si belle en été, n'est pas sans danger. Les filets d'eau que je vous montrais tout à l'heure descendant des rochers, se transforment en torrents, en cascades qui se précipitent de hauteurs énormes entraînant des débris de rocs, de sorte que le voyageur risque non-seulement d'être fortement douché, mais encore d'être lapidé.

En somme, de toutes les gorges de montagne que j'ai traversées dans ma vie, celles du Chabet sont certainement les plus belles à tous égards, les plus imposantes. Et puis la sortie en est féérique ; la fente profonde s'ouvre instantanément, la gorge sauvage se change en une riante vallée ; le torrent mugissant est transformé en une paisible rivière dont les bords sont plantés de lauriers-roses en fleurs, dont les eaux fertilisent les rives. La végétation est luxuriante, les figuiers, les oliviers et les grenadiers reparaissent et sont dominés par des palmiers. Enfin de distance en distance se rencontrent quelques habitations de colons, quelques maisons de campagne : c'est un contraste profond qui frappe l'imagination.

La route descend ainsi jusqu'à la mer en suivant cette jolie vallée ; mais il ne faut pas se croire arrivé quand on atteint son embouchure : il reste encore plus de vingt-cinq kilomètres à parcourir pour gagner Bougie : on les fait avec assez de rapidité, en suivant les bords de la mer, et en ayant toujours devant soi un charmant spectacle, celui de cette belle rade et au fond la ville de Bougie. La vallée du Sahel nous en sépare ; elle est riche et fertile, toutefois je voudrais bien être au port : les vieux murs de Bougie même, que j'aperçois au loin ne me disent plus rien : j'ai usé toute mon admiration dans les gorges, et volontiers je fermerais les yeux pour mieux en conserver le souvenir. La fatigue est pour quelque chose aussi dans ce désir d'arriver : le coupé de la diligence est bien étroit, on y est mal installé et voilà plus de douze heures que je suis enfermé dans cette boîte, je trouve qu'il est grand temps d'en sortir. Enfin nous voici sur le quai, le soleil brille encore, il éclaire la ville de ses rayons obliques, et je la vois sous un autre jour que lorsque j'y fis escale la première fois. La pluie gâte toujours un paysage, et je ne venais pas en Algérie pour la rencontrer.

Ce matin je me suis reposé, et je vais aller courir, continuer mon métier de touriste. Certes il a de grands attraits, mais je m'en lasserais vite, et je ne suis pas fâché de penser que dans deux jours je rentrerai à Alger chez mes amis où je trouverai si bon visage d'hôte, et que pendant un certain temps je n'irai plus sur les routes, je ne ferai plus et ne déferai plus mon sac, je n'aurai pas chaque jour une nouvelle cuisine, chaque jour un nouveau gite. Et puis je me rapproche de vous, je me sens moins loin à Alger, à cause d'une plus grande facilité de communication. Je compte sur des nouvelles, sur de nombreuses lettres impatiemment attendues. Toutes ces idées ne m'empêcheront pas de jouir autant que possible de mon séjour ici : je sais que l'on m'y attend, et je ne doute pas que l'on ne m'y reçoive aussi aimablement qu'à Sétif et ailleurs, que l'on ne m'y fasse voir des choses intéressantes.

Mais j'entends une cloche qui sonne : c'est sans doute la messe, et comme nous sommes jour de dimanche, je vous quitte au plus vite pour m'y rendre. Adieu, mon bien cher ami, et une cordiale poignée de main de

Votre tout affectionné.

A. R.

LETTRE SEIZIÈME

Alger, 2 juin 1878.

Me voici revenu, chère Madame, dans la grande et belle ville d'Alger; j'ai retrouvé avec bonheur mes amis d'abord, et le repos, et aussi, pardon de ce détail, des vêtements de rechange. J'avais dû limiter mon bagage au strict nécessaire, et je suis resté près d'un mois en route quand je ne comptais en partant que sur trois semaines d'absence au plus : je commençais donc à être à bout de ressources de toute espèce, voire même de ressources pécuniaires; mais ces dernières m'embarrassaient moins, car je trouvais partout la bourse de mes amis à ma disposition. Je me livre donc avec délices à un repos relatif auquel m'invite d'ailleurs une chaleur assez forte. Je dis relatif, car je suis arrivé juste pour la première communion d'un jeune parent dont la mère habite les environs d'Alger : elle avait lieu jeudi dernier, et j'aurais regretté beaucoup de ne pas m'y trouver. Cette cérémonie est profondément touchante pour quiconque a la foi chrétienne, et ce n'est pas à vous, chère Madame, que je l'apprendrai. Celle à laquelle j'assistai avait lieu dans une église inachevée (l'église Saint-Augustin), bien nue, bien pauvre encore à l'intérieur : mais remplie d'enfants et de fidèles, elle était riche de leurs prières. On ne peut sans doute demander à toutes ces jeunes têtes de comprendre toute la grandeur de l'acte auquel elles participent; et le Dieu qui a dit en son passage sur la terre : laissez venir à moi les petits enfants, saura leur pardonner quelques distractions impossibles à éviter au milieu de cérémonies aussi longues. On sent tellement bien d'ailleurs la conviction, la foi profonde avec laquelle ils agissent. Ils ont l'air en même temps si heureux! Puissent-ils ne jamais céder au doute, à la négation même, qui semble vouloir s'emparer des âmes en notre temps. Cet écueil est peu à craindre pour les jeunes filles : la foi qui brille aujourd'hui sur leur front sous le voile qui les enveloppe, leur restera et les sauvera tôt ou tard des entraînements du monde. Elles sont belles vraiment, belles de leur jeunesse, belles de leur ignorance du monde, belles de leur foi et de leur piété. Le côté masculin n'est pas aussi gracieux, il faut bien l'avouer, mais il offre peut-être à l'homme réfléchi plus de sujets de méditations sur ce que sera l'avenir de tous ces jeunes gens. Ils sont tous sincères dans leurs promesses; leur bouche n'est pas encore habituée au mensonge; et le souvenir de ce jour restera gravé dans leur cœur, comme dans celui de leurs parents. Ils auront à subir plus d'une tempête, ils éprouveront plus d'un naufrage sans doute, mais ils resteront croyants et leur foi les sauvera ; c'est le Sauveur du monde qui nous l'a dit.

Ce jeudi fut donc pour moi une journée très-occupée et très-sérieuse, et l'intérêt que j'y ai pris m'a amené tout naturellement à commencer cette lettre par vous en parler, bien assuré que je trouverais un fidèle écho dans votre pensée. Je vais maintenant revenir sur les jours précédents pour vous entretenir de mon voyage auquel vous voulez bien vous intéresser. C'est de Constantine que je vous ai écrit la dernière fois, et je vous disais que je ne reviendrais certainement pas ennuyeusement et bourgeoisement par la diligence : j'ai tenu la promesse que je m'étais faite, et je suis allé par Sétif gagner Bougie à travers la Kabylie, et de Bougie je suis rentré ici par mer. J'aurais préféré une autre route qui de Bougie m'aurait ramené à travers le pâté de la grande Kabylie jusqu'à Fort-National et à Tizi-Ouzou ; mais elle offrait trop de difficultés, trop de lenteurs aussi : j'avais hâte de revenir au logis que mes amis me permettent de regarder comme mien, de les revoir, et aussi de recevoir des nouvelles de France, de vos nouvelles, de celles de tous mes amis, et en débarquant mardi dernier j'ai trouvé un paquet de lettres qui m'a fait bondir de joie : on a tant de plaisir à ne pas se sentir oublié, à rester en communauté d'idées, à se les communiquer malgré l'éloignement, malgré la séparation ; et j'ai passé de bonnes heures à lire ces lettres et à les relire. Si tous mes amis avaient pu me voir alors si joyeux de ma bonne fortune, ils se hâteraient de reprendre la plume pour me donner souvent un pareil plaisir.

Revenons donc à mon voyage ; je ne vous parlerai pas de Sétif, malgré l'excellente réception qui m'y attendait ; mais j'ai été si frappé par les beautés de la route qui conduit de Sétif à Bougie que je ne puis m'empêcher de vous en dire un mot, quoique notre ami ait dû vous communiquer la lettre que je lui ai écrite à ce sujet. Oui, j'ai été enthousiasmé des gorges du Chabet, et je voudrais pouvoir refaire leur traversée en les remontant, au lieu de les descendre, afin de les admirer plus longtemps, de les étudier plus à loisir, de les fixer davantage dans ma mémoire : elles se sont déroulées trop vite sous mes yeux : si jamais je refais le voyage d'Algérie, je reviendrai les visiter une seconde fois. Je n'ai jamais rien vu qui les égalât comme aspect sauvage et grandiose. Ni les Pyrénées ni les Alpes ne m'ont rien offert de pareil. Seules les gorges d'Ollioules présentent quelques rapports avec celles du Chabet, mais elles sont loin d'avoir leur colossale grandeur, et surtout cette hauteur qui vous écrase. Du reste, comme à Ollioules la transition est brusque, instantanée, au moment où les gorges se terminent, et l'on passe subitement du site le plus sauvage au paysage le plus gracieux. Il semble que la nature se plaise en ces contrastes : elle nous dédommage de sa sévérité par un gracieux paysage, et à celui-ci succède un autre genre d'immensité, l'immensité de la mer que vous avez à comparer avec celle de la montagne.

Elle est bien jolie aussi la route que l'on suit le long de la mer en contournant le golfe de Bougie, tantôt s'élevant sur les rochers que battent les flots, tantôt sillonnant les cultures de la large vallée du Sahel : il est surtout un point élevé, où l'on s'arrête pour relayer et duquel on jouit d'une vue splendide; mais nous ne pûmes y rester longtemps, car des accidents de voiture heureusement sans gravité nous avaient mis fort en retard.

Les deux journées que j'ai passées à Bougie ont été utilement et très-agréablement employées. Je connaissais déjà la ville que j'avais visitée, et si vous vous le rappelez, je vous en ai parlé dans ma lettre du 5 mai; c'était, il est vrai, par la pluie; mais j'avais vu en réalité tout ce qu'il y avait d'intéressant dans l'intérieur. Je retournai cependant à l'église; c'était un dimanche matin et je voulais y avoir la messe : elle était à moitié dite quand j'y arrivai, et il fallut me contenter de cette moitié; en revanche j'y trouvai un camarade, le chef du génie, que j'avais connu à Fontainebleau, et chez lequel je devais me diriger en sortant de l'église. Il m'enleva immédiatement, et me fit faire une jolie promenade à l'extérieur, avant de m'emmener déjeuner chez lui. Nous suivîmes d'abord le pied des anciennes murailles le long de la mer, et j'examinai curieusement leurs débris et ceux d'un vieux fort turc qui défendait le port et l'entrée de la ville par la plage. Au delà, c'est la campagne, c'est la vallée du Sahel qui commence, avec ses riches cultures et ses beaux oliviers. Le sol des points que nous traversions est profondément bouleversé par la main de l'homme qui depuis des siècles y est installé. On ne peut se faire une idée de la quantité de briques et de tuiles qui le jonchent. Les premières surtout forment une mine inépuisable, à laquelle nos colons viennent s'approvisionner pour leurs constructions. Quelle est leur origine? Sont-elles les débris d'antiques murailles, ou marquent-elles l'emplacement d'anciennes fabriques romaines qui auraient eu là de grands approvisionnements? Peut-être les deux suppositions sont-elles également vraies. La porte par laquelle nous sommes rentrés en ville, située sur un point élevé, a été ouverte à côté d'une porte beaucoup plus ancienne, dont on peut rétablir les différentes parties; au-dessus d'elle, à l'intérieur sont des voûtes romaines, restes probables d'anciennes citernes.

Le déjeuner dans la famille de mon jeune camarade fut charmant, et les souvenirs de Fontainebleau vinrent souvent se mêler dans la conversation aux récits de nos excursions sur la terre d'Afrique. Nous consacrâmes l'après-midi à une longue et jolie promenade à la pointe qui forme la limite ouest du golfe : la route, qui longe toujours le bord de la mer à quelques cinquante mètres de hauteur, est accidentée et pittoresque, sans offrir de grandes difficultés. Sur la gauche à l'aller s'élèvent des pentes assez abruptes, couvertes de bois : on m'avait promis de m'y faire voir des singes : j'aime peu cet animal grimacier dont je redoute les incartades de toutes sortes, et je ne suis jamais flatté de me trouver en présence de celui que certains de nos savants voudraient me faire accepter pour ancêtre. Quels que soient les prodiges que produiraient suivant eux la sélection naturelle et le perfectionnement successif des êtres (je vous demande pardon de ces grands mots), je ne croirai jamais qu'une jolie femme puisse descendre d'un affreux chimpanzé; il est vrai que je ne crois pas davantage que celui-ci vienne d'une grenouille, ni la grenouille d'un autre être inférieur, en allant ainsi jusqu'au bas de l'échelle. Prodige pour prodige, je préfère un Dieu créateur à l'action des prétendues forces de la nature; je crois plus facilement au premier qu'aux secondes. Quoi qu'il en soit, nous ne vîmes pas le moindre singe, et je ne puis dire que j'en aie été bien fâché.

Sur la pointe extrême on a construit le grand phare dans une position très-bien choisie : de la terrasse on jouit d'une vue admirable sur le golfe et sur les côtes qui s'étendent à l'ouest vers

Dellys et Alger. A vos pieds, à quatre-vingts ou cent mètres de profondeur à pic, la mer se brise avec violence sur les rochers. Mais si belle que soit la position, la vie des gardiens y est bien triste, car ils sont là vraiment très-isolés. Ne les plaignez pas trop, chère Madame : ils ont des collègues plus malheureux encore, ce sont les gardiens des phares flottants : ceux là sont trois ou quatre au plus enfermés dans un lourd bateau mouillé à vingt ou trente kilomètres des côtes sur des mers trop souvent furieuses. Pourvus de vivres de campagne, ils ont la visite d'un bateau qui leur apporte des viandes fraîches tous les quinze jours, tous les mois, quand le temps le permet. Ce sont les seules communications qu'ils aient avec la terre. Ils ne sont même pas autorisés à emmener avec eux leurs femmes et leurs enfants; leur famille reste à terre où les gardiens viennent passer alternativement quinze jours de congé. De mauvaises langues m'ont dit que ceux-ci avaient eux-mêmes et instamment réclamé cette séparation; d'autres non moins méchants m'ont soutenu que l'éloignement des femmes était absolument nécessaire pour avoir la paix à bord. Je vous laisse à choisir, chère Madame, entre ces deux versions : je suis trop galant pour accepter aucune des deux.

La journée du lendemain fut employée au dehors, à remonter la vallée du Sahel jusqu'à vingt-six kilomètres environ de Bougie, à un village important que l'on nomme le Kseur : il est de récente création et paraît avoir réussi. La vallée que nous suivions est large, bien cultivée et d'un aspect très-riche. Elle se rétrécit beaucoup en allant au delà du village, à trois ou quatre kilomètres de distance; c'est sur ce point que nous nous dirigions pour visiter les ruines d'une ancienne ville romaine assez importante dont l'emplacement porte aujourd'hui le nom de Thiglat ou Thilgat, et qui était appelée, paraît-il, d'après une inscription retrouvée depuis peu, Tubusuctus. Nous laissons donc notre voiture au village, à l'auberge où nous devons déjeuner, et nous partons à pied. C'est encore jour de marché; je commence à être blasé sur ce spectacle et je ne m'y arrête plus. La route est longue et le soleil brûlant; mais notre ardeur archéologique nous emporte, et nous arrivons enfin à d'anciens réservoirs assez semblables à ceux que j'ai vus à Hippone, à Philippeville, etc. Ils valent à eux seuls la peine que nous nous sommes donnée pour venir jusque là, et c'est bien heureux, car du fameux Tubusuctus je n'aperçois pas grand chose : quelques débris informes jonchent bien le sol aux environs, mais la destruction a été bien complète, on peut dire à la lettre que la charrue y a passé. Retournons donc bien vite au village déjeuner à l'ombre sous une fraîche vérandah; nous y serons mieux que sur la route de Thiglat où le soleil de midi nous brûle. Quel dommage que je ne puisse continuer du Kseur jusqu'à Ackbou, vingt-cinq kilomètres plus loin. Quel dommage encore que je ne puisse me transporter de l'autre côté du golfe où je trouverais, paraît-il, près de Ziama, les ruines bien conservées et complètes d'une ancienne ville romaine. Mais le bateau d'Alger me rappelle, il doit avoir mouillé devant Bougie dans la journée, il faut donc rentrer en cette ville, ce que nous faisons sans encombre.

A neuf heures du soir je remonte en bateau, après avoir échangé force adieux et remercîments avec mes aimables hôtes. Le vapeur qui doit me ramener à Alger s'appelle *la Vannina;* je suis seul dans ma cabine où je m'installe, puis je remonte sur le pont jusqu'au départ qui a lieu vers dix heures. La nuit est belle malgré une houle assez forte; nous marchons bien et à cinq heures et demie du matin nous mouillons devant Dellys. Je n'avais pu descendre et visiter cette petite ville lors de mon passage en sens contraire; l'autre jour rien ne m'arrêtait, j'avais trois heures devant moi, c'était plus qu'il n'en fallait pour la parcourir. Elle se développe assez capricieusement sur les pentes de la colline qui garantit son port des vents d'ouest. Son enceinte, formée toujours de murailles crénelées, est vaste; elle renferme d'assez jolis jardins, mais les rues manquent de vie et d'animation, on n'y rencontre personne, c'est triste comme un jour de pluie, et cependant il fait grand soleil, je vous assure. Aussi je ne reste pas longtemps à terre, et à huit heures nous repartons pour ne plus nous arrêter qu'à Alger, vers midi : j'y arrive avec bonheur, et m'y voici installé pour une quinzaine de jours au moins, c'est un long bail pour un touriste. Seulement je me promets bien de ne pas rester au repos pendant tout ce temps, et mes amis sont les premiers à me proposer de faire des excursions dans les environs. Nous en avons plusieurs en vue, plus ou moins éloignées, que nous ferons ensemble.

Déjà avant-hier nous sommes allés sur la côte ouest jusqu'à la pointe Pescade visiter d'anciens forts turcs assez intéressants pour l'archéologue militaire; je vous fais grâce de la description de leurs murailles, de leurs embrâsures, de leurs casemates; tout cela vous paraîtrait fort ennuyeux sans aucun doute. Ils sont d'ailleurs aujourd'hui fort inoffensifs, ces pauvres forts. A moitié démantelés, ils servent de demeure à de pacifiques douaniers; mais quelques vieux canons de fonte reposant paisiblement sur le sol des plateformes leur donnent encore un certain air imposant et guerrier.

Avant-hier, vendredi, je suis parti seul pour aller visiter le cimetière arabe qui offre ce jour-là un coup d'œil assez animé, assez curieux en même temps. Les femmes s'y rendent en grand nombre, emportant des provisions, et elles y prennent leur repas sur la tombe des parents qu'elles ont perdus. N'y a-t-il pas là un vieux reste du paganisme et des libations que l'on faisait sur les tombeaux?

Dans ce cimetière les femmes jouissent d'une assez grande liberté, et toutes y sont à visage découvert; le respect dû à la mort semble les protéger. Il est vrai que l'usage veut alors que les hommes s'abstiennent d'entrer dans l'enceinte, et je m'y conformai, bien entendu ; je restai sur la route à considérer ce spectacle intéressant. Chaque tombe est marquée par une ou deux pierres brutes ou très-grossièrement taillées; quand il y en a deux, l'une est à la tête, l'autre aux pieds. On voit cependant quelques monuments complets ; ils se composent généralement d'une voûte en dôme supportée par quatre piliers ; ils sont réservés aux gens remarquables par leur vie sainte, aux marabouts, aux dervisch, et ils portent le nom de kouba. On trouve dans la campagne de nombreuses koubas isolées, qui ont parfois une certaine importance; une petite cellule pour un dervisch tendant à devenir un marabout, y est souvent adjointe : le tout est blanchi à la chaux par les soins de la famille du mort. On leur donne aussi quelquefois le nom de marabout, appliquant ainsi au bâtiment le titre de celui dont il renferme le corps.

Enfin j'ai aussi visité la bibliothèque et le musée qui sont tous deux réunis dans une maison arabe, fort mal appropriée, je vous le dis tout bas, à cette destination. Le rez de-chaussée est spécialement affecté aux débris archéologiques, inscriptions, stèles, statues, débris d'architecture, poteries de toutes sortes, etc., etc. : il m'a paru bien disposé, et l'on y trouve des choses fort intéressantes; je ne puis en dire autant de la bibliothèque où j'ai rencontré quelques rares lecteurs; je n'ai pu y trouver personne pour me renseigner, la disposition des livres m'a paru aussi défectueuse que celle des salles de lecture : ce doit être la faute du local.

Adieu, chère Madame et amie. Les nombreuses lettres trouvées ici m'ont mis en goût, et je voudrais en avoir souvent; chaque jour de courrier j'attends l'heure avec impatience, et je ne puis voir partir un bateau pour France sans éprouver un secret désir de m'en aller avec lui. Que serait-ce donc si j'habitais réellement ce pays, si j'avais à y passer des années? Je m'y habituerais peut-être; on se fait à tout, même à l'éloignement, même à la mort. Les uns oublient par légèreté de caractère, les autres renferment leurs souvenirs au fond de leurs cœurs, et petit à petit ce souvenir devient moins douloureux, ils osent alors en parler, car ils n'ont pas oublié, mais ils ne le font jamais qu'avec réserve et dans l'intimité, ils ont peur de le profaner. Je suis de ces derniers, et je n'oublie jamais. Croyez donc, je vous en prie, à mon plus affectueux souvenir et agréez la nouvelle assurance du respectueux dévouement de

Votre très-obéissant serviteur.

A. R.

LETTRE DIX-SEPTIÈME

Alger, 10 juin 1878.

Mon cher ami,

A la date de ma dernière lettre je n'étais pas rentré à Alger; j'étais seulement sur la route du retour. Voici dix à douze jours que j'y suis, et je n'ai pas encore trouvé le temps de vous écrire. C'est qu'en arrivant j'ai eu en effet beaucoup d'affaires; à me reposer d'abord, puis à revoir mes connaissances, à leur raconter ma tournée dans l'est, à assister à la première communion d'un jeune neveu, à me mettre en règle avec divers correspondants, etc., etc. Ce temps ainsi employé n'a pas été perdu, je le crois au moins, pour mon instruction, car au milieu de ces occupations j'écoutais et je me renseignais comme je le pouvais, ramassant de toutes mains, quitte à trier ensuite, à faire un choix dans mes collections. Vous ne vous attendez certainemnt pas à l'exposition complète de ce que j'ai vu, de ce que l'on m'a dit; les faits les plus saillants suffiront pour vous édifier sur les difficultés que l'administration rencontre en ce pays.

Je vous ai déjà parlé de son esprit politique trop nettement désigné par la couleur de tous les journaux de la colonie. Imitant leurs confrères de France, les dépassant même presque toujours en violence, ils ne cessent d'attaquer l'autorité sous toutes ses formes : je vous ai donné la vraie raison de ces attaques qui se lient les unes aux autres et marchent avec un ensemble remarquable; elles ont l'intérêt particulier pour mobile. Elles s'appuient en ce moment sur les conseils municipaux élus; c'est dans leur sein que l'on a été chercher les maires ; il n'est donc pas étonnant que l'autorité municipale soit presque partout en désaccord avec l'administration qui est soumise à l'autorité militaire. Détruire celle-ci pour pouvoir se rendre maître de celle-là, et pour arriver plus facilement à cette destruction, saper en même temps la religion et la magistrature, tel est le plan général. Les journaux y travaillent tant qu'ils peuvent, *per fas et nefas,* par des articles sérieux, par d'insolentes menaces, comme aussi par la plaisanterie et le ridicule; toutes armes leur sont bonnes pour frapper l'ennemi commun.

Les municipalités élues par les lecteurs de toutes ces feuilles sont naturellement imbues des idées radicales, et le maire, là où il y en a, représente, comme il est juste, les idées de la municipalité. Donc avoir partout une municipalité élue, supprimer tous les territoires militaires pour avoir partout la commune de plein exercice, voilà le premier pas à faire : je vous l'ai déjà dit dans une de mes précédentes lettres. Le second est d'augmenter par tous les moyens la puissance et l'action de ce conseil élu, de cette municipalité, de le mêler à tout, de l'introduire partout; peu importe si le résultat est bon ou mauvais pour la colonie, s'il arrête l'administration, s'il démoralise la population en faussant en elle les idées du juste et du vrai. Je ne veux pas répéter tout ce que je vous disais là-dessus dans ma lettre datée de Batna il y a un mois environ.

Une des tendances les plus habituelles de ces conseils est de tout rapporter à la commune qu'ils représentent, sans vouloir tenir compte des besoins des autres services et particulièrement de ceux du service militaire. Il est vrai que celui-ci s'était fait la part assez belle au moment de la conquête, et c'était justice, car il avait alors à pourvoir aux besoins de tous, civils et militaires; il tenait donc en ses mains tous les moyens d'action, et particulièrement les terrains et les bâtiments. En lui enlevant une partie du pouvoir, on lui demanda aussi la cession d'une partie des moyens par lesquels il l'exerçait, cela était tout naturel encore. Seulement le proverbe dit avec raison que l'appétit vient en mangeant, et une fois que les municipalités eurent commencé à recevoir, elles voulurent recevoir encore, prêtes même à prendre au besoin. Jardins, maisons, palais, écoles, hôpitaux, champs de manœuvres, tout était à leur convenance. Quel vaste appétit! Je veux bien que le service militaire ait eu de la peine à se décider à rétrécir son domaine, qu'il en ait même parfois conservé plus qu'il ne lui est nécessaire; mais ce n'est pas une raison pour que les communes envahissent tout.

J'en ai vu un exemple à Alger, qui a pris des proportions inouies et qui vous montrera comment les règles les plus simples de la logique et du bon sens peuvent être quelquefois violées par passion ou par crainte. Il s'agit de la ville d'Alger qui d'un côté voudrait bien qu'on lui cédât une partie du champ de manœuvres d'Hussein-Dey, qui de l'autre se plaint de l'insuffisance de l'enceinte de la ville, soutient que le service militaire y occupe beaucoup plus de place qu'il ne serait utile, et qu'il faudrait le réduire pour augmenter les emplacements livrés à la population civile. En admettant qu'il y ait du vrai dans cette dernière réclamation, il faut d'abord reconnaître que l'État ne doit céder son domaine qu'à titre onéreux, car ce domaine, nul ne peut lui en contester la possession, et il n'est nullement obligé d'en faire cadeau à la ville qui en tirerait de l'argent. Ensuite il semble que l'autorité militaire est seule juge de ses besoins; seule elle est compétente pour les apprécier, et si l'on doute de la bonne volonté de l'autorité locale, on n'a qu'à faire résoudre la question par le ministre lui-même, sur les propositions d'inspecteurs généraux envoyés de France. Mais on n'a pas agi ainsi : une commission composée de membres civils et militaires a été nommée par le ministre de la guerre pour juger cette affaire. Voilà donc l'élément civil appelé à décider des besoins de l'armée! N'est-ce pas, comme je vous le disais tout à l'heure, le renversement de la logique la plus simple. On a voulu faire une concession au parti de la civilianisation, et celui-ci en a profité immédiatement pour montrer de nouvelles exigences. La présence du gouverneur général, absent lors d'une première discussion, a intimidé les meneurs, et une espèce de transaction est intervenue ; de plus la question de l'agrandissement de la ville a été ajournée. Si vous rapprochez ces faits des attaques passionnées dont un président de chambre est en ce moment l'objet pour un arrêt rendu contre un journaliste qui l'a insulté, vous aurez une légère idée, mon cher ami, de l'esprit de la population en Algérie. Voici un autre fait qui va la compléter :

Depuis longtemps les processions de la Fête-Dieu ont lieu à Alger sans avoir jamais amené le moindre désordre ; les juifs comme les musulmans sont trop religieux pour être blessés d'une manifestation pieuse, et la loi qui autorise les maires à empêcher ces réunions dans les villes où deux cultes différents et ennemis sont en présence, et où par suite il pourrait y avoir conflit et désordre, a été faite, nul ne l'ignore, au moment où protestants et catholiques semblaient sur le point de se combattre dans les villes du midi de la France. Or rien de pareil n'existe à Alger; toutefois le droit du maire est incontestable, et le préfet ne pourrait casser l'arrêté, quand on vient le soumettre à son visa, qu'en appréciant la possibilité du désordre, ce qui paraît assez difficile, puisqu'après tout la responsabilité de ce qui se passe dans une commune appartient d'abord au maire. Suivant donc l'exemple donné par son collègue de Marseille, auquel, si je ne me trompe, revient l'honneur d'avoir ouvert la marche, le maire d'Alger prit l'arrêté de défense, subissant ainsi la volonté du parti radical, et l'envoya à l'approbation du préfet. Celui-ci se contenta de le viser sans observations et le retourna à son auteur, qui ne le fit pas afficher, qui ne prévint même pas les autorités religieuses : il était embarrassé et craignait la désapprobation de la partie saine de la population et surtout des marchands qui gagnent toujours dans ces cérémonies.

Personne n'étant prévenu, au moins officiellement, l'arrêté n'ayant pas été affiché, la procession a été publiquement annoncée en chaire, hier, dans toutes les paroisses de la ville, au grand étonnement des assistants. Qu'est-ce que cela va devenir? L'embarras est, dit-on, très-grand des deux côtés, et l'absence de l'archevêque vient l'augmenter encore. Je vous tiendrai au courant des suites de cette affaire intéressante ; mais il me semble que, quoi qu'il arrive, ce ne sera pas le maire qui aura le beau rôle. J'ignore si le maire de Constantine a voulu rester l'égal de celui d'Alger, mais cela me semble difficile vraiment, alors qu'il autorisait il y a un mois à peine la procession des musulmans faite dans le but d'obtenir de la pluie : je tâcherai de me renseigner à ce sujet.

Cependant je continue avec mes amis à visiter les environs d'Alger, et nous avons fait ensemble deux courses un peu longues et intéressantes, depuis ma rentrée. La première est beaucoup plus courte que la seconde, et je vous la raconterai aussi plus brièvement. Des terrasses du quai j'avais souvent regardé un bâtiment important situé à la limite des hauteurs qui couronnent la rade vers l'Est, et l'on m'avait dit que c'était le grand séminaire. C'est ce point qu'il s'agissait de visiter ; il porte le nom de Kouba, à cause d'un tombeau de marabout situé près du sommet, lequel a une assez grande importance. Important aussi est le séminaire dont nous ne vîmes d'ailleurs que la chapelle, et la cour en forme de cloître qui la précède. Ce bâtiment est beaucoup plus grand qu'il ne faut pour le grand séminaire du diocèse d'Alger. Il semblerait bien naturel, en présence des faibles ressources que possèdent les trois diocèses pour entretenir leurs séminaires sur un pied convenable, de les réunir en un seul qui trouverait sa place à Kouba dans le bâtiment dont je vous parle et qui serait très-suffisant. Il y aurait une immense économie d'une part, et de l'autre on éviterait la difficulté que l'on éprouve à trouver un personnel enseignant pour les trois séminaires actuels : les études seraient plus fortes, et en outre on n'enlèverait pas autant de prêtres aux fonctions ordinaires du culte dans un pays où leur nombre est déjà trop restreint. Je sais bien que MM. les évêques des deux diocèses suffragants perdraient un de leurs privilèges les plus sérieux par cette organisation ; ils ne dirigeraient plus immédiatement l'éducation de leur clergé ; mais ils n'ignorent pas que la direction serait toujours donnée dans un excellent esprit ; ils pourraient d'ailleurs conserver sur elle une juste action, et les avantages seraient si grands à mes yeux que je n'hésiterais pas à leur place à adopter cette réunion, surtout au moment où l'on diminue de parti pris les allocations insuffisantes du budget en faveur de ces établissements.

De la hauteur qui couronne le séminaire on jouit d'un coup d'œil splendide ; à l'ouest la ville d'Alger, le port et la rade, et aux pieds du spectateur les beaux jardins qui sont le long du rivage ; au nord encore la rade et la pleine mer ; au nord-est la presqu'île de Matifou, et à l'est le commencement des plaines de la Mitidjah, l'Oued-el-Harrach, et la chaîne de montagnes qui le sépare de l'Oued-Isser, montagnes qui forment le fond du tableau de ce côté. Enfin vers le sud se développe un plateau parfaitement cultivé et semé de fermes et de maisons de campagne; nous le parcourons en revenant, suivant une fort jolie route qui nous ramène dans le haut de la ville.

La promenade à Staouëli, à la trappe qui porte ce nom, est une véritable course, qui demande toute la journée, si l'on veut visiter l'établissement et en même temps suivre deux routes différentes pour l'aller et le retour : c'est ce que nous fîmes en effet. Nous partîmes par le bord de la mer, Saint-Eugène, la pointe Pescade, jusqu'au cap Caxine. La route en ce point s'écarte de la côte et l'on arrive à l'important village de Guyotville, bien bâti, aux rues larges, plantées de beaux arbres, et copieusement arrosées. Nous le dépassons en prenant la route de Sidi-Ferruch que nous voyons sur notre droite. Nous avions bien envie d'aller jusque là, mais la course eût été vraiment trop forte pour le cheval, en outre l'heure avançait; et il fallut nous contenter de regarder avec nos lunettes la pointe et le fort qui la domine : avec la transparence de l'air qui règne habituellement sous ce beau ciel, nous distinguions parfaitement l'ensemble et même les principaux détails. Quittant alors la route de Sidi-Ferruch nous nous jetons à gauche dans un chemin de traverse assez mal entretenu, qui nous ramène vers Staouëli en rejoignant la route de Staouëli à Sidi-Ferruch, et enfin nous arrivons chez les Pères par une belle avenue de grands arbres.

Après quelques minutes de repos dans le salon des étrangers, qui est à l'extérieur, nous pénétrons, mon ami et moi, dans l'enceinte du monastère, et comme elle est sévèrement interdite aux femmes, nous avons le regret de nous séparer de notre compagne de voyage que nous n'allons pas tarder à venir rejoindre pour le déjeuner. En l'attendant nous allons au devant du Père qui doit nous faire les honneurs du couvent, car jusqu'à présent nous n'avons vu que des frères convers, et nous l'espérons (style de provençal) en visitant des pépinières fort bien arrosées et peuplées de jolies fleurs, avec lesquelles on prépare des essences. Le Père arrive enfin avec son costume blanc, et après les compliments habituels nous retournons au salon, où l'on nous sert le déjeuner maigre d'usage. Il est heureusement assaisonné d'assez bons vins, de couleurs et de qualités différentes, tous provenant de l'exploitation. Le Père assiste au déjeuner que nous sert le frère convers, et il nous donne des renseignements intéressants sur l'établissement, sur l'exploitation, etc. Les religieux sont environ soixante dont une quarantaine de Pères. Ceux-ci ne se livrent pas au travail manuel ; en dehors des exercices de la communauté, ils s'occupent de l'administration de la maison qui est importante. La concession qui leur a été accordée comprend en effet plusieurs milliers d'hectares qu'ils défrichent et mettent successivement en culture, employant à ce défrichement les bénéfices de l'exploitation ; aujourd'hui ils ont plus de mille hectares en plein rapport. Leurs ouvriers sont des condamnés militaires, surveillés par des zouaves ou des turcos. Je crois me rappeler qu'ils en emploient deux cents, choisis parmi les meilleurs ; ils sont divisés en ateliers ayant pour chefs les frères convers. Ils payent chaque travailleur 1 fr. 10 c., le nourrissent et le logent. Il est bien entendu que le condamné ne perçoit pas lui-même le fruit de son travail, on lui donne seulement quelques sous pour acheter du tabac, et le reste, déduction faite d'une certaine retenue pour les vêtements, l'entretien, etc., se capitalise et forme un pécule qui est remis à l'homme à l'expiration de sa peine.

Nous nous hâtâmes, après déjeuner, d'aller visiter la ferme avant que les troupeaux ne sortissent : ils sont nombreux et en excellent état, bêtes à cornes, race ovine et race porcine. Pour tous ces animaux on a construit des étables, des bergeries, des porcheries, plus des écuries pour les chevaux, et ces bâtiments forment un ensemble très-bien entendu ; on y a ajouté des ateliers de menuiserie, de charronnage, de serrurerie, et une belle tonnellerie. Les chaix sont magnifiques et par leur grandeur et par leur disposition. De chaque côté du bâtiment est une ligne de grands foudres bien alignés sur leurs chantiers et ne contenant pas moins de deux cents à deux cent cinquante hectolitres chacun ; c'est d'un bel et riche aspect : j'en ai compté une vingtaine, je crois. Pourvu que le phylloxera n'aille pas attaquer leurs vignes si bien cultivées ! Une partie de ces vins se boit en Algérie ; l'autre est exportée à l'étranger.

Des bâtiments on nous a conduits dans les jardins qui sont immenses ; ils comprennent trente ou quarante hectares clos de murs et admirablement arrosés par plusieurs sources abondantes. On y cultive en pleine terre toutes les plantes des pays chauds, le palmier, le latanier, l'ananas, l'oranger, le citronnier, et aussi tous nos légumes d'Europe ; quelques-uns de nos arbres fruitiers même y réussissent fort bien : toute cette culture est fort intéressante.

Nous avons terminé cette visite par celle du couvent lui-même, des cellules des Pères, de la chapelle où l'on chantait vêpres quand nous y sommes entrés, de la salle du chapitre et de la bibliothèque. Tout cela forme une construction à part, isolée du reste de l'établissement général. On nous y a présenté le registre où les visiteurs inscrivent eux-mêmes leurs noms, et en le feuilletant nous y avons lu beaucoup de remarques que l'on eût mieux fait de ne pas y consigner. Nous nous sommes contentés d'exprimer l'intérêt que nous avait causé notre visite ; puis nous sommes revenus au parloir extérieur où nous avons retrouvé notre compagne, et après différentes petites acquisitions, après avoir pris congé et remercié de nouveau le Père de son hospitalité, nous sommes partis en exprimant le regret de n'avoir pas vu le supérieur qui était à Alger.

En somme ce couvent représente bien ces grands établissements religieux du moyen-âge, où le défrichement et la culture accompagnaient la prière et les exercices religieux. Il y aurait illusion complète et l'on se reporterait de cinq ou six siècles en arrière, si les bâtiments portaient le cachet de l'architecture du XII° ou du XIII° siècle; mais il faut avouer qu'il leur manque complètement.

Je fais d'ailleurs un reproche, grave à mes yeux, à cet établissement si bien dirigé, c'est celui d'employer des condamnés comme travailleurs. Il peut y trouver profit, grâce à la complaisance de l'administration militaire qui lui donne ses meilleurs sujets; mais en me mettant à un point de vue supérieur à celui du profit, au point de vue de la moralité générale d'une part, de la colonisation de l'autre, n'y aurait-il pas avantage à employer des travailleurs civils que l'on établirait avec leurs familles sur la concession : on développerait ainsi la richesse du pays par l'augmentation de la population; toutes ces familles groupées autour du monastère, lui devraient le calme et l'aisance, et répandraient la vie dans les environs : elles en appelleraient certainement d'autres.

Nous revenons par l'intérieur des terres, par le village de Chéragas, en traversant le champ de bataille de Staouëli, qui, en 1830, marqua notre première étape vers Alger, puis en approchant d'El Biar, nous tournons à gauche dans le dessein de rentrer par les hauteurs de la Bou-Zareah, et par le ravin des carrières duquel on tire toutes les pierres qui servent aux constructions de la ville. Nous voilà donc engagés dans une assez bonne route, toute neuve seulement, et que ne reconnaissaient ni mon ami ni le cocher. J'étais convaincu que nous commettions une erreur, mais je ne disais rien, me contentant de ne pas manifester une confiance entière dans l'arrivée au but vers lequel nous tendions : la route nous écartait trop à gauche, nous reculions évidemment en sens contraire d'Alger. Enfin nous arrivons à un monument pourvu d'un magnifique drapeau aux couleurs nationales, et nous lisons sur la porte : *Dépôt de mendicité*. Nous devions trouver sur notre route de la Bou-Zareah l'établissement des petites sœurs des pauvres, et nous arrivions à la maison rivale, que le conseil de préfecture radical vient de créer : nous rîmes beaucoup de la mésaventure; il était d'ailleurs trop tard pour profiter de notre erreur et visiter le dépôt; nous résistâmes donc aux sollicitations du gérant, et en route! Le plus ennuyé fut certainement le cheval, car il fallut refaire en sens inverse tout le chemin de traverse parcouru; nous rentrâmes en ville par El Biar, la colonne Voirol et la route de Mustapha.

Ce fut une rude journée en somme et nous en fûmes tous les trois très-fatigués, d'une fatigue qui dura plusieurs jours. Faut-il l'attribuer à la chaleur chaude et humide de la journée, ou à la cuisine des bons Pères, ou à la promenade elle-même? Peu importe, le fait existe, et il nous a forcé au repos. Aussi voyez, mon cher ami, comme j'en ai profité pour causer avec vous. Jamais, je crois, je ne vous ai écrit une lettre aussi longue, jamais je n'ai autant abusé de vos moments. Ne croyez pas que je m'en repente; non en vérité; je vois ici trop de choses nouvelles pour ne pas vous en faire part, et la mine est loin d'être épuisée; seulement je m'arrête pour aujourd'hui : je ne resterai pas longtemps sans reprendre la plume. Serai-je encore à Alger, c'est ce que je ne puis dire : je pars demain pour Blidah et Médéah; c'est une petite tournée de deux jours, et je voudrais quitter Alger d'aujourd'hui en huit pour gagner la province d'Oran; seulement je ne sais pas encore si ce sera un départ définitif, ou si je reviendrai prendre ici le paquebot du retour : je déciderai cette question suivant les circonstances.

Adieu donc, mon bien cher ami; je vous envoie une cordiale poignée de main de

Votre tout dévoué et affectionné.

A. R.

LETTRE DIX-HUITIÈME

Alger, 16 juin 1878.

Voici la dernière lettre que je vous écrirai d'Alger, chère Madame et amie, car je reprends demain ma vie de course et d'aventures; demain je dis adieu à mes amis et à la ville d'Alger. J'y aurai passé près de trois semaines, et elles se sont écoulées vite, je vous assure. Ce que je vous dis là n'est peut-être pas d'une galanterie raffinée; un autre vous écrirait sans doute que loin de vous le temps ne peut paraître court; il vous ferait là-dessus quelque joli madrigal, dont il ne penserait pas le premier mot : je préfère vous dire les choses telles qu'elles me viennent à l'esprit, vous en avez assez pour les bien démêler, et vous ne me traiterez pour cela ni de maniaque ni d'original. Je vous ferais bien d'ailleurs ma profession de foi à ce sujet : je ne me blesserai jamais d'être traité d'original; ne l'est pas qui veut; ne sort pas qui veut de la route frayée, car il faut un effort pour se mettre à dos tous les moutons de Panurge, pour pouvoir dire avec Horace : *odi profanum vulgus et arceo :* Je hais le vulgaire profane et je le méprise ; (je me hâte de vous traduire ma citation latine, en vous priant de l'excuser) ; en un mot pour être soi, pour n'être pas compris dans le vil troupeau des imitateurs : ceci est encore de l'Horace. Je m'arrête de peur qu'après m'avoir traité de maniaque, vous n'y ajoutiez le titre de pédant. Pendant que vous y êtes accusez-moi aussi de paresse, et tous les péchés capitaux finiront par y passer. Il est vrai qu'il y a longtemps que je ne vous ai écrit, près de quinze jours. C'est que j'avais moins à vous raconter, c'est que j'ai été pris d'un accès de far-niente après la fièvre du voyage, c'est que le temps chaud et humide donne de la fatigue, augmente le besoin de ne rien faire et conduit à la flânerie à laquelle je m'abandonne toujours avec un certain plaisir.

Je me promène et je cause, voilà en quoi peut se résumer ma vie depuis que je suis rentré à Alger. J'avais une certaine envie de retourner faire une seconde visite aux quartiers arabes, de les étudier plus à fond ; mais je n'en ai pas trouvé l'occasion. J'ai cherché aussi à me donner le spectacle des Aïssaouas, de ces fanatiques qui, dans leur exaltation, lèchent des barres de fer rouge, marchent sur des clous pointus, se régalent de feuilles épineuses, etc. Mais ils ne donnent pas à proprement parler des représentations : leurs exercices constituent un acte religieux qu'ils accomplissent dans des circonstances solennelles, aux jours de certaines fêtes, dans des maisons particulières, et tout le monde n'y est pas admis. On dit même que la politique n'y est pas toujours étrangère et que des idées de révolte fermentent souvent dans leurs réunions, sous le voile de ces scènes sauvages de fanatisme religieux : aussi exige-t-on qu'elles n'aient lieu que sur une autorisation spéciale. Il m'était facile d'avoir une invitation, mais malheureusement on n'était pas à l'époque des fêtes que ces exercices accompagnent. Je ne suis pas d'ailleurs un assez grand personnage pour que l'on me fît l'honneur d'une représentation particulière, et à mon grand regret il me fallut renoncer à ce spectacle. Je ne vous en parlerai donc pas, car je me suis fait une loi de ne vous décrire que ce dont je puis dire : Je l'ai vu, vu, de mes deux yeux vu, comme le dit madame Pernelle.

Il est encore une curiosité du pays que je n'ai pas visitée, et que je ne visiterai pas probablement, ce sont les bains maures. Je serais assez curieux cependant de connaître leur aménagement intérieur, de voir comment on y est traité, de savoir tout ce qui s'y passe; on raconte bien des choses auxquelles je n'ose croire, et j'aurais aimé à constater par moi-même la fausseté désirable de certaines accusations; mais je ne me souciais pas de me soumettre à ce que je regarde comme un véritable supplice, à passer brusquement du froid au chaud, du chaud au froid, à étouffer pour geler ensuite, et surtout à me confier aux pattes d'un masseur. Je me suis donc abstenu, et je m'en repens presque, mais il est trop tard pour m'aventurer dans ces hammam; je pars demain.

J'ai consacré deux jours de la semaine dernière à une jolie excursion, que je projetais depuis longtemps, à visiter Blidah et Médéah. Mon ami allait en inspection dans la première de ces villes, c'était une bonne occasion, de laquelle je devais profiter. Nous voilà donc partis en nombreuse société, dès six heures du matin, par le chemin de fer d'Alger à Oran; il est bizarrement tracé ce chemin; pour aller dans l'ouest, on commence par se diriger droit vers l'est en suivant le bord de la mer depuis Alger jusqu'à la plaine de la Mitidja à hauteur de la Maison-Carrée. Là on se détourne brusquement à droite pour suivre cette plaine. On a ainsi évité les difficultés que l'on eût éprouvées en s'engageant dans le massif de montagnes qui est au sud-ouest d'Alger, et de plus on dessert successivement les riches vallées de l'Harrach, de la Chiffah, de l'Oued Djer, etc. Cette plaine de la Mitidja, si insalubre autrefois, est aujourd'hui magnifiquement cultivée, et presqu'entièrement assainie. J'aperçois bien sur la voie, entre la Maison-Carrée et Bouffarick, vers Birtouta, quelques figures un peu fiévreuses, je vois aussi quelques marécages, mais ce ne sont que des exceptions, et de nombreuses plantations d'eucalyptus semblent, sentinelles avancées, repousser l'ennemi, la fièvre paludéenne. C'est là vraiment que cet arbre, assez laid d'ailleurs, aux formes contournées lorsqu'il a acquis un certain âge, peut rendre d'importants services; mais je ne le regarde que comme un pionnier qui doit céder la place à des produits plus sérieux, quand au simple campement succède l'habitation définitive.

Nous passons Bouffarick, centre riche et important; je passe aussi Blidah, où je reviendrai le lendemain, où s'arrêtent plusieurs de mes compagnons de route, et je vais jusqu'à la Chiffah, village assez important situé non loin de la rivière de ce nom. Là je prends une véritable diligence sur le haut de laquelle je me hisse pour mieux voir, et nous voici en route pour Médéah. Après quelques kilomètres en plaine, nous entrons dans les gorges de la Chiffah, très-connues, d'abord parce que l'on peut facilement y aller d'Alger, et ensuite parce qu'il s'y est passé diverses actions de guerre assez importantes. La route que l'on suit est jolie et intéressante; le site est sauvage; mais il ne faudrait pas y venir après avoir vu les gorges du Chabet. La montagne est loin d'y présenter et les hauteurs immenses, et les escarpements si abruptes, et les profondeurs étourdissantes du défilé de la Kabylie. Telles qu'elles sont j'ai été enchanté de les parcourir.

A un ravin dit le Ravin des Singes, parce que

l'on y rencontre assez souvent de ces vilains animaux, j'ai déjeuné médiocrement, en grande société de mouches; mais je n'y ai vu que deux singes vivants, solidement attachés, et qui m'ont fait des grimaces affreuses. En revanche les murs sont garnis de croquis artistement dessinés dans lesquels les singes jouent des rôles de toutes sortes depuis celui de général jusqu'à celui de marmiton, et gambadent et grimacent à qui mieux mieux. Il y aurait une jolie promenade à faire dans ce vallon des singes; mais le déjeuner est fini, et je reprends ma place sur la diligence. Comme la montée est longue pour arriver au sommet du Djebel-Nador sur le versant opposé duquel est située Médéah! Elle ne dure guère moins de trois heures, pendant lesquelles on suit des lacets interminables : enfin on franchit le col, duquel on jouit d'une très-belle vue surtout du côté nord-ouest, vers Milianah que l'on distingue à l'horizon, et après un quart d'heure de descente on est à Médéah : j'y arrive à une heure et demie, et j'ai toute l'après-midi pour visiter cette petite ville.

Elle se compose à la mode habituelle de deux parties, la ville et la citadelle : celle-ci, construite sur le point le plus élevé, à 920^m au moins au-dessus du niveau de la mer, comprend les établissements militaires principaux. L'hôtel de la subdivision est en ville sur une jolie place, bien ombragée, bien arrosée, où se trouvent aussi le principal café et le bureau des diligences. Je ne saurais vraiment, chère Madame, vous y signaler rien de bien intéressant, et j'y venais plus pour la route à parcourir que pour la ville elle-même, que je ne suis cependant pas fâché d'avoir visitée. J'avais pour y venir un autre intérêt, celui d'y retrouver une ancienne connaissance de Saint-Cyr et de Fontainebleau, le lieutenant-colonel commandant les spahis ; nous avions fait route ensemble le matin jusqu'à Blidah, où il s'était arrêté pour déjeuner, et il revenait à Médéah pour me recevoir à dîner, ce dont je lui sus le plus grand gré. Charmant dîner vraiment, quoique sa famille fut absente. Nous y avons, comme vous le pensez, beaucoup parlé de nos connaissances de France, et vraiment nous en avons dit beaucoup de bien, pas plus qu'elles n'en méritent. La soirée s'est donc écoulée rapide ; je ne pouvais d'ailleurs la prolonger outre mesure, car le lendemain il fallait être debout à quatre heures pour descendre les gorges de la Chiffah et venir déjeuner à Blidah où j'étais attendu ; ce qui était dit fut fait.

A quatre heures, avant le lever du soleil, l'air était très-frais ; aussi la descente se fit agréablement et rapidement. J'eus toutefois le temps de jouir de nouveau de la vue de ces belles gorges, de ces sites sauvages, de leurs escarpements et des filets d'eau qui montrent l'emplacement des cascades existantes en temps d'hiver ou de grande pluie ; elles doivent être alors fort belles ; mais aujourd'hui on ne peut que se les figurer. Nous faisons encore une courte station au Ravin des Singes, le temps d'y boire le café du matin, et bientôt nous sortons des gorges, nous roulons dans la plaine. La route traverse l'Oued Chiffah sur un beau pont de construction récente, mais elle devient monotone et poussiéreuse, et la température est brûlante. Enfin nous arrivons à Blidah vers huit heures du matin.

Blidah! ce nom si gracieux à prononcer n'éveille-t-il pas en vous des idées douces et riantes? Ne vous semble-t-il pas que la vie doit être facile dans un endroit qui porte ce joli nom? Vous n'êtes pas d'ailleurs, chère Madame, sans en avoir entendu parler, et la réputation de ses oranges est venue certainement jusqu'à vous. C'est qu'en effet Blidah est une ville favorisée du ciel; construite aux pieds de la montagne, elle est abondamment fournie d'eau par l'Oued el Kebir, et le sol des jardins qui l'environnent est d'une fertilité remarquable. Il y fait bien chaud l'été, il est vrai; mais l'hiver y est si beau! Et puis les jardins qui l'entourent sont si frais, les terres voisines sont si riches! Aussi de tout temps Blidah a été considérée comme une ville de plaisirs, et même de plaisirs assez faciles; les Arabes l'appelaient Blidah la Courtisane et elle méritait, dit-on, ce nom. Elle est entourée d'une muraille crénelée; et de plus un fort la domine qui aiderait à sa défense. Il y a à l'intérieur de belles et larges rues et plusieurs grandes places, mais les maisons arabes vont tous les jours en diminuant en nombre, ce que je regrette à plusieurs points de vue. Il existe une grande activité dans la population. Je remarque que les femmes sont voilées avec plus de soin qu'à Alger; elles ne gardent qu'un œil pour se conduire; à en croire le surnom de la ville, le diable n'y perdrait rien. Il y a une église assez bien construite. Les jardins de l'hôpital militaire sont réellement fort beaux. Comme établissements publics, j'ai visité avec intérêt une école normale de tir et un haras considérable où j'ai vu de très-beaux chevaux.

L'extérieur de la ville m'a surtout intéressé. On y rencontre deux jolis jardins publics, et de plus un grand nombre de beaux jardins particuliers, tous parfaitement arrosés. Ces derniers renfermaient autrefois de véritables bois d'orangers, dont quelques-uns atteignaient de fortes proportions : ils fournissaient ces oranges de Blidah dont la réputation est européenne. C'était plaisir de se promener au milieu de ces arbres portant à la fois des fleurs et des fruits à différents degrés de maturité. Malheureusement après la guerre qui en détruisit déjà un grand nombre, une maladie inconnue s'est jetée sur eux, et il en périt chaque année une grande quantité, surtout parmi les plus beaux, parmi les plus anciens. Je n'ai d'ailleurs visité aucune des propriétés particulières où ils sont enfermés. Je ne comprends pas que l'on entre chez des personnes que l'on ne connaît pas pour visiter leurs parcs, leurs maisons ou châteaux, fussent-ils historiques; si j'étais l'heureux possesseur de ces propriétés, je fermerais nettement la porte au nez de tous ces importuns, et comme j'ai peur qu'on ne me la ferme à moi-même, je ne m'y présente pas : s'il me faut entrer par égards pour les personnes que j'accompagne, je me sens mal à l'aise tout le temps que dure la visite, et j'ai grande hâte de la terminer.

Je fis au contraire une assez longue station dans les deux grands jardins publics, dans lesquels me conduisit un complaisant camarade. Le premier est nouvellement créé; il est dessiné à l'anglaise, avec une jolie pelouse au centre, et de l'eau en abondance. Il représente pour moi la jeunesse, l'avenir, l'espérance. Et cependant, si joli qu'il soit, je lui préfère l'ancienne promenade que l'on appelle le Bois Sacré, bien qu'elle soit plus éloignée de la ville, ce qui est toujours à considérer quand il faut affronter les rayons d'un soleil ardent. Elle est dessinée à la française; c'est l'image du passé; mais comme ce passé nous ramène à de nombreux, à de chers souvenirs! C'est ainsi que l'imagination transforme toujours les objets dont nous sommes entourés, et que les points de vue changent suivant les temps et les circonstances. Quel que soit celui où l'on se place, jeunesse, ou âge mûr, ou vieillesse, on admirera toujours les magnifiques oliviers du Bois Sacré; je n'en avais jamais vu d'aussi beaux ni comme hauteur, ni comme grosseur; ils atteignent les proportions des plus beaux arbres de nos forêts; ils doivent avoir bien des siècles d'existence. Quelle différence il y a entre ces beaux arbres et les maigres oliviers de notre Provence! Le nom de Bois Sacré indique d'ailleurs que cette promenade a une origine religieuse; et en effet ces beaux arbres entourent une très-ancienne Kouba, fort respectée des Arabes, et leur longévité est due probablement à ce respect, que je ressens aussi moi-même toutes les fois que je me retrouve devant ces vieux témoins des siècles passés; il me semble qu'en les interrogeant, qu'en les fouillant attentivement du regard, je finirai par y trouver leur histoire; mais celle de cette Kouba est restée lettre close pour moi. Mon après-midi se passa ainsi fort agréablement en promenades et en causeries, et le soir je rentrais à Alger pour dîner.

J'ai encore fait dans les environs de cette ville une promenade intéressante de laquelle je veux vous dire un mot; ce fut la dernière d'ailleurs. Nous avions tenté une fois de nous y lancer en revenant de Staouëli, mais une erreur de route nous avait conduit en un tout autre point; nous tenions à exécuter notre projet, ou pour mieux dire mes excellents amis tenaient à me faire voir un site intéressant. Il s'agissait de monter sur le plateau culminant des hauteurs du sud-ouest, à l'endroit nommé le Bou-Zareah, et de redescendre ensuite par le ravin des carrières. Longue est la montée par laquelle on arrive d'Alger à El Biar en passant sous le fort l'Empereur; et d'El Biar au plateau de la Bou-Zareah, il y a encore une assez longue distance : pauvre cheval, avait-il chaud quand il nous a eu monté en ce point : mais aussi comme nous y jouissions d'un magnifique point de vue en le laissant se reposer un peu. Nous opérâmes la descente prudemment, doucement, prudemment parce que les pentes en sont raides, les retours à angles aigus, doucement parce que le ravin sur les pentes duquel on chemine est réellement fort joli, et qu'il faut le temps de le regarder. Dans sa partie supérieure a été construite la maison des petites sœurs des pauvres qui prend chaque jour de l'accroissement, malgré la rivalité du dépôt de mendicité gouvernemental. Nous n'avons pas voulu nous y arrêter ; il était un peu tard d'abord, et puis je ne connaissais pas moins que mes amis l'intérieur de ces établissements si admirablement tenus avec des ressources si modiques. Il faut un dévouement que la religion seule peut donner, pour suffire à tous les devoirs que s'imposent les chères petites sœurs : mendier d'abord la nourriture de leurs pauvres, puis la préparer, puis la servir en ne gardant pour elles que les restes des restes, n'est-ce pas vraiment le chef-d'œuvre de la charité? Et ce n'est qu'une partie de la leur; car il faut encore s'occuper de tout le ménage intérieur, faire les lits, balayer les chambres, soigner les malades e tles infirmes, et au milieu de toutes ces occupations quelquefois rebutantes, nos bonnes petites sœurs restent gaies et de bonne humeur. Aussi n'est-il pas étonnant qu'elles soient admirées et aimées partout où elles vont s'établir, et qu'elles trouvent toujours des ressources inattendues. Les âmes d'élite se comprennent entre elles, et lorsque les devoirs de société et de famille en classent quelques-unes dans le monde, lorsque de saintes affections les y retiennent, elles savent dérober à celui-ci le plus de temps possible pour venir admirer leurs sœurs plus heureuses, celles qui ont choisi la meilleure part, pour les aider sinon de leurs mains, au moins de leurs conseils et de leur bourse, et c'est ainsi que toutes ces maisons, commencées sans ressources certaines, prospèrent et grandissent; je ne veux pas dire de mal de la philanthropie administrative, qui rivalise avec les petites sœurs pour faire le bien; seulement je ne veux pas lui donner ce noble nom de charité, qui veut dire amour.

Nous passons donc devant cette maison bien située et jouissant d'une très-belle vue, et nous continuons à descendre en laissant à droite et à gauche de jolies maisons de campagne. A un détour nous nous croisons avec deux des petites sœurs qui remontent chez elles après avoir fait leur tournée en ville ; la montée est dure sous ce soleil de plomb, aussi l'une d'elles, la plus âgée, s'est perchée sur le bât du cheval qui rapporte les provisions, tandis que l'autre suit à pied avec le vieux conducteur : nous échangeons quelques paroles et nous continuons en sens inverse, elles à monter, nous à descendre : nous rentrons en ville par le jardin Marengo et la porte Bab-el-Oued ou de Saint-Eugène.

Je ne vous ai pas parlé de ce jardin, construit par les soins et sous la direction d'un vieil officier qui a longtemps commandé la place d'Alger; le colonel Marengo y faisait travailler les hommes de troupes punis, et le service du génie fournissait les instruments et les matériaux. Ce jardin n'a donc presque rien coûté; il s'étage en terrasse au bas des pentes qui montent à la Kasbah, en avant des remparts. On y jouit d'une assez belle vue, mais il manque de profondeur de sol, il n'est pas assez arrosé, il est sec par conséquent, et dans le bas on est gêné par la poussière de la route ; aussi m'a-t-il paru un peu délaissé.

Je vous quitte, bien chère Madame, pour faire mes préparatifs de départ : comme je vous l'ai dit, je me remets décidément en route demain matin, dès six heures, et les bons amis chez lesquels je suis veulent à toutes forces me faire la conduite jusqu'à la gare. Il m'en coûte vraiment de me séparer d'eux, mais nous nous retrouverons bientôt en France, à Fontainebleau même, et j'en suis bien heureux. J'abandonne à regret cette belle et grande ville d'Alger où j'ai pris pied sur la terre d'Afrique il y a deux mois. Et cependant cet abandon est comme le signal du retour vers la France. Je ne pense pas qu'il me faille plus de trois semaines pour parcourir ce que je veux voir de la province d'Alger et de celle d'Oran ; et comme le bateau part de cette dernière ville une fois la semaine, le mercredi, je veux prendre celui qui partira de mercredi en trois semaines, le trois juillet. J'aurai ainsi passé en Algérie juste deux mois et demi ; c'est long sans doute, car il faut y ajouter près de trois semaines d'embarquement et de promenades en France. Il n'est pas probable en effet que je rentre tout d'une traite de Marseille à Fontainebleau ; je ferai certainement plus d'une étape sur la route. Voilà comme je suis : j'ai toujours de la peine à partir, mais une fois parti, je ne m'arrête plus.

Adieu donc, chère Madame et amie, souhaitez-moi bonne chance dans ma course à l'ouest, aussi bonne que je l'ai eue à l'est, et donnez-moi de vos nouvelles à Oran : il est probable que je vous donnerai des miennes avant d'arriver dans cette grande ville. Au reste je ne suis pas encore absolument fixé sur mon itinéraire. Ce qu'il y a de sûr c'est que demain et après-demain je me lance dans le vieux, je redeviens archéologue. Je vais me plonger jusqu'au cou dans les débris romains ou plutôt gallo-romains que l'on trouve entre Cherchell et Koleah, sur le bord même de la mer. Je serai bien là dans mon élément. Si vous saviez tout le plaisir que l'on éprouve à réveiller ainsi ce vieux passé, à le voir revivre dans son imagination? Je l'ai éprouvé à Lambæze près de Batna : En foulant les dalles de ces voies romaines, et passant sous ces portes antiques, je réveillais dans mon souvenir les légions qui les traversaient jadis, je les voyais arriver au théâtre et dans le cirque, je me confondais avec leurs cohortes, je vivais avec elles. Il en est de même lorsque je visite un vieux château du moyen-âge avec ses tours et son donjon; et je crois que si je montais sur la tour de Babel j'arriverais vite à ne plus me faire comprendre, tant je saurais me mettre en scène.

Mais vraiment j'abuse de votre patience; il faut vous quitter. Adieu donc encore une fois : permettez-moi de serrer votre main et de me dire en vérité

Votre ami respectueux et dévoué.

A. R.

LETTRE DIX-NEUVIÈME

Milianah, 19 juin 1878.

Je suis arrivé hier soir, mon cher ami, dans cette charmante petite ville de Milianah de laquelle je vous écris aujourd'hui ; je veux m'y reposer de mes fatigues d'hier et d'avant-hier. En ce point qui est élevé de onze cents mètres environ au-dessus du niveau de la mer, la température est agréable, quand on échappe aux rayons du soleil ; de plus la végétation est luxuriante, l'eau abonde ; c'est vraiment un charmant pays une fois que l'on y est arrivé ; mais il est dur d'y monter. Le chemin de fer m'avait déposé à Affreville vers cinq heures du soir, et ce n'est qu'à près de sept heures que j'étais à l'hôtel, fatigué d'une journée brûlante, terminée par cette longue montée dans une assez mauvaise voiture, dont le conducteur s'arrêtait à chaque casse-croûte (ce que nous appellerions un bouchon en France). Elle est bien jolie cependant cette route en lacet qui serpente parmi les arbres fruitiers ; on croit être au milieu d'un verger immense. Au-dessus de soi on voit les remparts de la ville couronnés de beaux arbres; de jolies cascades qui descendent le long de pentes cultivées en terrasses y entretiennent une délicieuse verdure. Tous ces jardins bien ombragés sont charmants à voir, mais il semble que l'on n'arrivera jamais, tant les détours sont longs et nombreux. Enfin on en fait un dernier qui vous amène derrière la ville, à une magnifique avenue qui longe le pied de la muraille, et qui se termine à une des portes. L'entrée en ville est belle aussi : une large rue bordée de deux rangs de platanes aboutit en descendant à une grande place au milieu de laquelle on a laissé subsister un pittoresque débris d'une ancienne mosquée, le minaret, qui porte l'horloge de la ville; sa base est perdue dans un groupe de verdure, d'un excellent effet. On est donc très-favorablement impressionné en arrivant, malgré la longueur de l'ascension et les lenteurs du voiturier. Et puis l'hôtel n'est pas mauvais; j'y ai parfaitement reposé, malgré les chiens qui ont aboyé une partie de la nuit dans les environs et je me trouve ce matin en bonne disposition; je vous écris dès l'aurore en attendant l'heure de la promenade. J'en ai fait une hier soir après dîner qui m'a déjà donné une petite idée de la ville, un vrai voyage de découvertes: je me suis lancé seul à la brune, et je me suis trouvé sur les remparts que j'apercevais en montant : de cette esplanade je voyais aux dernières lueurs du couchant se dérouler au-dessous de moi la riche vallée que je venais de parcourir; à son extrémité, par une fente étroite, j'apercevais la plaine du Chéliff et la route de Téniet-el-had; à gauche et à droite, des montagnes bornaient l'horizon sur tous les autres points. La nuit complète put seule m'arracher à ce spectacle en le faisant disparaître, et après quelques tours et détours faits à l'aveuglette dans les rues de la ville médiocrement éclairées, je finis par retrouver la place principale et mon hôtel. Bonsoir, mon ami, bonsoir.

Laissons donc Milianah que je n'ai fait qu'apercevoir; revenez avec moi jusqu'à Alger duquel je veux vous dire encore quelques mots; et puis je vous raconterai comment je suis arrivé jusqu'ici.

J'ai d'abord à vous finir l'histoire des processions. Sur les représentations de l'autorité supérieure, le maire d'Alger a enfin compris qu'un arrêté n'avait de valeur que s'il était communiqué à tous les intéressés. Il en a donc donné avis aux autorités religieuses, et le plus tard possible il l'a fait afficher dans la ville, craignant sans doute qu'il n'y fût assez mal reçu. Et en effet sans la prudence du clergé, il eut pu y avoir quelque trouble. Mais en l'absence de l'archevêque, le coadjuteur adressa aux curés et aux fidèles une lettre digne et mesurée, quoique très-sévère pour l'autorité municipale; il leur annonce que la défense tardive, si peu justifiable qu'elle soit à aucun point de vue, et contre laquelle il proteste, sera respectée, et il convie le public religieux à se réunir en dehors du territoire d'Alger, autour de la statue de Notre-Dame d'Afrique, pour y accomplir la cérémonie défendue dans la ville, et pour donner ainsi un double gage de ses sentiments de foi et de son respect pour la loi. Je ne crois pas que le maire ait à se féliciter de cette malencontreuse campagne : il a eu gain de cause dans la forme, mais je doute qu'au fond on lui sache gré d'une mesure que rien ne conseillait, que personne ne demandait sauf les radicaux, qui a fait un tort sérieux à une partie du commerce et qui a empêché toute la population, chrétienne ou non, de jouir d'un magnifique coup d'œil auquel elle faisait volontiers le sacrifice d'une gêne légère dans la circulation.

Il existe en Algérie de grands dépôts pour le matériel nécessaire aux troupes : je ne veux pas parler des armes, que renferme l'arsenal ; leur arrangement et leur conservation exigent les mêmes soins qu'en France ; je n'avais donc rien de bien neuf à voir de ce côté. Il s'agit du matériel administratif, des grands magasins qui renferment les approvisionnements de bouche, les vêtements, le campement, etc., etc. Ils présentent ici des caractères spéciaux à cause de leur réunion en grande masse d'abord, et aussi parce que le climat entraîne certaines différences avec ce qui se passe en France.

Le magasin aux vivres est construit en partie au-dessus des grandes voutes qui dominent le port, du côté du fort Bab-Azoun. On a donc pu profiter de ces voûtes comme de vastes dépôts pour les approvisionnements, et on a augmenté la place dont on disposait en établissant des planchers intermédiaires. En bas sont les caves où sont rangés d'immenses foudres contenant un approvisionnement d'excellent vin. C'était du vin de France, mais le vin de la colonie serait parfaitement admis à concourir dans les adjudications. A côté sont de magnifiques silos qui peuvent renfermer la consommation de plusieurs années en grains. Celui-ci y est versé bien sec par une ouverture supérieure que l'on ferme hermétiquement; la soupape inférieure qui ne s'ouvrira qu'au moment où l'on mettra le silos en distribution est aussi scellée au ciment; enfin l'intérieur est cimenté avec le plus grand soin. Il est impossible que l'humidité, ni les rongeurs pénètrent dans cet espace si bien clos qui ne contient pas moins de trois mille à quatre mille hectolitres, et le grain s'y conserve des années entières. Une usine, parfaitement aménagée et mue par une belle machine à vapeur, prend ce grain, le moud et le blute à la proportion déterminée; c'est un ensemble parfaitement entendu. Ces voûtes ont de la place en outre pour les autres denrées, riz, café, légumes secs, conserves de viande, biscuits, etc., etc.

Dans des bâtiments voisins sont conservés les étoffes pour vêtements, et aussi les objets confectionnés pour les différents corps de troupe. La confection est opérée par les soins d'un entrepreneur, qui vient de faire construire des ateliers spéciaux; il travaille sous la surveillance des officiers d'administration et de l'intendance. Les corps n'ont plus d'ateliers de confection; le petit nombre d'ouvriers que l'on y a conservé s'occupe presqu'exclusivement des réparations.

Les visites que j'ai faites à ces établissements ont employé, conjointement avec les adieux, mes dernières journées, et avant-hier à six heures du matin je prenais au chemin de fer mon billet pour la station d'El-Affroun, triste de quitter Alger et mes bons amis, si aimables, si gracieux pour moi. La journée s'annonçait belle, et elle le fut en effet. Toutefois il y eut un mouvement assez extraordinaire dans l'atmosphère : arrivé dans les plaines de la Mitidja, je vis avec étonnement un nuage épais qui rasait le sol à peu de distance du chemin de fer à notre main droite; cette brume avait une teinte jaunâtre prononcée, et le rideau qu'elle formait offrait un spectacle peu commun. Il se dissipa quand nous fûmes à peu près à hauteur de Blidah, et le soleil régna alors sans partage.

Je devais aller ce jour-là visiter les ruines d'une ancienne ville romaine nommée Tipaza située sur le bord de la mer, dans un golfe à l'est de Cherchell. Pour cela je quittai le chemin de fer à la station d'El-Affroun et j'y pris la voiture, un affreux corricolo, conduisant au grand et beau village de Marengo, situé au centre d'une plaine magnifique. Sur la grande place est un petit établissement demi-hôtel, demi-café, où je me casai assez convenablement, et malgré la chaleur, malgré la fatigue que je ressentais, je me mis en route pour Tipaza dans une voiture que me loua mon hôtelier et qu'il voulut bien conduire lui-même. La route est fort belle : après une plaine très-bien cultivée on traverse une forêt qui s'étendait autrefois beaucoup plus loin qu'aujourd'hui, puis on entre dans une région montagneuse qui règne tout le long de la mer, et l'on arrive ainsi au village actuel de Tipaza, situé au milieu des ruines de l'ancienne ville de ce nom. Je ne m'occuperai point du premier ; il est bien peu de chose devant le grand spectacle de cette cité en ruines, qui commença par être une simple colonie militaire. Les restes de son mur d'enceinte subsistent encore et montrent qu'elle avait en moyenne un kilomètre de largeur à partir du rivage, et que sa longueur était de environ deux mille mètres. Ces murailles donnent à la ville la forme générale d'un rectangle allongé; elles sont en bonne maçonnerie de 1^m,20 d'épaisseur, avec des tours carrées de distance en distance; on n'y voit pas trace de fossés, et en certains points même, le sol extérieur est plus élevé que le sol intérieur.

Quelle puissance a renversé ces murs si solides ? On l'ignore, car l'histoire parle peu de Tipaza ; mais le bouleversement a été bien complet.

Des débris de toutes sortes, colonnes, temples, cirque, théâtre, grandes habitations, se rencontrent à chaque pas. Les uns restent en place, et ce serait encore leur meilleure position, si l'on était sûr qu'ils y fussent respectés ; ce sont habituellement ceux qui sont le mieux conservés, qui présentent encore un certain ensemble. Parmi eux je vous citerai comme type d'élégance une fontaine dont on a retrouvé et rassemblé presque tous les morceaux, et qui est un véritable chef-d'œuvre de goût : nos architectes pourraient s'en inspirer dans leurs fontaines publiques. J'ai remarqué aussi un lourd massif de maçonnerie, dont il m'a été impossible de déterminer l'usage, malgré son importance évidente, puis des débris de thermes, à peu de distance de la fontaine qui en dépendait peut-être. Les restes épars ont été recueillis et classés avec goût dans un jardin particulier ouvert au public ; ce sont des tombes sculptées, des fragments de colonnes, des statues, des moulins à bras en pierre, des vases de toutes les formes et grandeurs, etc. Il me faudrait un volume pour tout vous raconter. N'oublions pas de belles citernes situées non loin de la mer et destinées probablement à fournir de l'eau aux navires ancrés dans le port.

Les restes de celui-ci et les débris des quais

présentent aussi un grand intérêt. Ils s'étendent sur une assez grande longueur, mais je n'ai pu me rendre compte de leur disposition. La très-petite darse qui existe aujourd'hui et qui abrite quelques bateaux pêcheurs pourrait bien remonter à cette époque, mais elle n'était certainement pas seule; quels travaux existaient pour abriter les petits navires des anciens? Je n'ai pu les découvrir. Il y aurait là cependant un curieux problème à résoudre, mais le temps me manquait même pour en esquisser les bases. Je marchais ainsi vers une colline située à l'est, au pied de laquelle s'arrêtait la ville, et franchissant les débris de la muraille, je me mis à gravir ses pentes. Elles sont semées, c'est le mot, de tombes en pierres de toutes formes, de toutes grandeurs : j'étais dans une ancienne nécropole, dont l'importance se trouve attestée par la multitude des tombes; mais chose assez extraordinaire, elles ne portent pas d'inscription : les pierres qui les recouvrent, arrondies en dessus et trop souvent brisées, n'en présentent aucune trace. Il n'en était pas ainsi au Khreneg, où il n'y avait que des pierres plates. J'y constatai d'ailleurs deux formes de tombes tout à fait différentes : les unes ressemblent à des auges un peu plus étroites aux pieds qu'à la tête; les autres présentent une excavation spéciale pour la tête et dessinent mieux par suite la forme générale du corps. Il y en a, en outre, de l'une et de l'autre forme, qui sont doubles, creusées dans la même pierre, avec une simple cloison de séparation; elles devaient probablement servir au mari et à la femme. Toutes ces tombes sont serrées les unes contre les autres et couvrent le flanc de la colline. Il m'a paru que les têtes étaient généralement placées vers l'est, mais je ne saurais affirmer que ce fût une loi absolue.

En continuant à monter, je trouvai au sommet de la colline les débris d'une antique chapelle, de construction romane primitive : elle était à trois nefs, avec une abside en arc de cercle peu profond. Sa longueur ne dépasse pas dix mètres; elle était donc fort petite. Les voûtes ont disparu, mais l'enceinte subsiste ainsi que les colonnes, avec l'emplacement de la porte d'entrée, qui est voûtée en plein cintre. Une pierre sculptée qui repose aujourd'hui sur le sol en formait probablement le tympan : au centre de cette pierre est une étoile à six rayons donnant le monogramme du Christ, que surmonte la lettre grecque σ, qui probablement veut dire : σώτηρ (sauveur): à gauche et à droite sont, toujours en relief, sculptés un α et un ω. La forme archaïque de cette petite basilique, la simplicité des chapiteaux de ses colonnes, et l'ensemble de la porte et de son tympan indiquent une époque reculée, le Ve ou le VIe siècle, pour la date de sa construction. D'un autre côté la forme des tombes, celle surtout de leur pierre de couverture arrondie par dessus, leur orientation, le manque d'inscription, et la présence de la basilique, me feraient volontiers conjecturer que ce cimetière est exclusivement chrétien, toutefois je n'émets cette opinion qu'avec une grande réserve.

Pendant que j'étudiais ces ruines, j'étais l'objet de l'attention de deux ou trois jeunes femmes indigènes dont le douar, situé à quelques pas, m'était caché par un pli de terrain. N'osant m'approcher elles-mêmes, ce que je regrettai, elles m'envoyèrent un petit muchachou ayant un burnous pour tout vêtement, lequel, sans me parler et se tenant à distance, me présenta quelques médailles trouvées dans les ruines. Je ne suis pas numismate; un vieux parchemin eut mieux fait mon affaire. Aussi je me contentai de donner à l'enfant quelques sous sans prendre ses médailles, et je continuai ma route. Bientôt je découvris les tentes du douar, et ce fut alors un vacarme épouvantable. Quatre ou cinq chiens flairant le Roumi s'avançaient vers moi dans des intentions évidemment hostiles. J'aurais bien pu appeler à mon aide les femmes que je venais de voir et qui avaient repris leur occupation (elles vannaient du grain en le laissant tomber d'une certaine hauteur) mais d'abord il me répugnait d'avoir recours à des femmes pour me tirer d'affaires, et en outre je n'étais pas assuré de leurs bonnes dispositions. Si j'avais eu un bâton encore! mais je n'étais armé que de mon pauvre parasol. Je le repliai, le réservant pour dernière ressource, et je ramassai quelques pierres. Ce mouvement seul arrêta un peu la marche de mes ennemis qui était devenue très-menaçante, et je sacrifiai un premier projectile pour les éloigner davantage. Ma démonstration eut un plein succès, et en la renouvelant, je pus faire une retraite honorable. Quant aux femmes, elles étaient restées spectatrices impartiales.

Je passai ainsi tout mon après-midi à parcourir ces ruines si intéressantes, et je ne pouvais me décider à les quitter. Il m'eut fallu de nombreuses journées pour en étudier l'ensemble et les détails; il y avait là une ample moisson à recueillir; mais je ne suis qu'un oiseau de passage, et je dois rentrer à Marengo où j'arrive assez tard. En route j'avais arrangé avec mon conducteur une autre course non moins intéressante pour le lendemain matin. Un roi de Mauritanie, Juba, deuxième du nom, qui vivait au IIIe siècle de notre ère, ayant perdu une femme adorée, résolut d'élever pour elle et pour la famille royale un tombeau qui pût faire concurrence aux pyramides d'Egypte, et pour faciliter son travail, sans rien perdre de l'effet qu'il voulait produire, il eut l'idée ingénieuse de construire sa pyramide sur un des pitons les plus élevés des montagnes qu'il habitait. Il faut avouer qu'il réussit parfaitement, et que de la mer comme des plaines du sud, la pyramide à laquelle on donne la fausse dénomination de Tombeau de la Chrétienne, se voit à de grandes distances. C'était ce monument que je voulais visiter. J'avais lu les longues et intéressantes pages que lui a consacrées le *Magasin pittoresque*, années 1871 et 1872, pages accompagnées de très-curieux dessins, et je désirais beaucoup y jeter un coup d'œil ; nous étions donc en route hier matin avant cinq heures. Le chemin traverse d'abord l'emplacement d'un ancien lac, aujourd'hui desséché, et qui a fait place à de magnifiques cultures, puis il suit le pied des côteaux qui bordent la mer en se dirigeant de l'ouest à l'est vers Koleah. La voiture s'arrêta à un village annexe de Castiglione, qui est encore en voie de formation, et qui ne me fit pas l'effet d'être en grand état de prospérité, et après m'être renseigné sur la route à suivre, je m'engageai seul dans les collines sur la plus élevée desquelles se trouve le tombeau. Un chemin fort raide, et cependant praticable à la rigueur pour une voiture du pays, m'y conduisit : il me fallut trois quarts d'heures pour franchir cette dure montée : on peut arriver plus vite, mais avec plus de fatigue, par des sentiers de traverse. De distance en distance sont quelques douars arabes, quelques tentes chétives ; il n'y a plus de culture, on est au milieu de véritables makis formés de lentisques, d'oliviers, de grenadiers sauvages, et de quelques autres arbustes rabougris. Je n'avais toujours pour arme que mon parasol, mais les chiens ne me poursuivirent pas, et je connaissais d'ailleurs le moyen d'en avoir raison. A une certaine hauteur, on découvre la mer à gauche, et à droite apparaît le monument, but de l'excursion. Il se compose d'un cylindre de vingt-cinq mètres environ de diamètre surmonté d'un cône; la hauteur du cylindre est à peu près de douze mètres, celle du cône de dix-sept à dix-huit mètres. Le tout reposait sur un soubassement carré de trente mètres de côté environ, dont la hauteur ne devait pas dépasser un mètre; on n'en retrouve plus que des traces. La façade circulaire du cylindre était ornée de colonnes et de pilastres surmontés d'une frise richement décorée. En face de chacun des quatre points cardinaux était une ornementation plus riche représentant une porte. La surface du cône supérieur n'est pas unie; elle se compose d'une trentaine de gradins qui ont environ soixante centimètres de hauteur sur trente à trente-cinq centimètres de largeur; en haut est une plate-forme de trois à quatre mètres de diamètre. Toute cette masse est bâtie en énormes pierres de taille reliées sur leurs lits et joints par des clefs en bois et en plomb; elle était faite pour défier le temps. Mais celui-ci est moins terrible pour tous ces vieux monuments que la main des hommes. Juba avait pris toutes ses précautions pour que l'entrée secrète du monument où lui et ses successeurs devaient reposer à toujours, ne pût être découverte. Ses prévisions furent trompées, et il paraît probable que dès le VII° siècle, la sépulture des rois avait été violée. Mais il courait dans le pays une légende concernant les trésors que renfermait le tombeau, de l'entrée duquel on avait de nouveau perdu le secret, et vers le XVI⁰ siècle une première tentative de démolition eut lieu pour arriver à ces trésors : elle se renouvela au XVIII⁰ siècle, et une brèche déplorable fut faite du côté est, mais sans plus de succès que la première fois. Seulement les Arabes ayant aperçu le plomb qui réunissait les pierres se mirent aussi à démolir pour s'en emparer, et ils augmentèrent ainsi les désastres. Enfin il y a une dizaine d'années, des sondages intelligents, qui ne pouvaient en rien dégrader le monument, ont amené la découverte complète de son intérieur, de la chambre sépulcrale et des galeries qui y conduisent. L'entrée ainsi retrouvée a été fermée par une grille, et l'on y a mis un gardien qui l'ouvre au visiteur. Je ne veux entrer dans aucun détail, vous renvoyant pour eux au *Magasin pittoresque* dont je vous parlais tout à l'heure. Je ne vous dirai qu'un mot de l'impression grandiose que m'a causée ce magnifique monument, malgré les mutilations qu'il a éprouvées. Combien plus grand encore doit être l'effet produit par les Pyramides d'Egypte, plus vieilles de deux ou trois mille ans, et portant le cachet d'une civilisation bien moins connue encore! Plusieurs fois je fis le tour de cette masse, admirant et son architecture et son mode de construction, me la représentant jeune encore, sortant des mains des ouvriers dans toute sa richesse et sa splendeur;

et puis comparant ce premier état avec son aspect actuel de désolation, voyant épars sur le sol ces tronçons de colonnes, ces chapiteaux, ces corniches, que je venais pour un instant de remettre à leurs places, je fus pris d'une immense tristesse. Enfin je pénétrai dans l'intérieur avec le guide, et j'admirai la conservation de la galerie en hélice qui arrive à la chambre centrale. Outre les injures des hommes, cette masse a dû subir les secousses de tremblements de terre assez fréquents dans le pays, mais elle n'en porte pas les traces.

Au sortir du monument, j'escaladai une des brèches de la façade, puis les gradins du cône, et j'arrivai ainsi sur la plate-forme supérieure, de laquelle on jouit d'une vue splendide sur tous les points de l'horizon : mais l'heure qui avançait d'une part, le soleil qui me brûlait de l'autre, ne me permirent pas de rester longtemps sur cet observatoire, et après y avoir cueilli une branche de lentisque qui a trouvé le moyen de pousser entre ces pierres, après un dernier regard jeté sur l'horizon, je commençai la descente qui est beaucoup plus difficile, et surtout plus fatigante que la montée. En arrivant en bas je sentais mes jambes brisées. Alors une dernière fois je fis le tour du monument, et je repris la route du village où m'attendait ma voiture. A dix heures j'étais rentré à Marengo, et après déjeuner je reprenais la route d'El Affroun pour gagner Milianah, ravi des deux explorations que je venais de faire, et satisfait à peu près de mon hôtel et de la fille arabe qui me servait, en riant à chaque question que je lui posais. Un vrai type que cette jeune fille, vêtue à la française, mais conservant bien le caractère de sa race, tracé d'ailleurs sur son front et ses joues en figures indélébiles par un tatouage en lignes bleues.

De Marengo à El Affroun, même mauvaise voiture que la veille, même chaleur, même poussière, même route interminable dans la plaine. Mais la scène change sur la voie ferrée de la station, d'El Affroun où je monte en wagon jusqu'à celle d'Affreville qui dessert Milianah. Je n'ai rien à vous dire du premier village ; il a la même régularité, le même genre ennuyeux, le même plan que les centres administratifs desquels je vous ai déjà parlé. Le tracé de la ligne ferrée qui remonte l'Oued Djer pour gagner la vallée du Cheliff, en franchissant une chaîne de montagne d'un parcours difficile, est très-curieux à étudier au point de vue technique, tandis que la nature des lieux présente au touriste une série de points de vue sévères, mais variés qui soutiennent son attention.

Vers le point le plus élevé, les difficultés augmentent et les ponts et les tunnels se succèdent sans interruption pour franchir la ligne de faîte. En cet endroit, sur un mamelon isolé, s'élève une redoute qui garde le passage et protège en même temps les deux villages de Bou-Medfa et de Vesoul-Benian. On est étonné de trouver à cette hauteur et en ces sites sauvages deux centres importants de population. Ils doivent leur prospérité d'abord à la présence d'un établissement thermal, le Hammam Rirah, qui appartient au ministère de la guerre, et qui est assez fréquenté à cause du voisinage du chemin de fer et de la fraîcheur que l'on trouve sur ces hauteurs. De nombreux débris prouvent que les Romains connaissaient ces eaux et en faisaient usage. En outre, on essaye une exploitation de mines près du Hammam.

J'aurais bien voulu donner un coup d'œil à ce curieux pays; mais je ne cédai pas à la séduction, et à cinq heures j'arrivai à la station d'Affreville: il y a là un important village qui paraît destiné à prendre de sérieux développements. C'est le point où vient forcément aboutir tout le commerce qui se fait entre Alger et la vallée haute du Chéliff, Boghar, la région des hauts plateaux et le Djebel-Amour. Affreville a détrôné Milianah qui n'est plus qu'un lieu de plaisance, qu'une cité militaire; la vie s'est retirée de cette antique cité pour se concentrer dans la ville nouvelle, à la station du chemin de fer : c'est dans l'ordre des choses.

Je ne vous parlerai pas plus longtemps de ce centre de commerce, très-intéressant, je n'en doute pas, pour un commis-voyageur qui veut placer ses étoffes, ses épices ou ses eaux-de-vie, très-curieux aussi pour l'économiste, car il montre un développement de prospérité rare dans notre colonie, mais très-indifférent pour le savant, l'archéologue ou l'artiste, même pour l'ancien militaire. On m'a dit cependant que l'on y avait découvert quelques traces d'antiquités romaines; mais je ne les ai pas cherchées, trop désireux de gagner de suite Milianah.

Je sacrifie encore, au moins pour le moment, Mostaganem et Arzew que j'avais cependant placés sur mon itinéraire : il faut que je sois demain soir à Oran, car le bateau de Tanger, qui doit me déposer à Nemours d'où je dois aller à Lalla Mahrnia, part d'Oran après-demain. Si j'ai le temps au retour j'irai faire ma promenade à Arzew.

Adieu donc, mon bien cher ami; je vais courir Milianah, je vais me mettre sous la protection de mes anciens camarades de l'armée; je suis bien sûr que je les trouverai aussi aimables que partout ailleurs. Je vous envoie l'assurance de ma vieille amitié et une poignée de main de

Votre ami dévoué.

A. R.

LETTRE VINGTIÈME

Lalla-Mahrnia, 22 juin 1878.

Je vous écrivais naguères des frontières de la Tunisie, et me voici, chère Madame et amie, à deux pas de celle du Maroc, plus près même que je n'ai été des frontières de la régence, car dix kilomètres seulement nous séparent de l'Empire Marocain et nous ne sommes ici qu'à vingt-cinq kilomètres de la ville assez importante d'Ouchda. C'est un joli nom que celui de Mahrnia : quant à Lalla il correspond à peu près à celui de Milady en anglais, comme celui de Sidi répond au titre de mylord; nous disons plus simplement dans notre langage égalitaire, Madame ou Monsieur. Je viens d'arriver, et je me repose un moment en vous donnant de mes nouvelles, sans trop savoir par où passera ma pauvre lettre, quel chemin elle suivra : il m'est avis qu'elle sera longtemps en route, car ce point est bien reculé, bien isolé; il n'a courrier que tous les deux jours, pour Tlemcen, d'où les paquets vont à Oran; là ils partent pour France, si c'est jour de bateau; sinon ils prennent le chemin de fer pour Alger, où ils embarquent. Tout mon respect pour la belle et sage Lalla-Mahrnia dont le tombeau (la Kouba) est à deux pas du fort que j'habite, ne me ferait pas résider longtemps en ce pays qu'elle protège : on y est trop isolé. J'y ai été cependant reçu avec une grande cordialité par le commandant supérieur, dont je suis l'hôte, grâce à la recommandation de mon ami d'Alger; sa protection m'a suivi jusqu'en ces lieux reculés, et je m'y trouve parfaitement installé comme touriste; mais il me semble, si peu que je les connaisse encore, que je ne me soucierais pas d'en être l'habitant. Je ne puis au reste vous donner qu'une première impression, car c'est à peine si j'ai eu le temps de jeter un coup d'œil sur le village et sur le fort.

Aussi bien n'est-ce pas de Lalla-Mahrnia que je veux vous parler, c'est-à-dire de ce que j'ai à voir, mais de ce que j'ai vu depuis trois ou quatre jours. Ma dernière lettre à notre ami était datée de Milianah; j'y arrivais sous l'impression de mon enthousiasme archéologique pour Tipaza et pour le tombeau de la Chrétienne, et je lui ai parlé assez longuement de mes courses à ces deux points. Il n'aura certainement pas manqué de vous faire part de cette lettre datée du 19. J'ai donc à vous raconter ce que j'ai fait dans les quatre jours qui viennent de s'écouler, et je vous assure que je n'ai pas perdu mon temps : j'ai parcouru beaucoup de chemin, et j'ai passé vite, trop vite dans beaucoup d'endroits intéressants ; j'en ai cotoyé beaucoup d'autres où j'aurais bien voulu m'arrêter. Mais je commence à être pris du désir de rentrer en France, de revoir et mon chez moi et mes amis : le corps n'est point fatigué, mais l'esprit ne voit plus, ne juge plus aussi bien ; il est distrait par les affaires qui m'attendent ; il pense trop au retour, il ne jouit plus suffisamment du présent. Il me faut céder à cette impulsion, et je fais à regret de nombreux sacrifices.

Milianah, grâce à la hauteur sur laquelle il est construit, à onze cent mètres au dessus du niveau de la mer, jouit des avantages des climats du midi sans en avoir les inconvénients. Sans doute on y a chaud le jour et au soleil ; mais les nuits sont toujours assez fraîches ; de plus des sources venant de la montagne qui domine la ville, du Zakkar, lui fournissent des eaux pures et abondantes ; elles entretiennent en ville et dans les jardins environnants la fertilité et la fraîcheur. Quelle différence avec Affreville où l'on ressent déjà la chaleur qui brûle le fond de la vallée du Chéliff !

J'étais arrivé trop tard le mardi pour aller voir le capitaine du génie ; puis la courte promenade que j'avais faite après mon dîner, la fraîcheur que j'avais ressentie, le bien-être que j'en avais éprouvé, le désir de connaître la ville, de voir aussi de jeunes camarades, tout me conviait à ne pas repartir de suite, comme j'en avais eu d'abord l'intention, mais à me reposer une journée ; je m'y décidai, et vraiment j'en fus bien récompensé comme vous allez voir, malgré le sacrifice que je faisais ainsi de ma course à Mostaganem et à Arzew. Donc aussitôt que l'heure me le permit le mercredi, j'allai au bureau du génie où je trouvai un charmant accueil, et en attendant le déjeuner, on me conduisit voir la ville, puis ses remparts, et les vergers qui sont en dessous et qui sont si frais, si bien arrosés. Je revis au jour le beau point de vue que l'on a de l'Esplanade, et les lacets nombreux de la route d'Affreville, et dans le lointain la route de Téniet-El-Had : encore un regret, celui de ne pas aller voir la forêt de cèdres qui est près de cette petite ville ; elle est renommée pour la beauté de ses arbres.

Je vous ai dit, chère Madame, que cette journée était destinée au repos, à la flânerie ; j'y faisais halte entre les courses fatigantes des deux jours précédents, et le voyage un peu long du lendemain, et les heures s'écoulèrent charmantes et rapides dans la famille de mon jeune camarade qui avait appelé deux ou trois amis pour l'aider à me faire fête. J'apportais quelques nouvelles fraîches d'Alger, et puis je leur parlais de la France vers laquelle revient toujours la pensée de ces exilés. Les dames rappelaient à leur tour les souvenirs de leurs voyages dans le pays, elles me racontaient ce qu'elles savaient des mœurs des habitants, des femmes juives ou arabes, et la journée se termina par une longue partie de crocket. Le cercle des officiers est bien installé et il possède un grand et beau jardin, bien ombragé, bien arrosé, bien frais par suite, qui touche à l'Esplanade. On n'a pas voulu exclure de ces jardins, qui sont un des agréments de la ville, les femmes des officiers, et l'on a vraiment bien fait, quoiqu'en aient dit quelques mécontents; il y en a partout. Les salles de café et de billards, de lecture et d'étude restent la propriété exclusive des hommes, qui ne sont pas gênés par la présence des dames dans le jardin. Je ne veux pas dire qu'il ne puisse y avoir quelques légers inconvénients, causés par des rivalités, par des jalousies féminines, peut-être même par un peu de coquetterie. La femme n'en met-elle pas partout? Ne justifie-t-elle pas trop souvent le mot du fabuliste :

Une poule survint, et voilà la guerre allumée?

Enfin tout marchait au mieux; quand j'étais à Milianah, et c'est dans les jardins du cercle que nous jouions à ce jeu de crocket où je ne sus que faire admirer ma maladresse.

Le soir après dîner nous nous réunîmes encore sous ces bosquets où régnait une délicieuse température, sans fraîcheur, sans humidité : c'était une admirable nuit, comme nous n'en avons pas dans nos climats ; nous ne connaissons pas ce ciel d'un bleu profond constellé de myriades d'étoiles plus brillantes les unes que les autres : la hauteur à laquelle nous étions ajoutait d'ailleurs à la limpidité de l'atmosphère. Charmante soirée, dont j'ai gardé un charmant souvenir.

J'étais décidé à partir le lendemain matin, malgré les instances de mes aimables camarades, malgré tous les charmes de Milianah ; je ne pouvais passer mon temps plus agréablement ; mais une voix me criait, comme au juif errant : marche, marche, et il fallait lui obéir pour rester dans les limites de temps que je m'étais fixées. Donc le lendemain matin je descendis rapidement les lacets de cette route, si longue à monter l'avant-veille, et j'échangeai la douce fraîcheur de Milianah contre la chaleur torride d'Affreville, où je repris le chemin de fer vers dix heures du matin, sans trop savoir où je m'arrêterais. J'avais sur la route un assez bon nombre de points intéressants à visiter, à commencer par Orléansville, et j'hésitais. N'eût été la chaleur, je me trouvais bien d'ailleurs dans ces wagons où l'on entre par une plateforme située à l'une des extrémités ; on y est beaucoup moins enfermé que dans nos wagons français, et l'on trouve un peu d'air sur la plateforme, quand elle est à l'ombre ; seulement on y est aveuglé par la poussière. Le mouvement des stations est en outre assez curieux par le mélange des européens et des indigènes. Et puis si brûlées que soient déjà les plaines du Chéliff dont nous suivons la vallée, on voit combien elles sont fertiles aussitôt qu'elles sont fécondées par l'eau ; les barrages établis de distance en distance soit sur l'Oued Chéliff, soit sur ses affluents, comme l'Oued Rouina, etc., montrent que l'on a compris la nécessité des arrosages pour donner à ces terrains toute leur valeur. Mais vous le dirai-je, chère Madame, mon attention n'est que médiocrement attirée par toute cette colonisation naissante. J'en comprends toute la valeur, et cependant je ne m'y intéresse que secondairement ; ce n'est pas elle que je suis venu voir dans ces pays, c'est le pays lui-même ; c'est le contraste perpétuel qui existe entre les races qui l'habitent et l'exploitent ; ce sont encore les traces qu'y ont laissées les anciens colons, les Romains, et aussi les premiers envahisseurs arabes, et voilà ce qui fait que je passe rapidement devant ces nouveaux centres de population dont quelques-uns ont l'air très-prospères, sans cependant avoir le don de m'arrêter.

Et puis faut-il vous l'avouer encore, j'étais l'autre jour sous l'influence d'une date néfaste qui faisait passer devant mes yeux toute une série de tristes souvenirs. Ils sont déjà bien éloignés, car ils datent de onze ans, mais ils sont vivants comme au premier jour, et ma mémoire n'en oublie pas un détail. Pardon, chère Madame, de me les rappeler ici, de laisser échapper la pensée qui me poursuivait jeudi dernier ; mais n'est-ce point le privilége de l'amitié d'autoriser, de solliciter même l'aveu de ces pensées intimes? Seulement il ne faut point s'y arrêter, et sans trop les chasser, il vaut mieux revenir au présent, en ne gardant du passé que le moins de tristesse possible.

C'est sans doute cet état moral qui me fit voir Orléansville sous une apparence assez fâcheuse. Cette ville toute neuve, assise comme un camp d'observation au centre d'une plaine brûlée, n'ayant pour toute verdure que ce maigre bois d'arbres verts récemment plantés au sud du campement dont il est séparé par la voie ferrée, bois que par suite d'imprudence ou de mauvais vouloir l'incendie peut à chaque instant dévorer en quelques heures, cette cité toute militaire, chauffée à plus de quarante degrés par un soleil torride qui venait me brûler jusque dans mon wagon, ne m'engageait en aucune façon à m'arrêter pour la visiter; dans son aspect général je lisais la tristesse et l'ennui qui, joints à une chaleur presqu'aussi forte que celle qui règne à Biskra, amène trop souvent dans la garnison des maladies meurtrières. Passons, passons vite; je n'ai réellement rien à voir ici, malgré quelques débris d'une station romaine, et comme je ne puis tout voir, je me décide à ne rien voir du tout et à continuer ma route sans arrêts jusqu'à Oran. Je vais cependant laisser de côté des endroits intéressants; mais ils le sont surtout au point de vue agricole, et je viens de vous dire que c'était celui dont je m'occupais le moins.

En route donc; mais j'ai plus d'un regret à

subir avant de toucher Oran. A chaque affluent du Chéliff se trouve un centre de population, à l'Oued Sly, à l'Oued Merdja, à l'Oued Riou, etc., où vont, d'où viennent d'assez nombreux voyageurs, colons ou indigènes. A hauteur de cette dernière vallée, sur ma droite et au nord je vois très-distinctement, et magnifiquement éclairées par le soleil, les montagnes abruptes du Dahra. Elles me rappellent les difficultés nombreuses qu'il a fallu vaincre pour soumettre les fières tribus qui les habitent; celles-ci joignaient leurs efforts à ceux des tribus de l'Ouaransenis au sud, non moins indomptables, et réunies elles nous ont souvent causé de sérieuses difficultés, en interceptant la circulation dans la plaine du Chéliff. Vous avez sans doute entendu parler de la prétendue barbarie d'un de nos généraux qui a fait périr toute une tribu, asphyxiée dans une des nombreuses grottes qui percent ces montagnes. Le fait est vrai; seule l'accusation de barbarie, que l'opposition d'alors avait prise pour thème, sur lequel elle jouait de nombreux airs variés, était absurde. La guerre est une triste chose, elle a de cruelles nécessités, et le général Pélissier, engagé avec une faible colonne dans un pays soulevé, ne pouvait, sans grands risques, laisser échapper la tribu remuante des Oulad-Riah qu'il avait obligée à se réfugier dans une grotte dont il tenait toutes les issues. En vain il leur offrit l'aman s'ils se rendaient; exaltés par le fanatisme ils refusaient toute soumission. Le temps pressait, la colonne ne pouvait attendre, et l'on se décida à enfumer les Arabes pour les forcer à sortir et à se rendre. Le fanatisme l'emporta, et le résultat fut l'anéantissement de la tribu qui périt tout entière dans le feu et la fumée. Quand on voulut arrêter l'incendie, ce qui fut long et difficile à cause du tirage violent qui s'était établi, il était trop tard. Aujourd'hui encore la contrée est restée sauvage, et la petite ville de Mazouna, qui en est le chef-lieu, n'a pas d'habitants européens.

Les pays que nous traversons réveillent ainsi en moi des idées et des souvenirs. La voie ferrée abandonne les bords du Chéliff après avoir traversé l'Oued Malah, et descendant un peu vers le sud, elle traverse l'Oued Minah à Relizane, centre de population agricole important, pays renommé pour sa fertilité. Un peu plus loin à l'Hillil, autre vallée, autre station, qui dans mon premier projet était mon point d'arrêt : c'est de là que je devais gagner Mostaganem, puis Arzew et Oran ; je me console de ne pas débarquer en pensant que je pourrai peut-être aller visiter ces deux petites villes à mon retour de Tlemcen. Saint-Denys du Sig attire davantage encore mon attention ; tout annonce d'abord la prospérité de ce grand centre ; on y voit de nombreuses constructions, une jolie église, de très-belles plantations ; puis le barrage du Sig a une réputation comme ouvrage d'art ; enfin je me souvenais de cette fameuse Union du Sig, société qui voulait unir le travail au capital, et qui avait ainsi attiré l'argent de beaucoup de personnes enthousiastes, généreuses, plus théoriciennes que pratiques, parmi lesquelles nombre d'anciens élèves de l'Ecole Polytechnique; légèrement imbues des idées de Fourrier et de Saint-Simon, alors encore en honneur, elles voyaient dans cette exploitation une œuvre humanitaire. Malheureusement le succès ne couronna d'abord ni leurs efforts ni leurs sacrifices, et la société fit des pertes considérables; on m'a dit qu'elle s'était relevée en modifiant son système, en abandonnant ses premières théories socialistes et en revenant aux méthodes ordinaires qu'elle flétrissait autrefois.

Toutes ces curiosités ne purent m'arrêter, mon parti était pris, et nous voici roulant sur le plateau qui aboutit à Oran entre des lacs salés situés à notre droite et à notre gauche. Le paysage est triste, j'ai hâte d'arriver, car depuis huit heures du matin, à Milianah, je n'ai rien mangé, je n'ai même pas bu une goutte d'eau, malgré la chaleur et la poussière. Enfin à sept heures du soir nous sommes en gare, mais le faubourg de Kargentah, où nous descendons, est bien loin de la ville proprement dite, et je n'arrivai qu'à huit heures à l'hôtel.

Malgré ma fatigue, j'ai trouvé encore le moyen de me promener dans les rues d'Oran après mon dîner, et je n'ai pas été très-content à première vue ; d'abord il faut toujours monter et descendre dans cette ville, et puis on s'aperçoit de suite que l'indigène, l'Arabe, y est relégué tout à fait au second plan ; la population est en majeure partie européenne, et plus espagnole que française. On rencontre à chaque pas l'Espagnol du sud, avec ses culottes, ses espadrilles et son petit chapeau ; dans chaque rue l'on entend le son de la guitare. Presque toutes les maisons sont de construction européenne ; vraiment on n'est pas en Afrique. Ce fut pour moi comme une déception jointe à toutes celles de la journée, à tous mes regrets d'avoir passé trop vite devant tant de points intéressants à visiter, jointe à tous les anciens souvenirs dont je vous parlais au commencement de cette lettre. Il me semblait que j'étais seul, isolé, et je fus pris d'une tristesse indicible, à laquelle la fatigue n'était certainement pas indifférente.

Le lendemain, c'est-à-dire hier, j'étais en meilleure humeur ; un ancien camarade et ami, le colonel du génie, qui m'attendait sans savoir le jour de mon arrivée, me reçut affectueusement, je trouvai à la poste un assez grand nombre de lettres, et Oran me parut moins triste ; et cependant je ne suis pas complètement revenu de mon impression première. Je puis à peine vous en parler, j'ai trop peu vu cette ville. Mais j'y reviendrai, j'y passerai quelques jours et je la connaîtrai mieux. Mon camarade m'emmena déjeuner avec lui à la pension où il mangeait avec d'autres officiers supérieurs, et quelles ne furent pas ma surprise et ma satisfaction de retrouver parmi eux d'anciens élèves, d'anciennes connaissances soit du Roussillon, soit de Bordeaux; ils savaient mon arrivée et m'attendaient pour me faire fête; je n'étais plus seul, je n'étais plus isolé, et toute ma bonne humeur me revint. Je ne puis vous exprimer combien je fus reconnaissant, charmé, de cet affectueux accueil, et comme le temps passa rapide au milieu de tous les souvenirs que nous évoquions.

Je ne pouvais cependant oublier mon voyage à Mahrnia et à Tlemcen; je voulais aller par mer à Nemours (autrefois Djemma-Gazaouat) pour gagner Mahrnia, et d'après les renseignements que j'avais pris à Alger, le bateau à vapeur devait arriver à Oran le samedi et partir le soir pour Nemours. Je croyais donc avoir deux jours francs à passer à Oran. Après déjeuner je descendis au port pour m'assurer du jour du départ et retenir ma place. Quel ne fut pas mon étonnement d'apprendre que le bateau venait d'arriver d'Alger et qu'il repartait le soir même pour Nemours et Tanger. Il n'y avait pas à hésiter, puisqu'il n'y a bateau qu'une fois par semaine, et j'arrêtai mon passage. En revenant je vis en effet le bateau l'*Africaine* mouillé dans la darse.

Je n'avais que mon après-midi à utiliser, et je n'en perdis pas une minute. Une course était projetée à Merz-el-Kébir, la pointe qui ferme à l'ouest la rade d'Oran, la voiture était attelée, et nous voilà partis. La route longe tout le temps le bord de la mer à une certaine hauteur au-dessus de la plage, et l'on y jouit d'une vue charmante soit sur la ville elle-même qui s'étage sur les pentes de deux vallées et couronne le plateau intermédiaire, soit sur le port, trop petit pour le nombre et la grandeur des bateaux qui le fréquentent, soit enfin sur la rade elle-même et les coteaux qui la bornent à l'est. A l'extrémité nord de la presqu'île est un fort de construction espagnole qui défend la belle rade de Merz-el-Kebir, véritable port de la ville d'Oran, le seul où les grands bâtiments puissent venir mouiller et soient bien en sûreté. Vous pensez bien, chère Madame, que je ne vais pas endosser mon vieil habit d'ingénieur pour vous décrire ce fort; vous seriez capable de jeter ma lettre au feu sans l'achever et de me traiter d'homme fort ennuyeux. Laissez-moi seulement vous faire admirer le cachet de grandeur que les Espagnols savaient donner, au XVIe siècle, à leurs constructions militaires; toute la fierté castillane se résume pour ainsi dire dans ces hautes et épaisses murailles, dans ces vastes souterrains, dans ces portes monumentales ornées d'inscriptions hyperboliques. Ce n'était pas la première fois que j'admirais cette architecture dont le château de Salses m'avait offert le premier modèle, mais j'en suis toujours frappé et je l'étudie toujours avec un grand intérêt. Au retour je fis une ou deux visites, je bouclai de nouveau ma valise, et après un dîner léger, je descendis au port, accompagné de mon ami le colonel, qui me fit promettre qu'au retour je descendrais chez lui et non pas à l'hôtel.

Me voici donc hier soir embarqué de nouveau; mais je n'avais qu'une nuit à passer en bateau; courte traversée par conséquent. La mer était un peu houleuse, et des nuages gris couraient au ciel couvrant et découvrant alternativement les étoiles et aussi la lune qui se leva vers onze heures et demie. Roulé dans mon manteau, je n'ai pas quitté le pont, admirant la côte que nous suivions et qui se dessinait à grands traits dans la demi-obscurité de la nuit. Et puis mon esprit s'envolait au loin, dans le passé, et se souvenait d'autres veillées bien tristes, répondant dates pour dates et jour pour jour à l'époque où nous sommes, dernières nuits passées auprès d'une compagne chérie, que le ciel allait m'enlever. Oh! pardon, Madame, de revenir encore sur les pénibles pensées qui m'oppressaient alors; mais je vous sais bonne et affectueuse, vous comprendrez ces souvenirs amers, et vous me plaindrez.

Enfin ce matin à cinq heures nous étions à Nemours, et je quittai le bateau bien à regret; il allait à Gibraltar, puis à Tanger; pourquoi ne pas rester à bord et partir pour voir ces deux villes intéressantes? Toujours pour la même raison; on ne peut tout voir; et si je me laissais ainsi entraîner, mon voyage durerait six ou huit mois.

Donc je débarque sans difficultés, ce qui n'arrive pas tous les jours, car il n'y a pas à proprement parler de port à Nemours, et souvent la mer est trop forte pour que le bateau communique avec la terre; il continue sa route, emmenant forcément ses passagers : pourquoi cela ne m'est-il pas arrivé? On a bien construit une digue pour abriter au moins le débarquement des chaloupes qui transportent passagers et marchandises; mais par suite d'intérêts particuliers, dit-on, elle est du côté est, sur lequel frappent les vents régnants, et non-seulement elle ne protège rien, mais elle est constamment démolie par une mer furieuse.

Quoiqu'il en soit j'arrivai à terre sans encombre; on m'attendait, mon logement était préparé et je faisais déjà des projets pour visiter les forts qui couronnent les hauteurs dominant la rade, lorsque l'on me prévint que la voiture de Lalla Mahrnia ne partait que tous les deux jours, et que si je manquais le départ du matin, je ne pourrais plus quitter Nemours que le surlendemain. J'étais fort ennuyé de ne pas visiter les environs de cette petite ville; mais d'un autre côté je n'avais pas de quoi m'y occuper utilement pendant quarante-huit heures, et de plus mes jours étaient comptés. Je me décidai donc au départ immédiat; je montai dans un breack solide traîné par deux bons chevaux et nous voilà partis.

La route d'abord très-belle remonte une petite vallée assez bien cultivée, mais qui porte encore les traces des luttes que nous eûmes à soutenir; là c'est un monument qui rappelle le massacre de tout un détachement par les Arabes soulevés en masse; plus loin ce sont les tombeaux de gens assassinés isolément. De tous côtés de nombreuses koubas témoignent du fanatisme religieux des habitants. Bientôt la route cesse d'être praticable; elle est en construction, et nous suivons un chemin assez mauvais, à pentes raides. Nous arrivons ainsi à une petite ville exclusivement arabe, nommée Nédromah, autour de laquelle nous tournons; on ne peut y entrer, les rues sont trop étroites. Je regrette de ne pouvoir y passer une heure seulement; elle est bien curieuse avec son enceinte composée d'un mur en pisé crénelé et les minarets de ses mosquées. Mais il paraît que les habitants aiment peu les Européens, et qu'il ne serait pas très-prudent de s'y aventurer seul. On n'y voit qu'un Français qui l'habite, et chose assez extraordinaire, c'est le maître d'école. Les environs de la ville sont très-bien cultivés, et des jardins en terrasse l'entourent vers l'ouest, plantés d'orangers, de grenadiers, de figuiers, qui offrent un charmant aspect. Sur une hauteur dominante au sud sont les ruines d'une kasbah (citadelle), autrefois importante par sa grandeur et son mode de construction que je voyais pour la première fois : je passe aussi vite que la voiture le fit, car cela ne vous intéresserait pas. Et nous voici grimpant péniblement sous un soleil ardent une rude et longue montée conduisant au col de Taza, sur l'arête qui sépare la petite vallée que nous quittons de la vallée importante de la Tafna au centre de laquelle se trouve Mahrnia.

La descente se fait par un mauvais chemin à pentes vertigineuses, sur lequel nous nous lançons au grand trot, au galop même, au risque de tout briser, personnel et matériel. Mais il ne nous arrive rien, et bientôt nous apercevons le caravansérail d'Aïn Tolba où nous devons déjeuner; il est grand temps, il est près de midi. Ce caravansérail se compose d'une grande cour carrée entourée de bâtiments, logements, écuries, etc., avec des bastionnets crénelés aux angles. Nous trouvons au dehors une compagnie du train campée; elle transporte du matériel : ce serait un joli sujet de tableau.

C'est une bonne chose, chère Madame, que ce repos du déjeuner, quand celui-ci est bon et bien servi, dans un endroit abrité, et quand il y a de bonne eau bien fraîche. Et je trouvai tout cela dans ce lieu sauvage. J'en fus stupéfait, mais enchanté, et j'en fis tous mes compliments à notre hôte, homme jeune encore, à l'air intelligent et résolu, qui loue à l'Etat ce caravansérail sous certaines conditions, et l'exploite à son profit. En descendant j'avais remarqué, ce à quoi je n'avais pas fait attention d'abord, que le conducteur était armé d'un fusil et avait un revolver à portée de la main; mon compagnon de voyage était aussi porteur d'un revolver à la ceinture; pour moi je m'étais muni pour toute arme de mon parasol. En remontant en voiture je causai quelque peu, contre mon habitude (n'allez pas croire au moins que le déjeuner m'eût monté la tête), et je demandai si réellement il y avait quelques risques à courir sur cette route. Si peu probables qu'ils soient, me répondit-on, il faut être en défiance; nous sommes à quelques pas de la frontière, le long de laquelle se tiennent toujours des tribus insoumises, et des rôdeurs appartenant à ces tribus peuvent fort bien venir chercher fortune sur notre territoire et le long de la route; ce serait une imprudence de voyager sans armes dans ces parages. Je me dis en moi-même que mes compagnons avaient des armes pour moi, et ma tranquillité n'en fut pas troublée.

Continuant alors la conversation commencée, je demandai si le pays avait pris part à l'insurrection de 1871, et l'on me répondit par la négative. Il y eut un peu d'agitation sur la frontière, mais les tribus soumises à la France ne se soulevèrent point. L'hôtelier du caravansérail, qui était déjà là à cette époque, ne s'y trouva cependant pas en sûreté, et il se mit en route avec sa famille pour gagner Nemours par le col de Taza et Nédromah, abandonnant son logis qui fut pillé. Il fut obligé de s'arrêter à Nédromah, la route n'étant pas assez sûre pour descendre jusqu'à Nemours, et il y passa de mauvais jours. Les gens de la ville hésitaient en effet s'ils se soulèveraient ou non, et s'ils s'étaient soulevés, le premier acte de la révolte eut été certainement le massacre des quelques européens qui étaient chez eux. Heureusement qu'ils finirent par se décider pour la tranquillité.

Les habitants du caravansérail n'en avaient pas toujours été quittes à si bon marché ; en 1845 ou 1846, un ou deux ans après la création de Lalla Mabrnia, le poste d'Aïn Tolba où il n'y avait alors que le cantinier avec sa femme et un enfant, fut envahi par les Arabes ; l'enfant échappa, caché dans les broussailles, son père fut massacré, et la pauvre femme ne fut abandonnée par les pillards qu'après avoir subi les derniers outrages devant le cadavre de son mari. On comprend que l'hôtelier de 1871 n'ait pas voulu rester dans le caravansérail.

Tout en devisant, nous marchions assez vite malgré le mauvais chemin ; nous descendions vers de grandes plaines légèrement accidentées au fond desquelles nous apercevions de temps à autre l'Oued Isly de glorieuse mémoire, que nous traversâmes, et bientôt après nous arrivions ici, à trois heures du soir. J'étais attendu, et comme je vous le disais en commençant cette lettre, j'y ai reçu l'hospitalité la plus gracieuse chez le commandant supérieur. Je lui ai demandé quelques instants de repos, dont j'avais grand besoin, et je les ai utilisés en causant avec vous. Seulement je me suis laissé entraîner, et je m'aperçois que c'est un véritable volume que je vous envoie; je vous assure que le temps de repos a ainsi passé pour moi rapide et agréable; je voudrais croire que celui que vous emploierez à me lire ne vous paraîtra pas plus long et plus ennuyeux. Me voici arrivé au point extrême de mon voyage dans cette province; maintenant chaque pas que je ferai sera pour me rapprocher de la France et de tous mes amis; je prendrai le bateau pour Marseille de mercredi en huit, c'est-à-dire le trois juillet, et je débarquerai seulement le samedi matin. Que ferai-je à Marseille, je l'ignore encore; mais je serai toujours bien heureux de toucher la terre de France; je m'en trouve si éloigné et depuis si longtemps! Décidément je ne suis plus fait pour les longs voyages.

Adieu, très-chère Madame; je vous donnerai très-certainement encore de mes nouvelles avant ma rentrée en France; cette lettre, comme les précédentes, vous portera l'expression de mon affectueux dévouement duquel je vous prie de ne pas douter. Voulez-vous me permettre de vous serrer la main et de me dire

Votre respectueux et obéissant serviteur.

A. R.

LETTRE VINGT ET UNIÈME

Tlemcen, mardi 25 juin 1878.

Il n'y a que trois jours que je vous ai écrit, chère Madame et amie, et voilà que je reprends de nouveau la plume pour noircir du papier à votre intention. Je pensais d'abord écrire à notre ami; pourquoi ai-je changé d'idée, pourquoi est-ce encore à vous que j'adresse cette lettre, je ne saurais trop vraiment vous l'expliquer d'une manière raisonnée. C'est par un sentiment instinctif qui me dit que les femmes sont plus aptes à comprendre certaines influences, certains souvenirs. Or aujourd'hui je suis plus encore que l'autre jour soumis à ces tristes influences, en proie à ces pénibles souvenirs desquels je vous disais un mot dans ma dernière lettre. Il y a onze ans à pareil date et à pareil jour que j'ai perdu la compagne dont je vous ai quelquefois entretenu, et cette date réveille toujours en moi de cruelles pensées. Vous comprenez, chère Madame, tout ce que j'ai souffert et le vide immense qui se fit alors dans ma vie, et vous ne vous étonnerez pas du voile de tristesse que ces souvenirs ont jeté sur les jours qui viennent de s'écouler; s'ils venaient par hasard attrister quelques parties de cette lettre, vous les accepterez mieux que ne le ferait l'ami le plus indulgent. Il me semble du reste que la route que je viens de faire pour venir de Mahrnia ici était en harmonie avec mes pensées; je la trouvais d'une monotonie, d'une tristesse désespérante.

Mais n'anticipons pas sur ce que j'ai à vous dire; je vous écrivais en arrivant à Lalla-Mahrnia, je vous écris aujourd'hui en arrivant à Tlemcen, j'ai donc à vous raconter tout ce que j'ai fait, ou vu, ou appris dans la première de ces deux villes. Je suis vraiment un peu hyperbolique quand je donne à Mahrnia le titre de ville; ce n'est qu'un village dont l'importance absolue est bien minime. Deux rues parallèles, dont une plantée est d'une largeur déplorable surtout en ce pays de soleil, deux autres rues coupant d'équerre les deux premières, voilà la cité; les maisons sont presque toutes à simple rez-de-chaussée, il n'y en a pas à deux étages. L'église est sur une grande place. Au bout de la rue principale à l'est est le marché, vaste emplacement clos de mur; à l'autre extrémité à l'ouest est le fort ou bordj dans lequel loge la garnison. Voilà justement ce qui fait l'importance relative de Mahrnia, c'est un centre commercial et une position militaire également importants.

Posée à l'entrée des plaines du désert d'Angad dans lequel errent de nombreuses et puissantes tribus qui ne veulent se soumettre ni à la France, ni au Maroc, éloignée de quelques kilomètres seulement des frontières assez mal définies qui séparent les deux pays, et de vingt-cinq kilomètres de la ville marocaine d'Ouchda, qui est assez importante, la garnison de Mahrnia est notre sentinelle avancée à l'ouest de la province et elle a pour charge de faire respecter notre nom et notre territoire par des voisins trop remuants. C'est une mission de chaque jour qui ne manque pas d'activité; il faut empêcher les vols, poursuivre et arrêter les maraudeurs, et maintenir l'ordre matériel dans un pays et parmi des hommes chez lesquels le vol est presque un honneur, chez lesquels chacun est jaloux de sa liberté entière pour attaquer comme pour se défendre: le fort est le point d'appui de cette garnison, qui se compose de zouaves, d'infanterie indigène (turcos) et de spahis.

Puis toutes ces tribus possèdent un assez grand nombre de bestiaux, des chameaux, des bœufs, des moutons, et aussi des chevaux, et elles pourraient en avoir bien davantage si elles étaient plus prévoyantes; il leur fallait un centre commercial en rapport direct avec l'industrie européenne; ce centre est encore Lalla-Mahrnia; tous les dimanches a lieu un marché considérable où viennent d'une part quelques commerçants d'Oran et de Tlemcen, de l'autre les Arabes soumis à notre domination ou à celle du Maroc. Ces derniers y échangent leurs bestiaux, leurs laines, un peu de blé quelquefois, contre notre argent; ils achètent peu nos produits. J'arrivais justement un samedi, c'était un excellent moment pour voir se former le marché du dimanche, et pour l'étudier.

Dès le samedi soir, en me promenant avant le dîner avec le commandant qui me faisait les honneurs du pays, je vis arriver les Arabes des tribus lointaines, la plupart à cheval, tous armés de leurs longs fusils et d'yatagans, conduisant des caravanes de chameaux ou d'ânes chargés de ballots de laine ou de blé; ils dressaient leurs tentes autour du marché. Deux ou trois chaouchs étaient chargés de maintenir l'ordre conjointement avec un détachement de spahis : il y avait là un tableau intéressant de la vie du désert. Dans cette même promenade, le commandant me montra, non sans un légitime sentiment de satisfaction, un très-beau jardin qu'il entretient avec amour sur le bord de la rivière. L'eau y arrive en abondance, les irrigations y sont parfaitement aménagées, aussi les légumes et les fruits y viennent-ils nombreux et succulents; car il ne s'agit pas d'un jardin d'agrément : vous n'y trouveriez pas beaucoup de fleurs pour orner votre salon; mais votre gourmandise, chère Madame (et quelle jolie femme digne de ce nom n'est pas un peu gourmande), y trouverait son compte : orangers, grenadiers, abricotiers, bananiers, poiriers, fraisiers, figuiers et encore la vigne vous fourniraient le dessert, et vous y trouveriez aussi des légumes de toutes sortes, les nôtres, ceux de France. Ajoutez-y une charmante tonnelle sous laquelle on peut reposer à l'abri des rayons du soleil, rafraîchi par des canaux d'arrosage, et vous aurez une idée de ce paradis terrestre où il n'y a pas de fruit défendu.

Le lendemain dimanche, ma première visite fut pour le marché et pour les campements arabes établis aux alentours. Là, mêlé aux indigènes, quelquefois bousculé par eux, car ils ne faisaient aucune attention à moi, me prenant sans doute pour quelque mercanti digne de leur plus profond mépris, je les observai tout à loisir. J'admirai surtout le respect profond qu'ils avaient pour leurs chefs, pour leurs marabouts, et la manière noble et digne avec laquelle ils l'exprimaient, en graduant les marques suivant l'importance du supérieur. Les uns se touchaient la main qu'ils embrassaient ensuite ; cela me paraissait le signe de l'égalité ; un autre s'approchait respectueusement d'un vieillard et posait ses lèvres sur sa poitrine à l'endroit du cœur ; un troisième plus humble se contentait de baiser la main qu'on lui tendait négligemment ; enfin un chef décoré de la Légion d'honneur, s'inclinait devant un vieux marabout aveugle et l'embrassait sur le front. Tout ce monde circulait à pieds ; on n'entre pas à cheval dans l'enceinte, et ceux qui la franchissaient avaient même dû, par mesure d'ordre, se séparer de leurs fusils. Les petits marchands, les ouvriers installés en plein vent, tourneurs, chaudronniers, cordonniers, etc., attirèrent mon attention par la singularité de leurs instruments, de leurs outils, tous simples et primitifs.

Las enfin du bruit et de la bousculade, arrivé d'ailleurs à l'heure de la messe militaire, je me rendis à l'église où le service fut fait simplement, mais avec convenances, et au sortir de la messe je trouvai le commandant qui me ramena encore faire un tour de marché; il était en tenue militaire, un spahis nous précédait et nous faisait faire place; j'étais plus à mon aise; mais faut-il vous l'avouer, je préférais mon incognito. En quittant le marché, nous vîmes arriver sur la place qui le précède quatre musiciens, un tambour battu par un seul bâton recourbé, un tambour de basque sans castagnettes, joué avec la paume de la main, une flûte de roseau et une espèce de guitare du pays. Trois hommes portant chacun un fusil marocain qu'ils agitaient en l'air, et un poignard dans sa gaine recourbée passé à la ceinture, suivaient les musiciens : ils avaient le burnous blanc, un peu sale, il faut bien le dire, et la calotte sans turban ni corde de chameau. Les musiciens s'assirent à la manière arabe, les trois hommes armés se mirent devant eux, et un cercle fut bientôt formé autour de ce groupe. Le commandant que je questionnai sur ce spectacle me répondit qu'ils allaient probablement exécuter une pantomime militaire. Nous nous fîmes faire place dans le cercle, et l'on commença. Après un prologue musical peu harmonieux, le chef de la bande appuyé sur son fusil commença un assez long discours en arabe dont on me donnait le sens au fur et à mesure; après avoir vanté son adresse, il implora les bons esprits et conjura les méchants, dialoguant avec le public qui lui répondait par des mots et même de courtes phrases légèrement rythmées, absolument comme le chœur antique répond aux héros de Sophocle et d'Euripide; on voyait que cette foule se mêlait en réalité à l'action. Après ce prologue, la musique se mit à faire rage, et les exercices d'adresse commencèrent : ils consistaient à jongler avec le fusil en tournant en cercle, le lançant en l'air en le faisant tournoyer et le recevant avec habileté, et si par hasard le jongleur manquait son coup, il s'adressait au public pour accuser le mauvais esprit de son erreur, jonglant et dialoguant ainsi alternativement. Il est bien entendu que dans le dialogue, ils réclament aussi la générosité des spectateurs et quelques piècettes tombèrent en effet devant les musiciens; nous y joignîmes les nôtres, et nous nous retirâmes, car l'heure du déjeuner approchait.

C'était un grand déjeuner; le commandant avait invité plusieurs officiers mariés avec leurs jeunes femmes, et je vous assure, chère Madame, que le repas fut très-bon et très-bien servi; on y parla de France, de Paris surtout, de l'Exposition ; à part la chaleur qui était un peu forte, on se serait cru à quelques kilomètres de la grande ville : du pays, des Arabes, du Maroc, pas un traître mot; on cherche à les oublier. Après un peu de repos, je revins encore vers le marché dont la vue m'intéressait. Il finissait, les Arabes s'en allaient les uns après les autres; leurs caravanes commençaient à reprendre le chemin du désert; mais le spectacle des jongleurs durait toujours, et il y avait plus de foule que le matin; on se reposait des affaires en le regardant. J'éprouvais pour lui une espèce d'attraction, et je rentrai dans le cercle où l'on me fit place volontiers. Sa composition n'était plus la même, elle était plus sérieuse, je dirais presque qu'il y avait meilleure société. Un vieux chef à la barbe blanche, seul assis sur un tapis à la manière arabe, y tenait évidemment la place d'honneur; le reste du public était debout. Le spectacle aussi s'était transformé; aux tours d'adresse avait succédé une véritable pantomime. Débarrassé de son burnous, n'ayant pour vêtement que la gandourah, la tête nue, la houppe de cheveux du sommet de la tête suivant en désordre les mouvements de celle-ci, l'Arabe qui était en scène simulait un combat singulier; d'abord il visait avec son fusil un ennemi imaginaire, chargeant son arme, puis la déchargeant vers différents points de l'horizon. Puis bientôt celui-ci lui devenait inutile et la lutte à l'arme blanche commençait : il tirait son poignard, le manœuvrait à droite et à gauche avec dextérité, et finalement, semblant tenir son ennemi terrassé sous ses genoux, il le frappait à plusieurs reprises de son arme qu'il élevait et brandissait ensuite en guise de triomphe en repoussant du pied le cadavre de l'ennemi vaincu. Et la musique suivait ces différentes péripéties, les accentuant par des rinforzando successifs. Pour moi la scène la plus curieuse n'était pas jouée par l'acteur principal; elle existait surtout dans les différents sentiments qui animaient l'assemblée. On les voyait se peindre et s'accentuer sur ces figures si mobiles; évidemment le spectateur s'unissait à l'action qui se déroulait sous ses yeux et l'on sentait qu'il n'aurait fallu qu'un mot pour que tous ces hommes appartenant à des tribus différentes et souvent ennemies transformassent en une réalité la scène qui s'agitait sous leurs yeux. L'assemblée était frémissante, les piécettes pleuvaient devant les musiciens, et le vieux chef révéré donnait le premier et à plusieurs reprises l'exemple de la générosité. Mais les spahis étaient là qui veillaient, et l'ordre ne fut pas troublé.

Une autre scène plus calme se passait à côté; le cadi du cercle, à cheval, entouré de ses assesseurs, la tête couverte de leurs grands chapeaux, rendait la justice aux gens des tribus. Je vous avoue que ce spectacle me retint moins longtemps que l'autre; il ne manquait pas d'intérêt sans doute, mais il eut fallu comprendre la langue du pays : la pantomime des plaideurs ne suffisait pas pour m'expliquer les affaires portées devant le juge et pour juger moi-même ses jugements.

J'allais encore avoir un autre spectacle : la procession de la fête Dieu, qui à Oran comme à Alger, avait été défendue par un arrêté municipal, devait se faire en grande pompe à Lalla-Mahrnia, et en effet elle sortit à cinq heures du soir : des tambours et des clairons en tête, puis des jeunes filles en robes blanches et des jeunes gens; à la suite un piquet de zouaves entourant le saint sacrement que suivaient quelques fidèles, tel était l'ordre traditionnel; elle s'arrêta successivement à deux reposoirs, simples, mais convenables, et l'on rentra dans l'église pour donner la dernière bénédiction. Le plus curieux était la tenue des indigènes devant cette cérémonie religieuse. Ils la comprenaient parfaitement et la respectaient profondément. Pouvais-je en être étonné, moi qui les avait vus à Constantine faire des processions dans les rues pour demander la cessation de la sécheresse? Non, l'Arabe ne comprend pas nos idées matérialistes; il est profondément religieux, et il admet et respecte la religion des autres; il est donc absurde de prétendre qu'il faut à cause de lui supprimer les manifestations extérieures; il les aime au contraire pour lui et les accepte pour les autres [1].

1. Depuis que je suis rentré en France, j'ai appris que

Je vous disais plus haut que la garnison de Lalla-Mahrnia avait un rôle important à remplir; je viens d'en avoir une nouvelle preuve : une tribu marocaine a cultivé une fraction de notre territoire; elle est donc soumise à un certain impôt qu'elle refuse, en prétendant que le terrain cultivé n'est pas dans nos limites : il va falloir la contraindre à payer, par la force, s'il est nécessaire; on parlemente en ce moment, mais si elle ne paye pas, on enverra un détachement sur le territoire cultivé pour saisir la récolte avant qu'elle ne soit enlevée. Y aura-t-il bataille? Non, sans aucun doute, si le détachement est suffisamment fort; la tribu n'osera lutter. Mais il n'en est pas moins vrai que l'on vit constamment sur le qui-vive et que ces fusils dont chacun est porteur semblent toujours prêts à partir : il faut toujours exercer une active surveillance. Ainsi dans la nuit de dimanche à lundi nous avons eu une petite alerte: on avait ramassé parmi les gens venus au marché deux Arabes mauvais drôles, voleurs et peut-être pis, que l'on recherchait depuis longtemps. Au lieu de les mettre dans un silos, on se contenta le soir de les enfermer dans une prison assez mal close; seulement un factionnaire devait la surveiller. Il paraît que celui-ci s'est endormi, et

le maire de Tlemcen qui avait défendu les processions catholiques a dû, pour paraître juste, défendre aussi les cérémonies extérieures du culte musulman; et il paraît que les Arabes réclament avec énergie contre cette décision.

hier matin un des deux prisonniers avait disparu. Il avait forcé les barreaux de la fenêtre, escaladé le mur du préau, et à l'aide de la corde de chameau qui lui serrait la tête, il avait pu descendre le long du mur d'enceinte du fort : une fois dans le fossé il était sauvé. Il est probable qu'il a filé vers le Maroc. Nous avons tous été ce matin voir le lieu de la scène : c'est le pauvre factionnaire qui ira en prison pour payer sa négligence.

Je me suis servi du mot de silos tout à l'heure et peut-être n'en avez-vous pas une idée très-nette : c'est une prison fort ingénieusement disposée, je vous l'assure, pour empêcher que l'on ne s'en échappe. Figurez-vous un grand puits, profond de cinq à six mètres, et plus large en bas qu'en haut, où il n'y a qu'une ouverture de un mètre de diamètre environ. Celle-ci est fermée par une solide grille mobile, munie d'un bon verrou à serrure, et au-dessus est une toiture en bois pour garantir de la pluie et du soleil. Les prisonniers sont descendus là dedans par une corde passée sous les bras et vous comprenez qu'une fois au fond, il leur est bien difficile de remonter sans permission. Telle devait être la citerne dans laquelle Joseph fut descendu par ses frères : le silos, comme prison, n'est donc pas une invention nouvelle.

Vous ne vous figurez pas sans doute ce que j'ai fait hier matin après avoir été visiter les prisons : j'ai lu la pièce du jour, la comédie des Fourchambaut, qui est parvenue jusqu'ici. Triste pièce d'ailleurs suivant moi; le rôle de tous y est également faux, car la donnée première est non moins fausse, non moins immorale, et pour oublier cette situation, le lecteur n'a pas les dramatiques jeux de scène, grâce auxquels l'acteur soutient l'intérêt pour le spectateur. Ainsi pour un lecteur la fameuse scène du soufflet donné par l'enfant légitime à son frère naturel et du pardon de celui-ci passe presque inaperçue.

J'attendais ainsi le moment de nous mettre en route : nous allions en effet déjeuner chez le commandant d'un escadron de spahis établi dans un bordj, à douze ou quinze kilomètres de Mahrnia, sur les bords de la Tafna. La route assez bonne, est très accidentée, car on coupe plusieurs vallées successives; le pays est cultivé par des Arabes, et les champs sont plantés d'oliviers et de jujubiers. Le voyage est pittoresque d'ailleurs ; nous sommes conduits à la Daumont dans un breack confortable, et nous avons une escorte de trois spahis, précaution indispensable quand on s'éloigne un peu du centre de Mahrnia. Et puis nous suivons la même route que le peloton qui est venu la veille de la Smalah où nous nous rendons pour maintenir l'ordre dans le marché, et la vue de ces cavaliers vêtus de burnous blancs et rouges, paraissant et disparaissant suivant les sinuosités de la route, ajoute aux charmes du paysage. Le bordj autour duquel campe la Smalah et dans lequel demeurent les officiers est construit sur un mamelon dénudé qui domine la rivière. Nous y trouvons une gracieuse réception, à laquelle je m'attendais, ayant vu la veille mes hôtes du lendemain, et c'est encore la France et Paris qui défrayent la conversation. Mais après le déjeuner je rentre en pleine couleur locale : ces messieurs me conduisent visiter la Smalah, le campement des spahis indigènes. Ces hommes sont presque tous mariés, et quand ils ne sont pas de service, ils vivent sous la tente à la manière arabe, avec leurs femmes et leurs enfants : l'ensemble de ces tentes forme un Douar.

Accompagné par des chefs respectés, je pus ainsi contre l'usage, pénétrer dans la vie intime de l'Arabe, surprendre la femme arabe dans ses occupations de ménage et entrer sous leurs tentes dont je n'avais fait jusque là que soulever quelques voiles. La tente est loin d'être une habitation confortable, et la propreté y est douteuse. La femme n'y perd pas son temps : seule même elle travaille, pendant que l'homme, son service fini, son cheval pansé, se repose. Les unes tissaient sur des métiers primitifs des couvertures de chevaux, des étoffes pour différents usages; d'autres préparaient le couscoussou ou manœuvraient à bras des moulins à blé absolument semblables à ceux dont se servaient les Romains il y a dix-huit cents ans; et je voyais à leurs jambes et à leurs poignets des bracelets qui sont la copie exacte de ceux que l'on découvre dans les anciennes tombes romaines.

Après cette visite nous descendîmes au jardin de la Smalah qui est situé sur les bords même de la Tafna; il est vaste, bien ombragé et parfaitement entretenu; seulement il est à sept ou huit cents mètres du bordj, et quand il faut parcourir cette distance par le soleil, on hésite; aussi les officiers nous ont avoué qu'ils n'y allaient pas souvent.

La journée se passa ainsi rapide et agréable, et le retour à Mahrnia toujours avec notre escorte se fit sans incidents. Le soir je prenais congé de tous ces messieurs, je donnais rendez-vous au commandant mon hôte à Tlemcen et à Oran où il devait embarquer sur le même bateau que moi pour France et je me couchai d'assez bonne heure, après avoir remis mon bagage en ordre, car il fallait être sur pieds le lendemain, à quatre heures, pour prendre la voiture de Tlemcen.

Pénible et triste journée que celle d'aujourd'hui, je vous l'ai dit en commençant ma lettre, chère Madame et amie, et cette idée revient encore sous ma plume en la finissant. Avant cinq heures j'étais à la voiture grossière peut-être et lourde, mais solide, qui fait la correspondance et la poste tous les deux jours entre Tlemcen et Lalla-Mahrnia. Il faut cinq chevaux pour la mettre en mouvement; elle peut contenir neuf personnes et quelques bagages derrière ; une bâche en toile préserve les voyageurs de la pluie et surtout du soleil. Mon aimable commandant attentif dans les moindres détails, m'avait préparé un déjeuner à emporter, car on ne trouve rien en route. Et en effet c'est le désert, c'est la solitude, avec un sol extrêmement accidenté : la route coupe une succession de vallées séparées par des arêtes élevées ; on ne fait donc que monter et descendre, et cela est fatiguant non seulement pour les chevaux, mais encore pour les voyageurs. Et puis la chaleur devint bien vite étouffante. Je n'avais qu'une compagne de voyage, une jeune femme nourrissant un enfant de quelques mois ; de plus deux spahis escortent la voiture pour sa sûreté. Le premier endroit habité que l'on rencontre est une Smalah de spahis, le bordj Bled-Chabah. Vient ensuite une espèce d'oasis, où se trouvent des eaux minérales et une belle Kouba, enfouie au milieu des palmiers ; c'est le Hammam Bou R'ara ; les indigènes y suivent des traitements thermaux dans un établissement d'une simplicité primitive. Ce fut là notre premier relai. Le second devait se faire à un prétendu caravansérail, celui de l'Oued Zitoun, mais comme nous étions sûrs de n'y rien trouver à manger, nous nous arrêtâmes un peu avant sur un sommet, où s'étaient installés quelques charretiers. De la viande froide, du fromage, des abricots magnifiques et une bouteille de vin, tel était mon déjeuner que je partageai avec ma compagne de route, abandonnant les restes au conducteur; puis nous nous remîmes en chemin, et audit caravansérail de l'Oued Zitoun, auquel est annexée une méchante baraque en planches contenant l'hôtellerie et le relai, je demandai du café. La femme, qui était seule à la maison, espagnole trop avantagée par la nature, m'en prépara, mais en me déclarant qu'elle n'avait pas de sucre à me donner. Quelle triste auberge ! Et malgré cela j'avalai avec un certain plaisir la liqueur qu'elle décorait du nom de café et qui aurait eu bon besoin de nombreux morceaux de sucre. C'était certainement le point le plus triste de cette triste route. Il était midi, la chaleur était étouffante et ma pauvre voyageuse succombait au sommeil au risque de laisser tomber son enfant; il nous fallait veiller sur ce pauvre petit. Moi-même je succombai un instant; mais réveillé par une violente secousse qui avait failli me lancer en dehors de la voiture, je me défendis un nouveau sommeil. Bientôt d'ailleurs la route s'améliora, les pays cultivés apparurent, et nous arrivâmes à un premier centre européen, à Hanaïa, situé sur un petit affluent de la rive droite de la Tafna, à onze kilomètres seulement de Tlemcen. Sept kilomètres plus loin nous trouvions le village de Bréa plus important encore, et bientôt à un détour de la route je vis sur la gauche Tlemcen, et un peu sur la droite une ligne de tours anciennes reliées par des murs ou courtines, au centre desquelles s'élevait majestueusement un beau minaret à base carrée. C'est Mansourah, me dit le conducteur, et je crus qu'il y avait là une petite ville annexe de la grande.

Il nous fallut contourner l'enceinte de Tlemcen pour trouver la porte d'entrée, et j'ai admiré en passant les ruines d'un ancien château que j'irai revoir. Je ne puis encore vous rien dire de la ville, car je me suis hâté en quittant la voiture de me faire conduire à l'hôtel duquel je vous écris, après des ablutions réitérées. Encore un véritable volume que je vous adresse. Ne m'en veuillez pas d'être aussi long; d'ailleurs vous avez peu de lettres à recevoir encore de moi; je pense ne plus vous écrire de la terre d'Afrique; mais en débarquant à Marseille je vous donnerai de mes nouvelles, je vous parlerai d'Oran et de la traversée, en attendant que nous puissions en causer; je vous parlerai surtout du retour.

Adieu donc, chère Madame et amie; croyez, je vous le demande, au très-respectueux dévouement de votre obéissant et affectionné serviteur.

A. R.

LETTRE VINGT-DEUXIÈME

Tlemcen, jeudi 27 juin 1878.

Il y a bien longtemps que je ne vous ai écrit, mon très-cher ami, et depuis Milianah, cette charmante ville de laquelle je datai ma dernière lettre à votre adresse il y a huit jours, j'ai fait beaucoup de chemin, j'ai vu beaucoup de pays. Vous n'êtes pas resté, je le sais, étranger à toutes ces courses, et vous connaissiez l'endroit où vous deviez trouver de mes lettres ; c'est ce qui m'a permis de compter sur votre indulgence pour m'excuser. Puis mes courses ont été si rapides que je ne pouvais multiplier mes nouvelles ; tout mon temps était pris. J'en ai quelque peu ce soir avant de monter dans la voiture qui va me transporter à Sidi-bel-Abbès, et je me hâte d'en profiter pour causer avec vous.

Revenons donc, si vous le voulez bien, sur quelques points de mon voyage que j'ai traités peut-être un peu sommairement ou même que j'ai complètement passés sous silence dans les deux lettres précitées, parce qu'ils me semblaient peu intéressants pour une femme. Je ne vois rien à ajouter à ce que j'ai dit de mon long et ennuyeux voyage de Milianah à Oran par une chaleur épouvantable; à Orléansville surtout j'étais littéralement brûlé; je n'avais rien senti de pareil, même sous le soleil qui m'accompagna dans mon voyage à Lichana et Zaatcha, dans les plaines du Ziban. Je vous répéterai que la ville d'Oran, à première vue, ne m'a plu que médiocrement; mais je vais l'étudier davantage, et peut-être mon opinion se modifiera-t-elle; je suis en effet décidé à prendre le bateau de mercredi prochain pour rentrer en France; je n'ai donc plus que six jours à passer sur la terre d'Afrique. C'est peut-être plus qu'il ne m'en faut pour voir Sidi-bel-Abbès, pour connaître Oran et ses environs, mais ce ne sera pas assez pour me permettre d'aller à Arzew et à Mostaganem. J'en suis contrarié, mais qu'y faire? Ce serait beaucoup de retarder mon départ de huit jours, ou ce serait un peu pénible de refaire la route d'Oran à Alger pour embarquer dans cette dernière ville. Il est vrai que j'aurais alors le plaisir de retrouver mes bons amis et que je ne resterais que trente-deux heures en mer au lieu de trois jours; mais je ne verrais pas Carthagène et un coin de l'Espagne. Tout bien examiné, il faut que j'embarque mercredi : je verrai Oran à loisir, et je ne m'y ennuierai pas, car, vous le savez, j'y ai de charmantes et anciennes connaissances.

Je n'ai vu en réalité dans mon passage en cette

ville il y a huit jours, que le Château-Neuf où sont les principaux établissements militaires et particulièrement ceux de l'artillerie et du génie, et la pointe de Merz-el-Kébir. Le Château-Neuf renferme en réalité la partie la plus ancienne des fortifications d'Oran ; c'est une construction qui date évidemment du XIV° siècle; sa forme est celle d'un triangle; à chaque angle est une grosse tour en belle maçonnerie; les trois tours sont reliées par des courtines; de leur plateforme on jouit d'une vue magnifique sur l'ancienne ville et la Kasbah, sur le port, sur la rade et enfin sur les hauteurs qui dominent la ville à l'ouest et se terminent à la pointe de Merz-el-Kébir. Ces solides constructions ont résisté même au tremblement de terre de 1790 ; elles ne sont certainement pas arabes; elles ont tout le cachet des constructions européennes de la même époque, et elles sont à mes yeux l'ouvrage de quelque ingénieur de France ou d'Italie. L'artillerie les occupe aujourd'hui; elles sont enfermées dans le Château-Neuf proprement dit qui est du XVI° siècle, avec des modifications datant des siècles suivants.

Le fort de Merz-el-Kébir est intéressant à étudier au point de vue de la fortification. C'est un mélange bizarre des différentes époques de l'art de fortifier. On y voit encore une tour qui m'a paru le dernier vestige d'un château primitif construit au moyen-âge; elle domine le port et la communication en escaliers qui relie celui-ci avec la forteresse. La masse des constructions est espagnole et paraît dater du XVIe siècle; elles avaient été élevées immédiatement après la première occupation espagnole qui est de 1505, et elles portent la trace de restaurations successives dont quelques-unes sont récentes et de la main de nos ingénieurs; ce ne sont malheureusement pas les meilleures et je citerai en particulier les dispositions vicieuses de certaines casemates au centre du fort, et de certains créneaux des fronts qui regardent la terre.

Vous savez comme je suis parti d'Oran précipitamment et vingt-quatre heures plus tôt que je ne le comptais : ce n'était pas une déconvenue, puisque ce que j'ai perdu à ce moment, je vais le retrouver après-demain ; mais ce qui en fut une véritable, c'est de n'avoir pu passer à Nemours les vingt-quatre heures que j'avais mises dans mon programme. On m'y attendait, ma chambre était faite, et ma valise y était même installée quand je me vis obligé de partir immédiatement pour Lalla-Mahrnia sous peine de rester deux jours dans ce triste petit port de mer. J'aurais encore trouvé moyen de les employer; je voyais sur les crêtes voisines des forts dont la visite me tentait d'autant plus qu'ils sont de construction arabe et par suite intéressants pour l'histoire de l'art; et puis aux environs que de souvenirs j'aurais eu à évoquer en visitant les plaines de Sidi-Ibrahim dans lesquelles se joua la dernière scène

de la vie politique et militaire d'Abdel-Kader!
Seulement le désir de partir par le bateau de mercredi prochain venait paralyser tous mes mouvements. Non, je ne veux pas, je ne peux pas prendre huit jours de plus : parti pour deux mois, je serai resté absent environ un mois de plus ; c'est bien assez : j'éprouve, il me le semble, le besoin de me reposer ; comme on le dit en chimie, je suis saturé de courses, de voyages ; je ne vois plus aussi bien, aussi sainement ; j'ai besoin de revoir la France, de rentrer sous mon toit. Et voilà ce qui m'a décidé, malgré toute ma curiosité, à ne faire que traverser Nemours pour arriver de suite à Mahrnia : je suis d'autant plus content d'avoir pris cette décision qu'un retard de quarante-huit heures dans mon arrivée eût beaucoup gêné mon excellent hôte de Mahrnia ou m'eut obligé à abréger mon séjour dans cette localité.

En traversant la petite ville de Nédromah, si curieuse, si pittoresquement située, j'eus encore la contrariété de ne pouvoir m'arrêter ; la ville, et surtout son ancienne Kasbah, me parurent très-curieuses. Cette dernière, bien qu'elle soit en ruines, me présentait un mode de construction exclusivement arabe dont j'avais vu un premier spécimen à l'ancien château de Biskra et que j'allais retrouver à Tlemcen dans toute sa grandeur et sa force. Ce sont des murs et des voûtes formés d'un béton très-homogène, qui, sous ce climat, acquiert une grande dureté et n'éprouve du temps aucune détérioration. Il nous a fallu faire jouer la mine pour détruire la Kasbah de Nédromah, et ce qui est resté debout conserve un air de grandeur et de solidité tout à fait imposant.

Je n'ai pas été moins frappé par l'existence dans ces pays écartés de débris romains qui montrent toute l'extension de cette puissance colossale, et les relations qu'elle entretenait avec les tribus de l'intérieur de la Mauritanie. A Mahrnia même, on a trouvé de nombreux restes et particulièrement deux grandes bornes avec des inscriptions qui ont été placées à l'entrée du Bordj ; plus loin encore, à quatre kilomètres environ de la Smalah où j'ai été déjeuner lundi dernier, on m'a signalé l'existence de débris romains sur les bords de la Tafna ; c'était probablement un des postes les plus avancés de l'occupation. Néanmoins la province de Constantine est beaucoup plus riche que celle d'Oran en souvenirs de ce genre.

A Mahrnia encore le temps m'a manqué pour faire deux excursions intéressantes : la première consistait en une visite aux mines de plomb argentifère de R'ar-Rouban ; elles sont près de la frontière du Maroc ; seulement on dit que les affaires de la société sont très-embarrassées. La seconde excursion eût été une visite à la ville marocaine d'Ouchda, à vingt-cinq kilomètres environ de Mahrnia, où l'empereur du Maroc entretient une petite mission militaire française. J'aurais bien voulu aller voir les camarades qui se sont dévoués à cette œuvre; mais il m'eût fallu deux jours à cheval, plus une escorte de spahis; le temps me manquait donc, et en outre le commandant de Mahrnia me parut ne pas se soucier de me voir entreprendre une course qui n'était pas tout à fait sans inconvénients, sans dangers même, à cause des tribus insoumises qui rôdent sur la frontière, course qui pouvait par suite engager sa responsabilité; il avait bien assez de son affaire d'impôt à faire rentrer, sans être encore obligé de poursuivre quelque tentative de violence opérée à mon détriment.

Enfin me voici arrivé à Tlemcen, la ville sainte et guerrière à la fois, et c'est d'elle surtout que je vais avoir à vous parler aujourd'hui. Comme cachet particulier, comme couleur locale, je la mets sur la même ligne que Constantine, malgré sa moindre importance. Et cependant on a commencé à l'européaniser, et certains quartiers, des plus pauvres, des plus laids, il est vrai, les quartiers juifs, vont se transformer : les rues son tracées, les démolitions sont commencées, il ne reste plus qu'à bâtir les maisons. Tlemcen est construit sur une espèce de gradin qui domine les vallées environnantes au nord et qui est dominé lui-même au sud par un plateau assez élevé, duquel arrivent en abondance des eaux excellentes qui fournissent à tous les besoins de la ville et de ses faubourgs. Les anciens remparts arabes qui embrassent une superficie plus grande que la ville actuelle, qui indiquent par conséquent une déchéance de la cité, ont été détruits ou renversés, mais il en subsiste encore quelques portions assez curieuses dont je vous parlerai plus loin ; ils ont été remplacés par une enceinte nouvelle qui laisse en dehors quelques faubourgs situés au nord, dans les bas fonds. L'ancienne Kasbah, que l'on nomme aussi le Meschwar, a été en partie conservée, et la garnison y est logée ; elle forme une espèce de citadelle ; une belle promenade de platanes longe en ville son côté intérieur.

Je suis arrivé ici mardi à trois heures, venant de Mahrnia, et après un peu de repos à l'hôtel, je suis sorti pour trouver le chef du génie qui a eu la bonté de se mettre à ma disposition pour le temps de mon séjour. J'appris en même temps que l'intendant de la province, que j'avais vu à Oran, était lui-même arrivé de la veille. Nous arrangeâmes de suite l'emploi de mon temps, et il fut convenu que le lendemain matin, c'est-à-dire mercredi, le secrétaire du bureau arabe, nommé Mahmoud, parlant très-bien le français et employé depuis longues années par l'administration militaire, d'abord comme chaouch, puis comme khodja, viendrait me prendre de bonne heure pour me faire parcourir la ville et les faubourgs. Cela réglé, je me disposais à rentrer à l'hôtel quand je vis la foule se porter vers une rue voisine, et j'entendais en même temps raisonner les sons de la musique du pays : c'était une noce juive. Je pénétrai discrètement dans l'allée de la maison ; le rez-de-chaussée de la cour intérieure était rempli de monde, juifs et juives, tous en grande toilette ; mais la mariée et sa famille étaient à la galerie du premier où je ne voulus pas monter, bien entendu. Les femmes étaient presque toutes en robes de velours de couleurs assez voyantes, et elles portaient la coiffure des juives d'Alger, accompagnée du large ruban tombant par derrière ; elles étaient couvertes de riches bijoux, chaînes et bracelets. Les hommes étaient mis aussi comme les juifs d'Alger. Il n'était pas d'ailleurs besoin d'entrer dans la maison pour voir la noce, car elle sortit bientôt elle-même et suivit la rue principale, l'avenue plantée de platanes longeant la Kasbah, sans doute pour le simple plaisir de se faire voir.

Après le dîner j'allai au cercle militaire avec l'intendant et j'eus encore le bonheur d'y retrouver d'anciens élèves ; je passai la soirée à deviser avec eux.

Mercredi matin je ne fus pas moins exact que mon Arabe, et à sept heures nous étions en route. Il me conduisit d'abord dans les quartiers juifs et arabes de la ville : les maisons des premiers ont l'air pauvre et mal tenu ; il semble au contraire qu'une certaine aisance règne dans les rues arabes qui ont une grande analogie avec celles de Constantine. Les gens de même métier sont aussi rassemblés les uns à côté des autres dans les boutiques du rez-de-chaussée, ouvertes sur la rue ; ils y travaillent en vue du public : là sont les tailleurs, là les bijoutiers, les cordonniers ; plus loin les fabricants de maroquinerie : le juif s'y mêle à l'Arabe, et tous deux s'entendent parfaitement pour exploiter le chaland, surtout si celui-ci est un Roumi; mais j'étais prévenu et d'ailleurs je ne voulais rien acheter à ce moment.

Je visitai ensuite la grande mosquée, qui est un monument d'une superficie considérable. Il y a sur un côté une grande cour avec portique tout autour et fontaine au centre pour les ablutions; puis la mosquée elle-même se compose d'une série d'arceaux en fer à cheval portés sur des colonnes assez légères; un solivage repose sur les arceaux et supporte la terrasse formant toiture : le plafond est en plâtre disposé en caissons gracieusement ornementés d'arabesques de toutes formes. Au milieu est un dôme peu élevé, mais suffisant toutefois pour permettre d'ajourer le centre de cette grande salle; les côtés prennent jour par des fenêtres barreaudées, percées dans les murs qui enceignent le tout. Des nattes recouvrent le sol, des lanternes aux formes capricieuses et ornées de verres de couleur descendent des plafonds. La chaire du Muezzin, en bois peint, est d'une ornementation plus riche encore que celle des portes dont quelques-unes sont cependant fort belles. Un minaret de coupe carrée, aux faces parées de carreaux émaillés s'élève sur un côté de cet ensemble. Grâce à mon conducteur arabe, on me laissa passer partout sans observations ni étonnement. En eût-il été de même en France ? J'en doute.

De ce beau monument je passai presque sans transition à ce que l'on appelle le musée de la ville, qui ressemble à une grande salle de bal public de bas étage, et qui a eu, je crois, cette destination. Au milieu sont des tables et des pupitres en bois blanc, en grand désordre ; au fond est une ignoble peinture représentant la république coiffée du bonnet rouge, vrai type de la Marianne, et encore des drapeaux et des banderolles. Cette salle de bal est en même temps la grande salle de la mairie ; nous sommes en plein dans la république athénienne. Mais ce ne sont pas ces tristes décors que je viens regarder. Le long des murs sont rangés en assez grand nombre des débris antiques, stèles, tombeaux, débris de colonne ; tout cela a été trouvé dans Tlemcen ou aux environs. Je remarque surtout des chapiteaux de colonnes en marbre, d'ordre ionique, qui montrent parfaitement la transition de l'art romain à l'art arabe ; ils peuvent être du IXe ou du Xe siècle. Il y a aussi des fûts de colonnes cannelées et torses, en marbre blanc, qui sont d'une rare élégance.

Je revins ensuite à mes chères fortifications, et pour bien voir les anciennes comme les nouvelles, nous faisons extérieurement le tour de la ville, promenade un peu longue peut-être, un peu ensoleillée certainement, mais qui fut pour moi remplie d'intérêt. J'y étudiai d'abord les parties d'ancien rempart en béton, de construction arabe, qui sont encore debout, et qui jalonnent la vieille enceinte, s'élevant au milieu des jardins ou de champs plantés de beaux oliviers. Il y a vers l'est un beau jardin public nommé le Bois de Boulogne qui offre une charmante promenade extérieure. En tournant ainsi je revins à la porte par laquelle j'étais entré dans la ville la veille, et à ce vieux château que j'avais déjà remarqué en arrivant, le Bordj-ben-Kharmadi. **Je m'y arrêtai assez longtemps, et j'y serais resté plus longtemps encore si je l'avais pu.** Ce doit être une ancienne porte de la ville formant en outre un château-fort isolé. La base des deux tours principales, circulaires à l'extérieur, est évidemment romaine ; cette origine est constatée par la présence de la maçonnerie et des parements en petits matériaux cubiques, qui est le cachet du travail romain ; puis sur cette base, les Arabes ont élevé leurs murailles en béton, dont les parties supérieures elles-mêmes sont assez bien conservées, ce qui est rare. Il m'aurait fallu une journée entière pour étudier dans ses détails ce curieux monument.

Je le quittai à regret, et je passai dans les faubourgs qui sont au nord-est de la ville, sur les pentes descendant à la plaine. Il y a là le riche village d'Agadir, avec une petite mosquée et un grand et beau minaret bien entretenu ; puis beaucoup plus misérable, mais aussi beaucoup plus pittoresque est le village nègre, dont presque tous les habitants sont en effet de race noire. J'ai visité une mosquée avec kouba qui est fort curieuse par son ancienneté; malheureusement elle et son minaret tombent en ruine. Le muphti qui en est chargé et qui n'a pas l'air moins pauvre que sa mosquée, me prit sans doute pour un grand personnage et voulut m'intéresser à la restauration du monument, qui en vaudrait la peine d'ailleurs; je lui fis difficilement comprendre que je n'avais aucun crédit, et je m'échappai en lui laissant l'obole du voyageur. J'avais bien employé ma matinée.

L'après-midi ne le fut pas moins bien : j'allai avec le chef du génie visiter à l'ouest les ruines de Mansourah, à l'est la mosquée de Sidi-Bou-Médine. Je voulais voir de près cette enceinte ancienne que j'avais remarquée la veille en arrivant, et au centre de laquelle se dresse un minaret élevé, et je ne m'étais pas trompé en pensant y trouver un grand intérêt. La route qui y mène est d'ailleurs charmante; on entre dans l'enceinte par une belle porte voûtée en fer à cheval, d'un aspect grandiose; c'est le reste le plus important du côté est de l'enceinte, laquelle formait un grand rectangle orienté. Le côté nord a presque complètement disparu dans les cultures : mais les deux côtés ouest et sud restent debout et semblent défier les injures du temps. L'enceinte se compose de tours carrées, espacées de trente-cinq à quarante mètres et reliées par des courtines : l'épaisseur des murailles construites en béton est de un mètre quarante centimètres environ, leur hauteur d'une douzaine de mètres. Leur ensemble est d'un aspect vraiment imposant. Elles furent construites vers l'an 1300 pour enceindre une ville nouvelle que l'on posait en rivale de l'ancienne Tlemcen, et elles servirent d'abord à protéger l'armée qui assiégeait celle-ci. Mais la ville nouvelle ne prospéra pas ; sa vieille rivale la poursuivit de sa haine et finit par la détruire complètement ; il n'en reste aujourd'hui, outre l'enceinte, que le minaret de la mosquée, tour carrée, en pierres de tailles, de quarante mètres de hauteur, que l'on vient de restaurer et de consolider. Un village de création récente occupe la place de l'ancien palais des beys, dont quelques fragments subsistent encore sur une éminence, et il a l'air de prospérer. Si tous ses habitants sont aussi hospitaliers que celui qui a bien voulu nous offrir quelques-uns de ses magnifiques abricots, que je regardais, je vous l'avoue, d'un œil d'envie (il faisait si chaud !) ils méritent la bénédiction du ciel.

Nous traversâmes la ville pour aller à la mosquée de Sidi-Bou-Médine qui dépend d'un petit village arabe dont les maisons sont pittoresquement groupées sur les flancs du côteau, au milieu de figuiers, d'oliviers, de vignes, etc. La route est jolie et assez ombragée ; elle longe les cimetières juif et arabe ; le dernier contient un assez grand nombre de koubas dont quelques-unes offrent un aspect monumental. Elles ont toutes la même disposition, que je dirais presque règlementaire : la tombe est un simple bloc de maçonnerie rectangulaire ; elle est surmontée d'une voûte en dôme soutenue par quatre colonnes ou piliers d'angles ; l'ornementation est plus ou moins élégante. Au pied du village il faut laisser notre voiture et gravir le raide sentier qui y conduit. L'établissement religieux de Bou-Médine est fort curieux ; il se compose de trois parties distinctes : d'abord la kouba où fut enterré Sidi-Bou-Médine, marabout vénéré, qui vivait au douzième siècle de notre ère. Sous un pavillon ou kouba est la tombe, simple massif de pierres, qui est recouverte de nombreux tapis plus riches les uns que les autres, donnés par de pieux croyants ; une quantité de lampes et de lanternes de toutes sortes descendent du plafond au-dessus du tombeau ; aux murailles sont pendus des ex-votos, dont quelques-uns font sourire par leur naïveté.

En face de la kouba, mais la dominant de plusieurs mètres, est la mosquée précédée d'une cour intérieure avec une fontaine de marbre. Les décorations intérieures sont d'une richesse inouïe comme dessins d'arabesques : les plafonds en forme de voûte en fer à cheval sont divisés en caissons finement travaillés et ornementés, puis peints avec une grande sobriété de couleur ; l'effet est magique. Vous pouvez du reste vous en faire une idée, car une des portes a servi de modèle à la porte d'entrée du palais de l'Algérie à l'Exposition universelle.

A côté de la mosquée, mais plus élevé encore, est un ancien établissement pour les hautes études, la Medersah; mais hélas! il tombe en ruines, l'herbe pousse dans les cours, et le Thaleb qui nous en faisait les honneurs, nous avouait que sa position était une sinécure, qu'il n'avait plus d'élèves. Nous l'emmenâmes, pour le consoler, au café maure voisin, et assis sur une banquette de pierre, au milieu des Arabes, nous admirions les plaines magnifiques qui se déroulaient à nos pieds, en humant notre tasse de kawa. Ce fut un bon moment de repos, et je commençais à en avoir besoin. Heureusement que nous n'avions plus qu'à descendre pour regagner notre voiture et nous faire ramener en ville. La journée avait été longue et bien remplie, malgré la chaleur, et il fallait me préparer à celle du lendemain, qui ne devait pas être moins laborieuse.

La matinée en fut employée à une charmante excursion en voiture dans les environs de la ville. Je regrettai seulement d'être seul; mon jeune camarade, retenu par son service, n'avait pu m'accompagner. Que n'étiez-vous là, mon cher ami; voilà une promenade qui eût été plus de votre goût que celle que j'avais faite la veille. Mon itinéraire avait été réglé à l'avance, et je n'avais même pas à m'en occuper; je fis un tour à pied dans le bois de Boulogne (quel nom prétentieux!) et ce ne fut même pas sans difficultés que je retrouvai ma voiture, dont j'avais perdu la trace. Elle suivit alors la route de Bel-Abbès, et me conduisit au pied d'un ravin pittoresque duquel descendent en cascades les eaux du plateau supérieur; elles tombent ainsi de bassins en bassins avant d'arriver à la route; à partir de ce point, on les utilise pour l'irrigation. Je descendis de voiture et me mis à grimper un dur et difficile sentier, au milieu d'une végétation luxuriante. Vous ne m'y auriez pas suivi, je vous l'affirme, et cependant il paraît que l'on vient souvent y faire des parties et que les dames et les demoiselles se lancent dans cette ascension. Ne serait-ce pas pour avoir le plaisir de se faire aider par leurs galants cavaliers?

Après une tasse de café prise comme rafraîchissant sous un gourbi placé au bord de la route, je remontai en voiture, et rebroussant chemin nous revînmes d'abord vers Tlemcen, puis obliquant à droite, nous descendîmes dans la belle plaine qui s'étend au nord de la ville. La route est superbe et nous parcourions de vastes domaines très-bien cultivés; le soleil, malgré sa chaleur, n'avait pas encore eu le temps de les brûler, et si les céréales étaient coupées depuis longtemps, il restait encore d'autres cultures et aussi de belles avenues de mûriers pour animer la campagne. J'allai ainsi jusqu'au village Négrier qui me parut riche et prospère, quoique toujours aussi monotone, et je me fis ramener en ville par une belle route bordée d'arbres. Faut-il vous l'avouer? Doucement bercé dans ma victoria, fatigué de la chaleur, je succombai quelque peu aux charmes du sommeil, mais je n'étais pas bien coupable en pleine campagne; et puis je me suis réveillé à temps pour admirer encore les belles pentes d'Agadir, pour rentrer en ville et y faire figure convenable.

Je trouvai à l'hôtel mon excellent commandant de Lalla Mahrnia, qui venait d'arriver à cheval, et nous nous acheminâmes ensemble vers le Meschwar, chez le chef du génie qui nous avait invité à déjeuner avec un ou deux camarades. C'est en sortant de cette aimable réception, que je vous écris, sans savoir quand et comment ma lettre vous arrivera : je suppose qu'elle sera demain matin à Oran, vendredi à Alger, où elle embarquera samedi pour France. Moi je suis une autre route; au lieu d'aller directement à Oran, je pars ce soir avec l'intendant pour Sidi-bel-Abbès, où je passerai la journée du 28, et le 29 je rentrerai à Oran pour déjeuner; ce sera ma dernière étape en Algérie. Mais je tâcherai de vous écrire encore quelques lignes avant d'embarquer.

Adieu, mon bien cher ami; d'où qu'elles viennent, mes lettres vous porteront toujours de cordiales poignées de mains avec l'assurance de mon affection et de mon dévouement. Je pense trouver de vos nouvelles à Oran et encore en débarquant à Marseille de samedi en huit.

Tout à vous de cœur.

A. R.

LETTRE VINGT-TROISIÈME

Oran, 29 juin 1878.

Vous allez sans doute être étonnée, chère Madame et amie, de recevoir encore une lettre de moi datée de l'Algérie. Je ne comptais plus vous écrire en effet avant mon arrivée à Marseille, et je vous l'avais annoncé formellement dans ma dernière lettre écrite en arrivant à Tlemcen. Mais j'ai vu dans cette ville tant de choses curieuses que je me suis hâté d'en faire part à notre ami avant même de la quitter, et alors je trouvais bien long d'attendre jusqu'à la fin de mon séjour à Oran pour vous donner de mes nouvelles, à l'un ou à l'autre ; j'ai donc pensé qu'il ne vous serait pas désagréable d'avoir une petite marque de mon souvenir timbrée d'Oran, avant de recevoir ma dernière lettre que je vous écrirai toujours de Marseille. Celle-ci ne sera pas bien longue, rassurez-vous : ce n'est pas que je manque de sujets à traiter, tous intéressants, sans toucher même à cette affreuse politique que je déteste et qui m'a toujours paru vous occuper assez peu. Une femme politique est pour moi une anomalie, une erreur de la nature, non moins qu'une femme qui se croit philosophe, ou docteur de l'Eglise. Chacun a son rôle dans ce monde, et ce n'est pas à la femme à atteindre ces hautes régions dans lesquelles l'homme se perd si souvent ; je ne la condamne pas à ne lire que l'Almanach, à ne prendre intérêt qu'à ses enfants ou à son pot-au-feu, comme le voudrait le bonhomme Chrysale ; je ne suis pas fâché qu'elle puisse comprendre les lectures et les travaux de son mari, l'y aider même au besoin ; seulement il faut que ce soit des vertus cachées, des fleurs ne s'épanouissant que dans l'intimité : le grand air les fane de suite.

J'irais loin sur ce chapitre, si je laissais courir ma plume, et quoique vous ayiez la prétention d'être une femme sérieuse, vous me trouveriez probablement bien sévère, mais au fond je suis sûr que vous m'approuveriez, parce que très-heureusement votre sérieux ne va pas jusqu'à faire de vous un philosophe, un théologien ou un politicien. Revenons à mon voyage, car il est convenu que dans mes lettres c'est de lui surtout que je vous parlerai. Je vous disais donc que Tlemcen, l'ancienne ville, sainte et guerrière à la fois, ainsi que doit l'être tout bon musulman, qui tient son cimeterre de la main droite et le Coran de la main gauche, m'avait extrêmement intéressé, et par ce qu'elle est aujourd'hui, et par les nombreux vestiges anciens que l'on y rencontre à chaque pas; ma vieille passion pour l'archéologie militaire a trouvé là ample moisson, et je suis parti avec le regret de n'avoir pas eu le temps d'étudier d'une manière suffisante tous les débris de fortification accumulés autour de la ville. Tout était spectacle pour moi : je sentais que pour la dernière fois je me trouvais au centre de la vie arabe, que j'allais rentrer dans le milieu européen, et je jouissais amplement de ce dernier coup d'œil. La promenade que je fis dans la ville et ses faubourgs sous la conduite d'un Arabe me présenta particulièrement un intérêt très-vif.

Que devait être Tlemcen sous la domination indigène, lorsqu'elle était la capitale d'un véritable royaume indépendant? Les historiens arabes en font une peinture ravissante, et ils décrivent particulièrement la Kasbah ou Meschwar comme un véritable lieu de délices dans lequel vivait le souverain. De cette époque il ne reste que les murailles d'enceinte; les constructions intérieures ont disparu, sauf un joli minaret, pour faire place à nos bâtiments militaires; mais j'avoue que je n'ajoute qu'une foi très-médiocre aux descriptions emphatiques de ces orientaux; je connais leur goût pour l'hyperbole, et je me tiens en grande méfiance : l'abondance de l'eau et la fertilité du sol permettaient sans aucun doute d'y créer d'admirables jardins; seulement la négligence et l'imprévoyance orientales jointes au désappointement que j'ai éprouvé en visitant certains jardins arabes dont on m'avait trop fait l'éloge, dans les oasis par exemple, me rendent très-sceptique sur ce sujet.

Mais c'est bien à Tlemcen que se font les plus jolis travaux en cuirs maroquins que l'on trouve en Algérie; je les crois plus jolis que ceux de Tanger ou de Tunis, et le jour de mon départ j'ai couru les magasins pour y faire quelques acquisitions que je pourrai vous montrer au retour, bourses, pantoufles, djebirrah (sacs de voyage) etc. J'ai vu aussi de jolis bijoux arabes, et il paraît que les femmes des grands chefs en ont de fort riches et en grand nombre. La femme d'un de mes amis, pour un bal costumé, avait un jour consenti à emprunter ceux d'une de ses connaissances arabes, sans en soupçonner la valeur, et elle fut fort étonnée et ennuyée quand elle se vit porteur et responsable en même temps de douze ou quinze mille francs de parures de toutes sortes : elle me disait d'ailleurs que c'était plus riche qu'élégant.

La route de Tlemcen à Sidi-bel-Abbès, petite ville par laquelle je voulais rentrer à Oran, se fait la nuit, ce qui pour moi est toujours fatigant d'abord, puis ennuyeux, parce que je ne vois pas le pays. Pourquoi ne puis-je, comme je l'aurais fait autrefois, comme le font encore quelques officiers, voyager à cheval, et par conséquent avec ma pleine et entière liberté? Mais il faut pour cela être jeune d'abord, et puis en outre se trouver dans des positions spéciales, être encore au service, avoir chevaux, ordonnances, tentes, cantines, etc. En conquérant ma liberté, j'ai perdu les avantages de ces positions, et je ne regrette rien, car ces avantages sont passagers, et tous les jours je jouis de cette liberté, je me sens léger de toute responsabilité. Donc jeudi soir à six heures, nous nous mettions en voiture, l'intendant et moi; seulement il s'était précautionné d'une place de coupé, tandis que je me hissai lestement dans le cabriolet, ayant par derrière moi, sous la bâche, une vraie nichée d'Arabes.

La route est nouvelle, bien tracée, dans un joli pays pour son début; c'était celle que j'avais suivie le matin pour aller à une belle cascade, et je la parcourus une seconde fois toujours avec intérêt. Mais bientôt nous nous trouvâmes dans des régions moins accidentées, plus désertes en même temps, et je regrettai moins la nuit qui nous surprit alors et vint nous cacher le paysage. Seulement quand la distraction que nous apportait celui-ci nous manqua, nous commençâmes à penser, l'intendant et moi, que nous n'avions pas dîné : nous nous étions fiés à la fortune pour cette affaire importante, et elle faillit nous jouer un assez mauvais tour, c'est-à-dire nous mettre à la diète. Enfin le conducteur nous promit de nous donner le temps de dîner à une espèce d'auberge, de *casse-croûte*, comme disent les colons, nommée la Cressonnette, où l'on devait relayer; mais il ne nous affirma pas que nous y trouverions quelque chose. Nous patientâmes ainsi, non sans un peu d'inquiétude ; et cependant la route nouvellement empierrée nous forçait à aller au pas, et notre estomac criait famine. Enfin vers neuf heures nous nous arrêtons à cette *venta* isolée, où nous trouvons des gens de fort méchante humeur, qui nous disent d'abord qu'ils n'ont rien, et qui se mettent à récriminer à l'envi, le mari et la femme, contre les conducteurs et contre les voyageurs, etc. Cependant ils dressaient le couvert pour une famille qui occupait l'intérieur de la voiture et qui, plus avisée que nous, avait fait prévenir la veille de lui préparer à dîner. De plus une certaine odeur de soupe au choux, en excitant notre appétit, nous prévenait en même temps qu'il y avait de quoi le satisfaire, dut-on ajouter un peu d'eau au bouillon de nos compagnons de route, pour nous tailler notre part dans la leur. J'ignore ce qui se passa dans les arcanes de la cuisine ; mais l'homme trop grognon finit par disparaître après une ou deux boutades de l'intendant et de moi, et la femme plus traitable se décida à mettre notre couvert sous une vérandah, où à la lueur d'une chandelle nous eûmes notre part de la fameuse soupe aux choux, un ragoût quelconque et du café, le tout assez bon, proprement servi et coté à un prix raisonnable ; la fortune avait fini par nous sourire.

Nous remontâmes en voiture ; nos pauvres chevaux se mirent à nous tirer péniblement sur ce mac-adam que le rouleau n'avait pas comprimé, et cela dura toute la nuit. Ce ne fut qu'à Sidi-L'Hassen, sur les bords de l'Oued Mékerra, à six ou sept kilomètres de Bel-Abbès que le chemin devint frayé, et à cinq heures du matin nous arrivions à destination : c'était ma dernière tournée en diligence, car un chemin de fer relie Oran avec Sidi-bel-Abbès; mais elle avait été rude. Vous ne sauriez croire, chère Madame, comme j'étais heureux de penser que je n'aurais plus rien à démêler avec ces affreux véhicules.

La petite ville de Sidi-bel-Abbès, toute nouvelle, a par sa position une certaine analogie avec celle de Sétif; de riches plaines bien cultivées l'entourent, on y récolte beaucoup de céréales. Mais Bel-Abbès l'emporte sur Sétif en ce que le territoire est arrosé par l'Oued Mékerra, rivière assez considérable pour mettre en marche quelques moulins dans les environs : aussi le pays est-il beaucoup plus riche; on sent que l'aisance y règne et l'on m'a assuré qu'il s'y était fait de très-grandes fortunes, dont on m'a cité les heureux possesseurs.

Quant à la ville, elle a cet aspect régulier, symétrique, monotone par conséquent, duquel je vous ai si souvent parlé, et qui est le cachet de ces créations nouvelles. Celle-ci est due à une seule inspiration et l'on y voit de suite l'unité de conception qui a présidé à son établissement. Toujours une enceinte rectangulaire, toujours quatre portes orientées aux quatre points cardinaux, toujours deux rues plantées, se coupant à angle droit et aboutissant à ces quatre portes. Il n'y a pas de citadelle, mais on a réuni d'un seul côté, à l'ouest, tous les établissements militaires, qui sont nombreux ; la ville avec ses édifices communaux, mairie, église, écoles, marché, etc., est de l'autre côté. Un très-beau cercle militaire, entouré d'un magnifique jardin, forme la jonction entre les deux cités militaire et civile.

Aussitôt que l'heure me le permit, j'allai à la recherche du chef du génie ; c'est toujours à la porte de ces anciens camarades que j'allais frapper, et jamais leur complaisance et leur bonne volonté ne m'ont fait défaut ; toujours j'ai eu à vous raconter leur affectueux accueil. Celui de Sidi-bel-Abbès ne fut pas moins aimable que les autres pour un vieux colonel. Après une première causerie, il me montra la ville, me présenta au cercle des officiers, et il fut convenu que dans l'après-midi nous irions faire, en voiture, une promenade au dehors. Il vint me prendre en effet vers trois heures, quand déjà le soleil avait perdu un peu de sa force, et tout en devisant, tout en parlant des intérêts du corps que j'ai dû quitter, nous allions au travers de ces belles plaines, longeant les bords sinueux de l'Oued Mékerra ; de distance en distance nous voyions quelques fermes trop rares encore, et des moulins bien installés avec maisons de maîtres et beaux jardins. Nous arrivâmes ainsi à un ancien télégraphe, situé naturellement sur une hauteur; il était la raison d'être de quelques bâtiments organisés en poste défensif, en bordj. Aujourd'hui le télégraphe aérien est remplacé par les fils qui sillonnent le pays et que les Arabes respectent; mais il faut prévoir les mauvais jours, et si les fils étaient coupés, on serait heureux de trouver et de réoccuper les anciens télégraphes. Du haut de celui-ci on jouit d'une belle vue sur la plaine et sur la ville d'abord, puis au loin sur des chaînes de montagne qui bornent l'horizon.

La soirée ne fut pas moins agréable que la journée; la table hospitalière de mon camarade était dressée dans son jardin, et nous y restâmes à causer jusqu'à onze heures du soir; j'oubliai dans les charmes de cette intimité amenée par la même carrière, par des connaissances communes, et aussi par l'éloignement de la France, que j'avais passé la nuit précédente en voiture et sans le moindre sommeil. Je dormis peu d'ailleurs; toute la nuit j'entendis des hurlements désagréables; ce n'était plus la voix des chiens arabes; on me dit le lendemain que c'était celle du chacal, et que beaucoup de ces animaux parcouraient la ville pendant la nuit, facilitant, en véritables expurgateurs, le service de la voirie.

Ce matin le chef du génie vint encore me chercher pour me conduire à la gare du chemin de fer, qui est située hors ville, et ce fut pour moi un vrai plaisir de serrer une dernière fois la main de cet excellent camarade dont je n'oublierai pas le bon accueil; et me voici en route. Ce petit chemin de fer, qui va rejoindre la grande ligne d'Alger à Oran, appartient à une compagnie particulière. Je voyageais justement avec les ingénieurs de la compagnie, et ils ont bien voulu me donner sur elle quelques détails fort intéressants, relatifs à la grande quantité de marchandises qu'elle transporte : cela est bien le signe de la prospérité du pays de Sidi-bel-Abbès. Il serait question de prolonger la ligne jusqu'à Tlemcen, et peut-être aussi vers le sud en remontant la vallée de la Mékerra du côté de Daïa.

Le pays que nous parcourions ce matin est d'abord assez bien cultivé, tant que nous restons dans la grande vallée; mais à un village nommé Les Trembles nous la quittons, et nous nous engageons dans une vallée secondaire remontant droit au nord, à travers un pays montagneux et désert qui fut longtemps le refuge d'assez nombreux lions : ils trouvaient un abri dans les buissons qui couvrent le sol; ils s'étaient éloignés déjà devant l'occupation progressive du pays : le sifflet de la locomotive a achevé de les mettre en fuite. Au point le plus élevé est une station que l'on nomme les Lauriers-Roses; joli nom, n'est-ce pas, et qui semble inviter le voyageur à s'y arrêter? De nombreux lauriers-roses encore en fleurs ornent en effet le fond de la vallée et les bords du petit ruisseau qui la parcourt; mais je n'aperçois que

de rares cabanes à l'air misérable, et je me méfie
d'ailleurs du laurier-rose; on peut bien dire de lui
que le poison se cache dans ses fleurs, car il est
bien rare que la présence de cette plante n'indique
pas un endroit fiévreux; tous les hommes qui ont
vécu sous la tente en Algérie savent qu'il faut
éloigner les campements des points où on la rencontre.

A partir de ce faîte assez élevé, nous descendons
vers la grande ligne, à travers un pays toujours
accidenté, et en dessinant des courbes prononcées
qui ne permettent pas une grande vitesse; nous
l'atteignons enfin à la station de Sainte-Barbe du
Tlélat; nous ne sommes plus qu'à vingt-six kilomètres d'Oran; seulement il faut changer de train
pour en prendre un autre venant de Relizane qui
arrive à Oran à onze heures du matin. En cherchant une place dans celui-ci, j'eus le très-grand
plaisir de retrouver un ancien camarade que je
n'avais pas vu depuis des années et qui occupe
dans l'armée une haute position. Il habite Paris
où nous ne nous sommes jamais rencontrés, et
c'est au Tlélat, c'est à Oran qu'une bonne fortune
nous met en face l'un de l'autre. Aussi, chère
Madame, ne vous reparlerai-je pas de la route que
nous faisons ensemble jusqu'à Oran; nous roulons
pendant une heure, et nous ne nous en apercevons
guère, nous oubliant au milieu de nos souvenirs
de vieux camarades. En arrivant à la gare nous
nous séparons, lui pour aller à l'hôtel où j'étais

logé à mon premier passage, moi pour suivre le colonel du génie qui a eu la bonté de venir à ma rencontre avec sa voiture pour m'emmener chez lui; mais il est convenu que j'irai dîner ce soir avec ce vieil ami.

Me voici donc installé chez le colonel, dans son logement du Château-Neuf. C'est une maison arabe avec cour intérieure et galerie au premier; elle a bien le cachet ancien, et je m'y trouve très-bien dans ma petite chambre n'ayant, suivant l'usage, qu'une étroite fenêtre vers l'extérieur; j'y ai retrouvé ma malle, arrivée directement d'Alger ici; me voici posé pour quatre jours avant d'embarquer pour France mercredi prochain. Je vais les employer à voir Oran et ses environs, mais je n'irai pas loin; je n'ai plus envie de courir. Et cependant si j'osais je retarderais bien de huit jours pour aller voir Arzew, et Mostaganem, et le Dahra, et le grand lac salé ou Sebka, qui s'étend au sud d'Oran, à douze ou quinze kilomètres de distance. Mais non, mon parti est pris, je ne changerai pas.

Adieu donc, chère Madame et amie; vous recevrez de moi une dernière lettre datée de Marseille qui vous annoncera mon retour définitif; je vais aller mettre celle-ci à la poste et chercher en même temps celles qui pourraient m'y attendre; y en aura-t-il une de vous? Puis j'irai faire quelques courses en ville, quelques visites, un voyage de découverte, et j'attendrai ainsi facilement l'heure fixée pour le dîner, dussé-je pour cela m'asseoir quelques instants au café, attablé devant un affreux verre d'absinthe, en parcourant un journal. Ne prenez pas votre air sévère et grondeur; l'eau glacée, corrigée par un petit verre d'absinthe est une raffraîchissante boisson et qui n'offre aucun inconvénient quand on n'en abuse pas; quant au journal, c'est autre chose, un vrai poison vraiment; mais je crois que je n'en abuserai jamais, car il m'ennuie, et depuis huit jours je n'en ai pas ouvert un seul. Il faut bien cependant que je me décide à parcourir le dernier venu pour me mettre au courant de ce qui s'est passé en ce monde pendant ces huit jours; je vous assure bien que je le fais par devoir, et non par plaisir.

Adieu encore une fois; je vous tends la main à travers la Méditerranée et je vous demande la permission de serrer la vôtre, en vous priant de croire à l'affectueux dévouement de

Votre très-obéissant serviteur et ami.

A. R.

LETTRE VINGT-QUATRIÈME

Oran, 3 juillet 1878.

Je suis sur mon départ, mon bien cher ami; ma malle est faite, ma place sur le bateau est retenue et même payée, et nous partons ce soir à six heures. Cette lettre, la dernière que je vous adresse (je ne compte pas la carte postale qui vous annoncera mon arrivée à Marseille samedi matin, carte que je mettrai dans la boîte du bord au moment où elle sera levée) va voyager avec moi. Si j'étais plus sûr du temps, je la garderais pour la terminer en route; mais quand la mer est mauvaise, je n'aime pas à écrire dans le carré sur une table qui se balance dans tous les sens; mieux vaut donc que je la ferme et la mette à la poste, qui se chargera de vous la faire parvenir. J'en viens d'ailleurs dans l'espoir d'y trouver encore quelques lettres, espoir à peu près déçu; mais je compte bien être dédommagé à Marseille; et puis je me fais adresser chez moi les lettres qui pourraient arriver après mon départ, utile précaution que je n'oublie jamais.

Me voici donc arrivé aux dernières heures de mon séjour en Algérie, et je ne sais vraiment si j'en suis content ou fâché; volontiers comme le Gille de la foire, je pleurerais d'un œil et je rirais de l'autre. Oui, je suis bien heureux de la pensée du retour, de l'idée de revoir parents et amis, que j'ai quittés il y a bientôt trois mois; mais d'autre part je regrette profondément d'abandonner ce sol algérien où je sens que j'aurais encore tant de choses intéressantes à voir. C'est au moment où je vais le quitter que je m'aperçois davantage du peu que j'ai fait comparé à tout ce qui me resterait à faire. Trois mois peut-être me seraient encore nécessaires pour revenir sur mes pas sans rien laisser échapper, pour descendre dans le sud plus loin et sur d'autres points que là où je suis allé, pour visiter aussi dans l'est tant de vieux débris que je n'ignorais pas, mais qu'il me fallait sacrifier faute de temps. A quoi bon entretenir ces souvenirs et ces regrets; mon départ est arrêté; dans quelques heures j'aurai dit adieu définitivement à cette terre hospitalière, trop dénigrée par les uns, mais aussi trop évaluée par les autres, et bientôt il ne me restera plus d'elle que des souvenirs qui sont tous vraiment agréables; s'il y a aujourd'hui quelques ombres au tableau, du côté politique et social par exemple, elles disparaîtront à distance, et l'ensemble se fondra en un tout harmonieux.

C'est de Tlemcen, jeudi dernier, au moment de

partir pour Sidi-bel-Abbès, que je vous écrivais pour la dernière fois, et dans les six jours qui se sont écoulés depuis lors j'ai moins voyagé que de coutume, je me suis déjà éloigné des pays arabes, je me suis rapproché au contraire de nos mœurs, de nos habitudes européennes. Il semble que j'aie voulu ménager la transition et abandonner l'Algérie avant de retourner en Europe. Est-ce bien l'Algérie en effet que cette petite ville toute neuve de Sidi-bel-Abbès, de laquelle l'élément arabe est presque exclu? Les cultures qui l'environnent, les moulins que fait tourner l'Oued Mékerra, le chemin de fer dont la locomotive siffle ou respire bruyamment, tout cela sent bien notre vieille Europe. Et la gare de Tlélat, et l'arrivée à Oran, et cette dernière ville où l'Espagnol domine, rien de tout cela ne rappelle l'Afrique arabe, l'Afrique que je suis venu voir. L'intérêt de ces derniers jours n'a sans doute pas diminué, mais il est d'un autre genre, il est plus mélangé ; je ne suis plus absorbé par l'élément indigène, et je crois que je le regrette quelque peu.

Je ne veux pas d'ailleurs vous reparler de Bel-Abbès : informez-vous en près de mon amie ; je lui en ai dit assez long et sur le pays, et sur l'excellente réception que m'a faite le chef du génie. Je lui ai parlé aussi du chemin de fer qui relie cette petite ville avec Oran. Suivant l'ingénieur chargé de sa direction, il jouit d'une grande prospérité, et il transporterait par jour jusqu'à soixante wagons de marchandises de diverses sortes. Elle vous dira encore comment je suis installé au Château-Neuf chez le colonel du génie, un ancien camarade et ami, qui n'a pas voulu me laisser aller coucher à l'hôtel. Certes je suis bien dans cette maison mauresque et je dois remercier ce bon camarade de sa gracieuseté; malheureusement j'ai trouvé là-haut des mauvais voisins, des moustiques, qui se sont acharnés après moi et qui m'ont mis dans un état pitoyable : je leur en garde rancune, à eux et non pas certes à mon excellent hôte.

Outre le logement, j'avais encore une place à la table des officiers supérieurs, j'y étais aimablement reçu par d'anciens camarades, et sans ces diables de moustiques, je me serais trouvé fort bien dans la ville d'Oran. Il y a aussi les Espagnols qui y sont en grand nombre, mais ils m'agacent sans me piquer. Il faut d'ailleurs leur rendre justice; ils sont d'une race vaillante au travail, et ils s'entendent surtout à la culture maraîchère; ils savent tirer parti du moindre coin de terrain, et à force de le tourner et de le retourner, de le fumer et de l'arroser, ils lui font produire de magnifiques légumes, sous un ciel d'ailleurs favorable.

J'ai fait quelques infidélités à la table hospitalière de mes camarades, je dois vous l'avouer, mais un de ses charmes consistait justement dans la liberté que j'y conservais. Ainsi le jour même de mon arrivée à Oran, le samedi, j'ai été dîner avec un ancien camarade de l'Ecole Polytechnique, avec lequel j'étais alors très-lié; mais les hasards de nos carrières nous avaient constamment éloignés l'un de l'autre. Ce fut un grand plaisir pour moi de revenir ainsi sur ces années dans lesquelles la vie s'offre à nous avec tant de promesses. Et il y en a si peu qui se réalisent! Ah! qu'ils sont loin ces jours tant regrettés, nous disions-nous avec Béranger. Après le dîner nous fîmes un tour de promenade sur la place qui domine le port, à laquelle on a récemment donné le nom de place de la République. Nous y voyions un certain air de fête, des préparatifs d'illuminations, l'emplacement d'un orchestre disposé au centre, et quelques curieux. Nous nous rappelâmes alors que c'était en effet un jour de fête décrété pour amuser le bon peuple sous notre aimable république, et pour lui prouver que celle-ci ne veille pas moins paternellement aux plaisirs de ses enfants que ne le faisaient autrefois nos affreux tyrans. Seulement sous ces derniers, la fête avait sa raison d'être; elle rappelait généralement l'anniversaire d'un grand fait politique ou militaire, ou celui du jour de naissance du souverain, ou encore la fête du saint dont il portait le nom. Nous nous creusâmes en vain la tête, mon ami et moi, pour trouver une raison d'être aux réjouissances que l'on nous offrait si libéralement avec notre argent; et franchement chacun avait un peu l'air de se poser la même question. Enfin les musiciens arrivèrent, et nous eûmes le plaisir d'entendre quelques bons morceaux, dont nous aurions été reconnaissants à la République, si à la demande d'une fraction des auditeurs, l'orchestre ne se fut mis à jouer la Marseillaise. Vous savez, mon cher ami, combien cet air a le don de m'agacer, et comme je trouve ses paroles bêtes ou odieuses dans le temps où nous vivons, dans les circonstances où nous nous trouvons. Aussi d'un commun accord nous nous enfuîmes au plus vite, mon ami et moi, et bientôt nous nous quittâmes.

Mais je n'étais pas pressé d'aller retrouver mes ennemis les moustiques; il faisait d'ailleurs bien chaud, et les sons harmonieux partant d'un café chantant me décidèrent à entrer : c'était encore de la musique, fort médiocre vraiment, que venaient écouter de nombreux Espagnols. Je ne m'y attardai pas longtemps et je ne conçus pas une très-haute opinion de ces établissements sur la terre d'Afrique.

Hier j'étais invité à déjeuner de l'autre côté de la ville, au faubourg de Kerguentah, par les officiers de chasseurs. Il y a toujours eu à Oran un régiment de cette arme, et ce régiment possède auprès de la caserne un mess avec cercle, parfaitement organisé. Il est construit sur une terrasse qui domine toute la rade et qui est plantée de beaux arbres; assis sous leur ombre, on respire la brise de mer, on jouit d'une vue splendide, et l'on n'y est pas trop fatigué de la chaleur. Les heures s'écoulent vite dans cette charmante installation, et au milieu de bons camarades.

Mais il est temps, ce me semble, que je vous parle un peu de la ville d'Oran et de ses environs. Dimanche, après la messe militaire du Château-Neuf, à laquelle assistaient un assez grand nombre d'officiers, le général en tête, j'allai seul, mon plan à la main, courir dans la ville, y chercher des monuments intéressants. Or je dois avouer que je n'en ai guère trouvé. Le grand tremblement de terre de 1790 a presque tout détruit; il y a peu d'anciennes constructions, sauf des restes de vieilles fortifications, et encore celles-ci ont en grande partie été renversées par la main de l'homme, quand elles ont résisté aux attaques de la nature. Ainsi l'ancienne enceinte, beaucoup trop petite, a disparu, et elle a été remplacée par un simple mur crénelé qui n'offre rien d'intéressant. J'ai trouvé cependant encore quelques débris dignes d'attention dans les vieilles murailles de la Kasbah, du côté où l'enceinte n'a pas été agrandie, au sud-ouest; je ne fais que vous les signaler.

A part ces vieilles murailles, de construction espagnole, il n'y a rien. La mosquée est semblable à toutes les mosquées que j'ai vues : la cathédrale, située sur les pentes que domine la Kasbah, ne m'a pas paru devoir faire grand honneur à celui qui en a donné les plans; le style en est lourd et peu gracieux. L'hôpital militaire, qui l'avoisine, est parfaitement aménagé; mais c'est un monument de construction récente, et je n'ai rien à en dire. Quant au port, il a été un bienfait pour la ville en ce que l'on n'est plus obligé de courir à Merz-el-Kébir, où tous les navires venaient autrefois jeter l'ancre; mais il est trop petit, surtout pour les grands bâtiments actuels, et en outre ils n'y sont pas aussi tranquilles que dans la rade de Merz-el-Kébir. Et voilà vraiment tout ce que je trouve à vous signaler dans l'intérieur de la ville d'Oran.

A l'extérieur, il y aurait beaucoup à voir, dans un rayon de quinze à vingt kilomètres. Mais je ne suis pas en train de faire de pareilles excursions. Je me sens fatigué; chaque matin au réveil j'ai le cœur affadi, il me semble que je manque d'air; j'étais ainsi à Alger il y a trois semaines. La chaleur dans l'intérieur des grandes villes est plus pénible à supporter que dans la campagne, et j'en souffre jusqu'à l'heure où la brise de mer vient me rafraîchir. Elle est trop humide sur les côtes; je préfère la chaleur sèche de l'intérieur. Malgré cette fatigue, qu'il faut surmonter, je suis parti lundi après déjeuner avec le chef du génie pour aller visiter les forts qui dominent la ville à l'ouest: il y en a deux construits sur l'arête qui a pour point extrême Merz-el-Kébir, ce sont les forts de Saint-Grégoire et de Santa-Cruz, œuvres tous deux des Espagnols.

Nous partîmes à cheval pour nous rendre d'abord au fort Saint-Grégoire qui occupe la position intermédiaire entre le Santa-Cruz et Merz-el-Kébir, à peu près à égale distance de l'un et de l'autre. Il m'intéressa à titre d'ingénieur militaire ; vous comprendrez facilement que je ne vous en donne pas la description ; je vous dirai seulement un mot d'une question spéciale qui m'a longtemps occupé et que, si je ne me trompe, nous avons un jour agitée ensemble ; c'est celle de l'existence de souterrains plus ou moins longs, aux débouchés soigneusement dissimulés, mettant en communication un château ou un fort avec la campagne ou avec un château voisin. Je soutenais, et je crois encore, qu'en thèse générale l'imagination populaire, toujours portée aux exagérations, aux idées mystérieuses, avait fait les frais de ces constructions féeriques. Or je ne peux plus douter de leur existence, car j'ai vu et parcouru une de ces constructions qui reliait autrefois le fort Saint-Grégoire avec la Kasbah ou plutôt avec son ouvrage avancé de Saint-Louis, du côté de la porte du Santon. Il est vrai que cette communication souterraine n'a pas plus de six cent cinquante à sept cents mètres de longueur ; mais ce n'en est pas moins un ouvrage considérable et digne du génie tenace des Espagnols. On m'a même montré dans ce souterrain des amorces de galeries inachevées ou détruites par des éboulements, que l'on prétend se diriger vers le Santa-Cruz ; mais je doute fort et je demande ici à toucher pour croire, vu la longue distance et la grande différence de niveau à franchir, vu aussi la difficulté du travail dans un roc dur et compacte.

A Saint-Grégoire nous avions renvoyé nos chevaux, car la montée est dure et pénible, et presque exclusivement praticable aux piétons ; le sentier qui conduit au Santa-Cruz est tracé en lacets qu'il fallut gravir sous un soleil de plomb. Enfin nous arrivâmes après avoir fait une petite halte à une chapelle située à une soixantaine de mètres en contrebas du fort : elle me paraît une suite de l'idée qui a fait construire à Alger l'église de Notre-Dame d'Afrique; comme celle-ci elle est située sur une arête élevée dominant la ville; comme elle aussi elle est dédiée à la mère de Dieu, et paraît étendre sa protection sur la ville d'Oran.

Le fort de Santa-Cruz, construit sur le roc et en quelques points dans le roc, offre des parties assez curieuses ; il est casematé, ce qui est indispensable à cause des arêtes qui le dominent. Il passait autrefois pour imprenable; le serait-il aujourd'hui devant l'artillerie nouvelle? Non sans doute, si elle peut être amenée à bonne portée de ses murailles : la grande difficulté serait de hisser des pièces de calibre suffisant en des points convenables et de les fournir de poudre et de projectiles, car ces épaisses murailles résisteraient encore longtemps, et sous l'appui des feux qui en partiraient, la garnison aurait une grande action à l'extérieur.

Ce point élevé est un but de promenade pour les habitants d'Oran, et l'on y jouit d'une vue admirable sur mer comme sur terre; on laisse libre la circulation dans le fort, et naturellement le public en abuse; il y commet des dégradations de toutes sortes, que je ne souffrirais pas à la place de l'autorité militaire. La descente est fatiguante, car on ne peut se laisser aller à son élan, crainte des nombreuses pierres roulantes que l'on rencontre : nous la fîmes sans accidents, et nous sommes rentrés en ville par le même chemin que nous avions suivis en sortant.

Sur ce chemin et à peu de distance des remparts, le chef du génie me montra l'endroit où ont lieu les exécutions militaires, vers la gorge du fort Saint-Louis. En toute autre circonstance je n'y aurais pas fait attention; mais on parlait vaguement d'une cérémonie de ce genre, il y avait donc un intérêt d'actualité. Elle a eu lieu en effet ce matin. Le patient était un Arabe, très mauvais sujet, qui avait été condamné à mort pour assassinat. De concert avec un complice, qui s'est enfui au Maroc et que l'on n'a pu retrouver, il avait assassiné un marchand juif qui n'avait pas voulu lui vendre deux ou trois foulards au prix qu'il désirait. Ils avaient suivi le marchand au sortir du douar, l'avaient surpris dans un endroit isolé, et l'avaient attaché à un arbre. L'âne qui portait les marchandises était en même temps solidement entravé. Prenant alors un des mouchoirs en question, ils le lui passèrent au cou en lui demandant de les céder au rabais qu'ils imposaient. Sur le refus du marchand, ils serrèrent le mouchoir, tant et si bien que le pauvre homme fut étranglé. Ils partirent alors emportant l'objet du litige.

Le lendemain nos deux gaillards eurent un remords, non pas celui d'avoir étranglé le marchand, mais celui d'avoir mal caché leur crime ; ils retournèrent donc au lieu où il avait été commis, et trouvèrent l'âne, qui n'avait pu se sauver, à moitié dévoré par les chacals ; ces animaux avaient même entamé le corps du malheureux marchand. Ils l'enterrèrent alors avec les restes du bourricaud, et s'en revinrent l'esprit tranquille. Seulement quelques jours après, le chien d'un chasseur fit découvrir la fosse et le cadavre, et une instruction s'ensuivit. Comme je vous l'ai dit, un des meurtriers, prévenu à temps, put échapper ; mais l'autre fut pris, jugé par un conseil de guerre (le crime avait été commis en territoire militaire) et condamné à mort : c'était lui qui allait expier sa faute.

Le soir nous en avions causé à table avec les officiers supérieurs chargés de faire exécuter la sentence, et ils m'avaient proposé, si je voulais assister à ce spectacle, une place de choix. Je serais plutôt reparti pour le désert que de me trouver volontairement spectateur de cette néces-

saire, mais triste expiation. Je vous avoue même
que ce matin l'idée de cette place que j'avais vue
l'avant-veille si déserte, et qui s'animait pour la
mort d'un homme, me préoccupait et m'attristait.
Au déjeuner il en fut naturellement question, et
j'eus le récit complet de ce qui s'était passé. Le
lieutenant-colonel, commissaire du gouvernement,
alla de grand matin prévenir le condamné que son
dernier jour était arrivé. — Est-ce que l'on me coupera le cou, demanda-t-il de suite? — Non, tu seras
fusillé, et si tu es raisonnable, si tu veux mourir
en brave, comme un Français, on ne t'attachera
pas. — C'est bien, dit l'Arabe avec tranquillité, je
te le promets. On lui envoya le muphti, et à six
heures précises une voiture venait le prendre à la
prison. A la porte de la ville, il demanda à marcher, ce qu'on lui accorda, et il se mit en route
d'un pas ferme, le bras droit levé, l'index dressé
à la hauteur de la tête, psalmodiant avec le muphti
des versets du Coran. Il n'eut pas une minute de
faiblesse; pas une marque de frayeur ne put se
lire sur les traits de son visage, et il y avait certainement parmi la troupe formée en carré autour
de lui des spectateurs plus émus que le patient.
On lui banda les yeux sans qu'il cessât de prier,
et il tomba foudroyé par la décharge du peloton
d'exécution. Ces gens-là savent vraiment bien et
noblement mourir. Et cependant ce n'était qu'un
mauvais drôle qui méritait certes le châtiment
qu'il venait de subir.

Passons sans transition à ma soirée de lundi de laquelle je ne vous ai pas parlé : je laisse courir ma plume sans suivre l'ordre des faits ; c'est le privilège d'une lettre et vous saurez bien vous y retrouver. Donc lundi je suis allé au théâtre où joue une troupe espagnole. On donnait d'abord un grand drame, puis un ballet, et l'on m'avait dit du bien de la Ballerina ; c'était elle surtout que je voulais voir, car j'avais déjà entendu en Espagne plusieurs drames, et ils m'avaient fort ennuyé. On commença beaucoup plus tard que l'affiche ne le disait, puis les acteurs étaient assez mauvais ; enfin la salle d'une propreté douteuse, était fort mal composée en spectateurs. Cependant les actes se succédaient à de longs intervalles, sans que le drame touchât à sa fin, et je finis, impatienté de toutes ces longueurs, par quitter la place sans attendre le ballet pour lequel j'étais venu. Je fis là un véritable fiasco.

Toutes ces promenades, toutes ces courses étaient entremêlées de causeries ; l'intendant que j'avais trouvé à Tlemcen m'avait reçu dans son intérieur de la manière la plus gracieuse ; tout le monde avait été pour moi d'une amabilité charmante et l'on m'avait raconté bien des choses que je ne pensais pas apprendre ici. Il m'a fallu venir à Oran pour connaître une partie des circonstances qui ont précédé ma demande de mise à la retraite ; je vous en réserve le détail pour le moment où nous serons réunis. Tout ce que je puis vous dire aujourd'hui c'est que j'avais des idées d'indépendance que je ne cachais pas assez. C'était à mes risques et périls, et je m'en suis bien aperçu à l'absence de mon nom sur la liste de proposition, mais je ne m'en repens en aucune façon.

Allons, il faut que je vous quitte ; mais aujourd'hui je vous dis à bientôt; dans quelques heures je serai en route pour le retour. Je vais mettre cette lettre, la dernière que je vous écris, dans la boîte du bateau, qui sera levée à l'arrivée à Marseille. Je pense que je trouverai là-bas de vos nouvelles, et une carte postale ou un télégramme vous donneront alors mon itinéraire. Adieu donc, mon bien cher ami, je vous serre très cordialement les mains.

Votre tout dévoué.

A. R.

LETTRE VINGT-CINQUIÈME

Marseille, dimarche 7 juillet 1878.

Je suis donc rentré en France, chère Madame et amie; j'y suis arrivé hier matin, sans encombre ni fatigue, et néanmoins j'ai voulu m'arrêter à Marseille pour serrer la main aux personnes que j'y connais et qui ont été si aimables pour moi à mon premier passage, pour avoir les lettres sur lesquelles je comptais, et que j'ai trouvées en effet à la poste, pour régler d'après elles mon voyage de retour et vous écrire une dernière fois. Oui, c'est de Marseille que je vous ai adressé ma première lettre comme du point où commence réellement le voyage; c'est de Marseille encore que je vous adresse la dernière, comme étant le point où il finit. Le départ me semblait triste, il y a bientôt trois mois, et je ne sais pourquoi le retour ne me paraît pas aujourd'hui beaucoup plus gai. Certes cependant la pensée que je vais retrouver mes parents et mes amis est douce à mon esprit; mais si je regarde en arrière, je me prends à regretter de n'avoir pas mieux vu, de n'avoir pas vu davantage, de n'avoir pas donné tout le temps nécessaire à une tournée que je ne recommencerai probablement pas. Et puis dans ce repos qui va suivre l'agitation forcée des mois qui viennent de s'écouler, ne vais-je pas retrouver le vide qui jette sur ma vie un voile de tristesse? Ainsi la joie du retour est bornée par les craintes de l'avenir; ainsi la vie est une contradiction perpétuelle, et je crains vraiment d'en avoir une plus grande part que les autres. Le poëte-chansonnier, que j'aime toujours malgré les attaques que lui lancent à l'envi tous les partis, définit bien

> Ces jours mêlés de plaisirs et de peines,
> Mêlés de pluie et de soleil.

Je les ai eus aussi, mes jours de soleil; mais depuis longtemps il ne m'éclaire et m'échauffe qu'à de rares intervalles, et il me semble que plus j'avance dans la vie, allant de l'été à l'automne et de l'automne à l'hiver, moins je reçois de ses rayons, moins ils sont chauds et brillants.

Aujourd'hui, et sans métaphores, je trouve que le soleil de Marseille est déjà moins chaud que celui de l'Algérie, et j'ai peur d'avoir froid en remontant dans le nord de la France. Il est vrai qu'une brume affreuse vient de s'étendre à l'horizon; j'en suis contrarié, car la flotte a jeté l'ancre hier dans la rade, et j'avais l'intention de parcourir après déjeuner le chemin du Prado pour faire suite doucement et agréablement au bon déjeuner que va sans doute me donner un ami chez lequel je suis invité, et pour voir en même temps le coup d'œil de cette flotte ; or si cette brume continue, je ne verrai rien, et je ne puis remettre au lendemain : je pars en effet ce soir. Hier après déjeuner j'ai couru la ville pour y trouver mes amis, et la plupart étaient absents ; les uns voyageaient pour le service de l'État, les autres étaient dans leur famille, ou à l'Exposition ; bref je ne rencontrai que l'ami dont je vous parlais tout à l'heure, avec lequel j'ai passé une charmante soirée à deviser de toutes choses, et chez lequel je vais déjeuner ce matin. Il ne me restera donc plus rien à faire à Marseille, et je vais partir pour Arles ; je veux au retour voir cette curieuse ville dans laquelle je n'avais pu m'arrêter à l'aller, faute de temps. Puis d'Arles j'irai à Nîmes, de Nîmes à Clermont et Royat, en suivant le chemin du centre à travers le riche et pittoresque pays d'Auvergne que je n'ai pas encore visité, de Clermont à Vichy où je passerai deux ou trois jours, et enfin je rentrerai chez moi.

Vous n'êtes pas trop pressé d'y arriver, pourriez-vous me dire, et vous faites plus d'une étape avant d'atteindre le but ; ce n'est pas aimable pour ceux qui vous attendent. Je ne m'en défends pas ; le reproche est fondé peut-être. Mais voulez-vous que j'aille contre mon caractère, que je remonte le courant ? Vous savez bien que je ne le pourrais, que j'ai quelque peu l'esprit de contradiction ; c'est lui qui agit en cette circonstance, il me conduit à retarder ma rentrée à Fontainebleau, et vous ne doutez pas cependant, chère Madame, j'en suis bien sûr, du plaisir que j'aurai à m'y retrouver.

Me permettez-vous maintenant de revenir sur mes pas, de vous ramener pour un instant en Algérie et de vous faire faire avec moi le voyage du retour? Je tâcherai de trouver encore quelques choses intéressantes à vous y montrer, et de vous distraire pendant la route, surtout si vous n'avez pas le mal de mer. Mais vraiment je m'engage un peu trop en vous promettant de vous montrer à Oran quelque chose d'intéressant en outre de ce que je vous en ai déjà dit, de ce que j'en ai écrit à notre ami qui vous communiquera sans doute ma dernière lettre, celle que je lui écrivais le jour même de mon départ. Oran n'est pas en Algérie ma ville de prédilection, je crois vous l'avoir déjà dit. Elle manque d'originalité ; l'indigène n'y est plus qu'un accident, il ne l'habite guère ; le Français s'y montre sous l'habit de fonctionnaire ou sous l'uniforme militaire ; le véritable habitant d'Oran est l'Espagnol : on le rencontre partout, avec ses culottes courtes, sa petite veste et son chapeau aux bords retroussés ; c'est sa langue que l'on entend parler dans toutes les rues, et le soir ce sont des guitares espagnoles qui accompagnent les romances de ce pays dans les cafés, les auberges et même dans les maisons particulières. J'aurais pu aller chercher au dehors des scènes plus pittoresques, dans les villages indigènes; mais j'éprouvais un peu de fatigue, je cédai à un peu de paresse, et je me reposai plus que je ne l'aurais dû vraiment. Je laissai ainsi arriver le jour du départ. Le bateau devait lever l'ancre à six heures du soir, et dès quatre heures et demie le monde y affluait. C'est l'heure à laquelle j'y arrivai moi-même avec des camarades qui me faisaient la conduite, et je n'étais pas fâché d'être en avance parce que d'autres amis m'avaient promis de venir m'y serrer une dernière fois la main. Comme tous les passagers étaient ainsi accompagnés de leurs amis et connaissances, comme soit à cause de l'Exposition, soit pour fuir les chaleurs de l'été, beaucoup de personnes partaient ce jour là, la foule était grande, il y avait encombrement et sur le pont et sur les quais. On se cherchait, on s'appelait, on se bousculait même, et plus le moment du départ approchait, plus le désordre augmentait. C'était un spectacle pour moi, un sujet d'observations, et je n'en perdais rien, je vous assure, tout en serrant la main aux amis, tout en leur faisant mes derniers adieux.

Enfin la cloche et le sifflet parvinrent non sans peine à rassembler les passagers, à renvoyer à terre ceux qui n'embarquaient pas, et nous commençâmes à marcher; mais de grands cris nous arrêtent une minute; c'est une mère qui est restée à terre tandis que son enfant est à bord et qui le réclame à grands cris, c'est au contraire une femme chargée d'un nourrisson qui veut rejoindre à bord son mari. Chacun finit, non sans les interpellations peu gracieuses des hommes de service, non sans les rires de la galerie, par regagner sa place, et décidément nous partons. J'envoie un dernier signe d'adieu aux amis restés sur le quai et je vais faire une reconnaissance dans ma cabine et prendre possession de ma couchette en y mettant mon sac de voyage; puis je remonte sur la dunette pour admirer le panorama de la ville et des environs d'Oran vu de la rade.

La cloche du dîner vint trop tôt m'arracher à ce spectacle; les convives étaient nombreux, trop nombreux même; mais patience : il y en a beaucoup qui demain ne reparaîtront pas. Je reprends ma vie de bord, j'arpente la dunette, que je trouve un peu encombrée, et je finis par m'étendre sur le pont, avec mon sac de voyage pour oreiller. La nuit est belle d'ailleurs, la mer assez douce et il faut mettre de la mauvaise volonté pour en souffrir. Malheureusement notre bateau marche mal; il a besoin de réparations, on ne peut allumer une de ses chaudières, et ce fut une mauvaise chance pour nous. Nous allons droit au nord sur Carthagène où le bateau fait escale et passe environ une demi journée : le désir de voir ce port était même en grande partie ce qui m'avait décidé à ne pas m'en retourner par Alger. J'ajoute que j'avais eu un instant l'idée de quitter le bateau à Carthagène et de revenir en France par terre en parcourant l'Espagne. Le temps et l'argent nécessaires pour ce dernier voyage me manquent, mais j'étais toujours bien aise de visiter le port le plus important de la marine militaire espagnole, et la belle rade qui le précède.

La nuit se passa donc assez bien et dès l'aube j'étais debout examinant les côtes espagnoles qui dominent la mer d'une assez grande hauteur et par suite s'aperçoivent de loin. Puis nous pénétrâmes dans le défilé très curieux qui conduit à la baie de Carthagène, à sa rade et au port. Nous apercevions sur le quai une assez grande animation et les sons lointains d'une musique militaire arrivaient jusqu'à nos oreilles ; en approchant nous vîmes avec nos longues vues des troupes défiler devant un autel dressé sur le quai, et l'on nous dit peu après en ville qu'il y avait eu en effet le matin une cérémonie funèbre au sujet de la mort de cette pauvre jeune reine, moissonnée si prématurément. Si notre bateau eut eu sa marche ordinaire, nous serions arrivés une heure plutôt, et nous aurions assisté à cette triste *funcion*.

Ce n'est pas que le débarquement soit facile dans ces ports espagnols et le cérémonial tient toujours une grande place chez nos voisins. Trois ou quatre bateaux chargés de fonctionnaires divers vinrent successivement à bord avant qu'il nous fût permis de descendre. Enfin il en vint un avec des *carabiñeros* en armes ; un factionnaire fut posé à l'échelle du bord, les officiers et employés furent reçus dans le salon où on leur offrit un premier déjeuner, et ils daignèrent nous donner l'autorisation de débarquer. Nous étions assez loin de terre, et il nous fallut plus d'un quart d'heure pour arriver à quai, mais la cérémonie funèbre était terminée et déjà il ne restait plus que la carcasse en planches de l'autel provisoire.

Nous nous étions associés, mon aimable commandant de Mahrnia et moi, et nous voilà courant la ville. Il fut convenu que nous laisserions de côté le port militaire et l'arsenal pour l'entrée desquels nous aurions peut-être éprouvé des difficultés (il est vrai qu'il est facile de les lever en Espagne avec quelques piècettes) et nous nous mîmes à parcourir la ville. Les églises surtout sont curieuses et ont bien le cachet espagnol, ce luxe d'ornementation intérieure qui les distingue, ces retables dorés, ces statues de christ, de vierge, de saints et de saintes, couvertes de vêtements plus ou moins brillants, mais souvent aussi bien ridicules pour nous. C'est une affaire de goût et je suis convaincu, chère Madame, que comme moi vous préféreriez certaines de ces poupées habillées aux déplorables statues peintes en bleu et en rose avec des étoiles d'or, qui sont à la mode aujourd'hui dans nos églises. Couleur pour couleur, j'aime mieux le vêtement espagnol que la peinture française.

Les maisons ont bien aussi le cachet du pays avec leurs balcons en avance sur la rue, garnis de belles ferrures pour les garde-corps, et les jalousies pendantes à toutes les fenêtres. Les costumes des habitants sont en harmonie avec les maisons, et l'on rencontre beaucoup de femmes en mantilles. Puis dans les rues circulent de nombreuses charrettes à la forme primitive traînées par des bœufs sous le joug. Les bâtiments militaires possèdent ce cachet de grandeur que les Espagnols ont toujours imprimé à leurs constructions publiques; seulement ils auraient tous besoin de réparation; depuis l'espèce de révolution qui eut lieu dans la ville tombée au pouvoir des forçats il y a quelques années, l'aspect de ces bâtiments est encore plus fâcheux. Plus fâcheux et plus misérable peut-être est celui de la fortification qui entoure la ville, et des forts qui la dominent, parce qu'il a fallu que l'armée royale les attaquât successivement, qu'elle en ruinât certaines parties, et que ces ruines n'ont pas encore été relevées.

Cependant l'heure du déjeuner se faisait sentir à nos estomacs, et à force de recherches, on nous indiqua une *posada* française où l'on nous servit un déjeuner à peu près français et où l'on nous procura une voiture dans laquelle nous allâmes visiter une partie des environs en attendant l'heure de nous rembarquer. Nous ne pouvions malheureusement nous lancer vers les hauteurs, vers les forts que j'aurais aimé à visiter ; nous avions trop peu de temps. Nous restâmes dans la plaine qui nous parut bien arrosée, parfaitement cultivée et semée de distance en distance d'usines importantes. Mais le soleil était bien chaud, et puis l'heure avançait, et il nous fallut revenir au quai et de là au bateau où nous rentrions vers une heure de l'après-midi. Un quart d'heure après il levait l'ancre, et nous reprenions notre route pour France : nous ne devions plus nous arrêter qu'à Marseille. Jusqu'à la nuit nous longeâmes les côtes espagnoles, en nous dirigeant après avoir doublé le cap de Palos, vers le N. N. E., courant droit sur Marseille, et c'était une espèce de distraction pour nous de suivre avec la lunette cette série de côtes sur lesquelles sont des villes dont les gourmets connaissent bien le nom, comme Alicante.

Seulement on se fatigue à la longue de ce spectacle, même à bord, où tout est spectacle, et l'étude de mes compagnons de voyage vint s'y mêler agréablement. Je vous ai dit que nous étions nombreux ; mais beaucoup de passagers avaient disparu dans leurs cabines ; de temps à autre on voyait quelque figure inconnue se glisser timidement vers le pont et essayer de s'y maintenir ; mais le mal l'emportait et on regagnait sa couchette. Nous avions avec nous l'évêque d'Oran, accompagné de son vicaire général, homme fort aimable, et aussi une suite de jeunes séminaristes, gais, heureux du voyage, mais qui encombraient un peu la dunette. Il y a en outre quelques familles de fonctionnaires plus ou moins élevés, de militaires de tous grades depuis celui de colonel, et parmi elles j'en découvre de fort aimables, de fort distinguées. Et puis et surtout beaucoup d'hommes qui, suivant l'usage actuel des voyageurs, usage importé d'Angleterre et d'Amérique, ne pensent guère qu'à eux, sans se soucier plus de leurs compagnes que de leurs compagnons de voyage; et avec eux il ne faut pas se gêner, car ils ne vous en sauraient aucun gré et ne s'en gêneraient pas davantage pour vous : ils vous rendent non moins égoïstes qu'eux.

Le dîner se passe comme la veille, et à la nuit les côtes d'Espagne se montrent encore par leurs feux espacés de distance en distance; vers onze heures j'en aperçois un dernier à grande portée, c'est celui du cap Saint-Martin, et la côte s'éloigne du chemin que nous suivons : demain nous ne la verrons plus. Je m'étendis alors sur le pont dans le passage qui tourne autour du salon, et la tête sur mon sac je commençais à m'endormir, quand j'entends une fenêtre qui s'ouvre précipitamment et des plaintes accompagnées d'un bruit sinistre ne m'annoncent que trop le malheur auquel je viens d'echapper. Me voyez-vous, chère Madame, placé juste en dessous de cette fenêtre, et réveillé sans que l'on ait pris le soin de dire gare. A Marseille, à Toulon, on vous criait au moins autrefois avant de lancer sur le pavé le contenu de certains vases : *passa rez*, et de ces deux mots réunis on a fait le nom desdits vases : à bord, rien. Je me levai et me sauvai en maugréant bien fort quoique je fusse heureux d'avoir échappé au danger, et j'entendis un éclat de rire répondre à mon exclamation peu courtoise : c'était la femme de chambre du bord qui avait vu le coup et qui me donna un peu tard le conseil de ne pas rester sous les fenêtres du salon. J'en fus quitte pour aller finir ma nuit ailleurs.

La journée du lendemain fut bien longue, bien ennuyeuse, et je ne vous répéterai pas ce que je vous ai dit à ce sujet lors de ma traversée d'arrivée. Nous étions en pleine mer entre Barcelone et les îles Baléares, et nous n'aperçumes à l'horizon qu'un petit nombre de bateaux. Le temps continuait à nous favoriser, la mer était calme, et l'on se familiarisait avec elle ; aussi je vis apparaître aux repas quelques figures nouvelles. La nuit vint ainsi, et fatigué de la précédente, j'essayai de ma couchette dans notre dortoir, et je m'y reposai quelques heures sans me déshabiller. A l'aube j'étais debout, je gagnai le pont et je saluai les côtes de France qui se dessinaient à l'horizon. A six heures elles nous apparaissaient distinctement, et deux heures après nous étions arrivés à un ponton du quai.

Les adieux furent assez sommaires : chacun pensait à soi, à ses bagages, à son débarquement. N'ayant personne qui m'attendît, je laissai passer tout le premier flot, tous les gens pressés, et je quittai le bord un des derniers pour me diriger sur la douane, où il fallait d'abord subir la visite. Quelle ennuyeuse opération, non par elle-même, car je dois constater la politesse et la convenance des employés à mon égard, mais par le temps qu'elle fait perdre. On ne m'a point ouvert mes deux sacs de voyage, se contentant de mon affirmation que je n'y portais rien de soumis aux douanes, mais il me fallut m'en aller sans ma malle qui n'était pas encore dans les magasins, et revenir la chercher après déjeuner. On me la fit ouvrir, on me demanda si j'avais du tabac, et sur ma réponse absolument négative, on la referma et on me donna mon laisser-passer. Les menus objets que je rapportais étaient en trop petit nombre pour que l'on me fît payer aucun droit sur eux.

Dans l'intervalle j'étais allé à la poste et j'y avais trouvé de nombreuses lettres de parents et d'amis. Quel bonheur d'avoir des nouvelles fraîches, d'être au courant de votre vie à tous. Ces lettres m'ont fait trouver court le temps perdu pour retourner à la douane qui est très loin du centre de Marseille.

Et maintenant je vais vous adresser mon dernier adieu; ne comptez plus recevoir de lettres de moi avant le retour. Je dis aussi adieu à Marseille, adieu à l'Orient dont il me présentait encore un reflet. Encore quelques tours de roue, et je rentrerai dans ma vie habituelle; mais je n'oublierai pas, et le souvenir de mon voyage restera vivant en moi. Faut-il au moment de rentrer au gîte faire comme cet ancien qui se figurait toujours qu'il allait y rencontrer tous les malheurs possibles, afin d'être en garde contre de trop vives émotions? Non, je suis moins disposé à croire au mal. Je veux espérer dans l'avenir.

A bientôt donc, chère Madame et amie, excusez mes longues lettres et croyez à l'affection et au respect de

Votre obéissant et dévoué serviteur.

A. R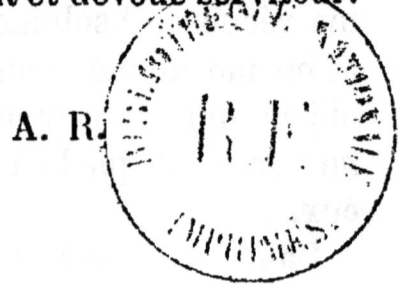

TABLE

	Pages.
Préface.	I
Lettre première. Fontainebleau, Lyon, Marseille.	1
— deuxième. Marseille, Alger.	9
— troisième. La ville d'Alger.	21
— quatrième. La ville d'Alger (suite)	32
— cinquième. Environs d'Alger.	47
— sixième. La Kabylie.	63
— septième. La Kabylie (suite)	79
— huitième. La côte d'Alger à Bône.	92
— neuvième. Bône, Guelma, Constantine	109
— dixième. Constantine, Batna, Lambæze.	119
— onzième. Biskra, les Oasis du Ziban	134
— douzième. Biskra, Batna.	150
— treizième. Constantine	164
— quatorzième. Constantine (suite)	178
— quinzième. Sétif, Bougie.	190
— seizième. Bougie, Dellys, Alger	202
— dix-septième. Alger, Blidah, Médéah.	215
— dix-huitième. Alger et ses environs.	230
— dix-neuvième. Alger, Marengo, Tipaza	246
— vingtième. Milianah, Oran, Nemours.	265
— vingt-et-unième. Lalla-Mahrnia	286
— vingt-deuxième. Tlemcen	304
— vingt-troisième. Sidi-bel-Abbès, Oran	323
— vingt-quatrième. Oran.	336
— vingt-cinquième. Oran, Carthagène, Marseille.	351

Fontainebleau. — M. E. Bourges, imp. breveté.

CHALLAMEL AINÉ, LIBRAIRE-ÉDITEUR

5, rue Jacob, Paris.

Les Mystères du peuple arabe, par CH. RICHARD, commandant du génie en retraite, ancien chef des affaires arabes. In-18... **3 50**

Scènes de Mœurs arabes, par CH. RICHARD. In-18...... **3 »**

L'Insurrection du Dhara, par CH. RICHARD (contenant l'histoire de BOU-MAZA). In-8º......................... **3 50**

Vingt ans en Algérie, ou *Tribulations d'un Colon*, racontées par lui-même, par A. VILLACROSE. In-18....... **3 50**

Juliette et Aïcha, Étude de mœurs franco-algériennes. par A. VILLACROSE... **3 »**

Les Kabyles et la colonisation de l'Algérie, par le baron H. AUCAPITAINE. In-18............................ **2 50**

L'Algérie pittoresque, par CLÉMENT-DUVERNOIS. In-18.. **3 »**

La Colonisation de l'Algérie, ses éléments, par L. DE BAUDICOUR. In-8º....................................... **7 »**

De la Propriété en Algérie, par R. DARESTE. In-18...... **3 »**

Les Pays lointains. Notes de voyage : *La Californie, Maurice, Aden, Madagascar*, par L. SIMONIN. In-18.... **3 »**

La Toscane et la mer Tyrrhénienne, Études et explorations : *La Maremme, Carrare, l'Ile d'Elbe, Arrezo, le Val de Chiana et les Ruines de Chiusi*, par L. SIMONIN. In-18... **3 »**

Cochinchine française et royaume de Cambodge, par CH. LEMIRE, chevalier de l'Ordre royal du Cambodge. In-18, avec cartes.. **4 »**

SPÉCIALITÉ D'OUVRAGES SUR L'ALGÉRIE ET LES COLONIES

Livres pour l'étude de la langue arabe.

www.ingramcontent.com/pod-product-compliance
Lightning Source LLC
Chambersburg PA
CBHW050546170426
43201CB00011B/1580